Friedrich Riehl
Toshiko Riehl-Takada



# MIT DEM WOHNMOBIL NACH MAROKKO

Die Anleitung für einen Erlebnisurlaub

DER WOHNMOBIL-VERLAG
D-98634 Mittelsdorf/Rhön

**Bibliografische Information der Deutschen Bibliothek**

Die Deutsche Bibliothek verzeichnet diese Publikation in der Deutschen Nationalbibliografie.
Detaillierte bibliografische Daten sind im Internet über <http://dnb.ddb.de> abrufbar.

Titelbild:
Marrakech

3. neu bearbeitete und erweiterte Auflage 2015

Satz und Layout: Klaus Huber

Druck:
www.schreckhase.de

Vertrieb:
GeoCenter ILH, 70565 Stuttgart

Herausgeber:
WOMO-Verlag, 98634 Mittelsdorf/Rhön
GPS: N 50° 36' 38.2" E 10° 7' 55.6"

Fon: 0049(0)36946-20691
Fax: 0049(0)36946-20692
eMail: verlag@womo.de
Internet: www.womo.de

Autoren-eMail: riehl@womo.de



ISBN 978-3-86903-673-1

# EINLADUNG

Früher war es so: An Marokko schieden sich regelmäßig die Geister. Die einen wollten immer und immer wieder hin, weil sie dem Sog erhabener, ungezähmter Landschaften erlagen und einer noch großenteils archaischen Lebensweise, die lange nicht so glattgebügelt ist wie hiesige Fußgängerzonen. Die andern sagten: einmal und nie wieder, weil viele Verhaltensweisen doch sehr fremd sind und manchmal die Distanzlosigkeit der Menschen, besonders der Kinder, nervt.

Und heute? Wer seit fünfzehn oder zwanzig Jahren nicht mehr dort war, wird staunen über die rasante Entwicklung, die das Land unter seinem neuen König Mohammed VI. gerade durchmacht. Gut für die Menschen dort und gut für uns: Die Zeiten, da man in Marrakech oder Fès keinen Schritt tun konnte, ohne einen Rattenschwanz von penetranten Burschen hinter sich her zu ziehen, sind endgültig vorbei.

Marokko ist noch immer kein einfaches Reiseziel. Aber wer sich mit etwas Geduld (und durchaus auch mal Standfestigkeit) wappnet, wird mit unvergesslich farbigen Erinnerungen heimkommen. Erinnerungen an ein erstaunlich fremdes Land, wenn man bedenkt, dass lediglich die 14 Kilometer der Meerenge von Gibraltar Orient und Europa voneinander trennen. Bei gutem Wetter kann man ohne weiteres hinüber sehen.

Auch Marokko ist leider durch einige durchgeknallte Islamisten in den Ruf einer Brutstätte der Gewalt geraten. Wir versichern Ihnen: Das trifft auf 99,9% der Marokkaner so wenig zu, als hätte man Sie und uns in den Jahren des Baader-Meinhof-Terrors allesamt für eine maoistische Räuberbande angesehen. Nein, sie sind aufgeschlossen, neugierig, friedlich und gastfreundlich und mögen uns Deutsche, Österreicher und Schweizer sehr.

Am besten, Sie fahren einfach mal hin. Dann wissen Sie, was wir meinen.

Ihre

Friedrich Riehl

Friedrich Riehl

高田稔子

Toshiko Riehl-Takada

## Sehr geehrter Leser, lieber WOMO-Freund!

Reiseführer sind für einen gelungenen Urlaub unverzichtbar – das beweisen Sie mit dem Kauf dieses Buches. Aber aktuelle Informationen altern schnell, und ein veralteter Reiseführer macht wenig Freude.
Sie können helfen, Aktualität und Qualität dieses Buches zu verbessern, indem Sie uns nach Ihrer Reise mitteilen, welchen unserer Empfehlungen Sie gefolgt sind (freie Stellplätze, Campingplätze, Wanderungen, Gaststätten usw.) und uns darüber berichten (auch wenn sich gegenüber unseren Beschreibungen nichts geändert hat).
Bitte füllen Sie schon während Ihrer Reise das Info-Blatt am Buchende aus und senden Sie es uns nach Ihrer Rückkehr baldmöglichst zu (gerne auch formlos per eMail an verlag@womo.de).
Dafür gewähren wir Ihnen bei (späteren) Buchbestellungen direkt beim Verlag ein Info-Honorar von 10%.

Um die freien Übernachtungs- und Campingplätze auf einen Blick erfassen zu können, haben wir diese im Text in einem Kasten nochmals farbig hervorgehoben und, wie auf den Karten, fortlaufend durchnummeriert. Wir nennen dabei wichtige Ausstattungsmerkmale und geben Ihnen eine kurze Zufahrtsbeschreibung. "Max. WOMOs" soll dabei andeuten, wie viele WOMOs dieser Platz maximal verträgt und nicht, wie viele auf ihn passen würden (schließlich gibt es auch Einwohner und andere Urlauber)!
Übernachtungsplätze mit **B**ademöglichkeit sind mit hellblauer Farbe unterlegt. **W**anderparkplätze sind grün gekennzeichnet. **P**icknickplätze erkennen sie an der violetten Farbe. Auf Schlafplätzchen, denen die gerade genannten Merkmale fehlen – also auf einfache **S**tellplätze – weist die Farbe Gelb hin.
Empfehlenswerte **C**ampingplätze haben olivgrüne Kästchen.

**Und hier kommt das Kleingedruckte:**
Jede Tour und jeder Stellplatz sind von uns meist mehrfach überprüft worden, wir können jedoch inhaltliche Fehler nie ganz ausschließen. Bitte achten Sie selbst auf Hochwasser, Brandgefahr, Steinschlag und Erdrutsch!
Verlag und Autoren übernehmen keine Verantwortung für die Legalität der veröffentlichten Stellplätze und aller anderen Angaben. Unsere Haftung ist, soweit ein Schaden nicht an Leben, Körper oder Gesundheit eingetreten ist, ausgeschlossen, es sei denn unsere Verantwortung beruht auf Vorsatz oder grober Fahrlässigkeit.

# INHALT

**Tipps und Infos:**



## Zeichenerklärungen für die Tourenkarten

**Touren / abseits der Touren**

- Autobahn
- 4-spurige Straße
- Hauptstraße
- Nebenstraße
- Schotterstraße

- 11 WOMO - Stellplatz
- 12 WOMO - Picknickplatz
- 13 WOMO - Badeplatz

(geeignet für freie Übernachtungen)

- Moschee
- Kasbah (Burg)
- Marabout (Grab)
- Sehenswürdigkeit
- Souk (Markt)
- 1493 m Berggipfel
- Ausgr./Ant. Bauwerk
- Aussicht/Rundsicht
- Palmenhain
- Ver/Entsorgung
- Strand/Badeplatz
- 15 empf. Campingplatz

Alle übernachtungsgeeigneten Plätze sind im Text und auf den Tourenkarten fortlaufend durchnummeriert. N 36° 51' 13.6" E 10° 19' 23.8" GPS

# Gebrauchsanweisung

„Noch nie hat es so viele Wohnmobile in Marokko gegeben, wie in diesem Jahr“ sagt uns Aziz in der Oase Skoura im Süden des Landes. „90 Prozent von ihnen sind Franzosen. Der Rest Deutsche, Holländer und Belgier“.

Franzosen kommen in Gruppe

Kein Zweifel: die französischen WOMO-Freunde haben Marokko längst für sich entdeckt. Die Deutschen beginnen aber aufzuholen. Kein Wunder. Denn es gibt viel zu erleben in diesem landschaftlich und kulturell so außerordentlich vielfältigen Land: Mittelmeer, Hochgebirge mit etlichen Viertausendern, Wüste, endlos einsame Atlantikstrände, Städte, die einer Zeitreise ins Mittelalter gleichen – und das alles immer nur ein paar Fahrstunden voneinander entfernt! Wir haben uns als Deutsche stets willkommen gefühlt in diesem Land, und das nicht bloß, weil Hitler für viele Araber so ein toller Mann war (das bekommt man gottlob nur noch selten zu hören). Nein, die Marokkaner betonen immer wieder, die deutschen Touristen sprächen viele Sprachen, seien wirklich interessiert, seien neugierig, re-

Am Atlantik

spektierten ihre Kultur, wollten alles wissen und bei Tisch alles probieren. Und nach unseren eigenen Beobachtungen trifft das zumindest auf die im Lande herumreisenden, mobilen jüngeren und auch, wie wir, älteren Deutschen, die sich nicht auf billigen Badeurlaub in AGADIR bei Sonne, Bier und Kuchen beschränken, durchaus zu. Das alte Klischee vom deutschen Herrenmenschen, der Anderen zeigt, wie es besser geht, hat hier schon lange keine Gültigkeit mehr. Es hängt eher an anderen Europäern. Wir sagen nicht, an welchen. Und noch ein zweites macht uns das wohnmobile Reisen in Marokko so angenehm, dass wir vom Geländewagen aufs WOMO

Abgelegen und doch gut erreichbar

umgestiegen sind: der Straßenbau in abgelegenen ländlichen Regionen wird seit einigen Jahren mit erstaunlichem Tempo vorangetrieben.

In erster Linie profitieren davon natürlich die Marokkaner selber, die jetzt z.B. ihre Kinder viel leichter auf weiterführende Schulen schicken können. Aber wir WOMO-Fahrer eben auch: immer mehr Regionen, die noch vor kurzem den Off-Roadern vorbehalten waren, stehen uns offen. Neuerdings können wir buchstäblich bis an die Sanddünen der Wüste fahren oder in entlegene Atlasdörfer. Ob das der Kultur dieser Regionen immer zuträglich ist, steht auf einem anderen Blatt, ein Blatt, das nicht zuletzt von uns Reisenden beschrieben wird! Denn woran liegt es denn, dass besonders im Süden die Kinder so zudringlich um Geld, Bonbons und Kugelschreiber betteln, dass einem das schon mal heftig auf die Nerven gehen kann? Weil Touristen derlei Errungenschaften so wahllos

in die Menge werfen wie die Kamellen im Kölner Karneval. Auch Erwachsene versuchen immer wieder, auf wundersame Weise, ganz ohne Arbeit, an Geld zu kommen (dazu sollte man wissen, dass weite Teile der marokkanischen Bevölkerung tatsächlich sehr arm sind). Dies hat sich in den letzten Jahren aber ganz entschieden gebessert. Aufklärungskampagnen der Regierung, aber auch die Arbeit einer speziellen Touristenpolizei („brigade touristique") haben viel dazu beigetragen, dass der in dieser Hinsicht schlechte Ruf Marokkos immer weniger gerechtfertigt ist. Auch sonst haben europäische Reisende wenig zu befürchten, wenn sie sich nur ein wenig auf die Gegebenheiten dieses wunderbaren Landes einstellen. Marokko ist unter seinem klugen jungen König politisch und wirtschaftlich auf gutem Wege. Ideologisch oder religiös motivierte Feindseligkeiten gibt es nicht. Vor Kriminalität muss man sich in den Touristenzentren der Küste in Acht nehmen wie in Südeuropa auch. Im Landesinneren haben Sie kaum etwas zu befürchten, im Gegenteil: die Freundlichkeit und Gastfreundschaft der Leute ist häufig geradezu beschämend, wenn man bedenkt, dass es für Marokkaner eine durchaus kostspielige Angelegenheit ist, jemanden zum Essen ins Haus einzuladen.

Wir bereisen das Land seit über zwanzig Jahren ständig,

Im Atlasgebirge

haben dort lange im eigenen Haus gewohnt, und dürfen Ihnen aus reichlicher Erfahrung versichern: das Gefährlichste an Ihrer Marokkotour ist die Fahrt durch Südfrankreich und Spanien. Trotzdem nutzen wir bei Rundreisen sehr häufig Campingplätze, was wir in Nordeuropa kaum tun würden. Sie haben dort Ruhe vor Kindern und manchmal etwas distanzlosen Jugendlichen und Erwachsenen. Und sie können auf zivilisierte Weise ent- und versorgen. Besonders ersteres ist anders kaum möglich. Die Plätze liegen in der Regel an den schönsten Stellen und sind im Übrigen mit deutschen Campingplätzen kaum zu vergleichen. Sie werden überwiegend von französischen Wohnmobilkolleginnen und -kollegen genutzt, so dass „Wohnmobilpark" eigentlich eine passendere Bezeichnung wäre als Campingplatz. Grillparties mit Wein, Weib und volkstümlichem Gesang haben wir nie erlitten. Sie werden es erleben: sich nach den Anstrengungen orientalischen Lebens am Abend öfter mal auf eine europäische Insel zurück zu ziehen, ist schon ganz erholsam. Zweifeln Sie aber bitte nicht gleich an unserer Seriosität, wenn Sie einen Platz nicht so vorfinden, wie von uns beschrieben. In Marokko ändern sich die Dinge schneller und öfter als in Europa. Und zwar nicht immer nur zum Besseren. Wir haben Ihnen trotzdem im Kapitel „Tipps und Infos" eine kleine Hitliste der nach unseren Erfahrungen schönsten Plätze zusammengestellt.

Wann ist die beste Reisezeit für Marokko? Am schönsten ist es im Frühjahr, von Ende Februar bis Ende Mai. Die Temperaturen sind dann noch sehr angenehm, es kühlt nachts noch ab, die Vegetation blüht allenthalben ganz zauberhaft und ist noch nicht von der großen Hitze des Sommers verdorrt.

Am „zweitschönsten" sind die Monate Oktober und Novem-

Im Frühjahr durch Marokko

ber. Die Temperaturen entsprechen dann etwa denen von mitteleuropäischen Sommern.

Gut zu überlegen ist die Frage nach geeigneten Anreisewegen. Immerhin sind es etwa 2500 km bis GIBRALTAR!

Im Wesentlichen bieten sich sechs Routen an:

Die westliche über BORDEAUX und Nordspanien, die östliche über LYON und die spanische Mittelmeerküste entlang. Beide enden im spanischen Hafen ALGECIRAS, von wo aus man in knapp einer Stunde zur spanischen Enklave CEUTA in Marokko übersetzt. Manche Marokkofahrer ziehen die Fähre von TARIFA (westlich Algeciras) nach TANGER vor, weil die Überfahrt etwas kürzer, wenn auch teurer ist.

Und die dritte und vierte? Sie werden immer interessanter in dem Maße, wie das Autofahren teurer wird: man geht im südfranzösischen Hafen Sète auf die Fähre und tuckert gemütlich in 36 Stunden bis ans marokkanische Tanger. Oder - Leser aus Österreich oder dem südöstlichen Deutschland sollten das überlegen – man geht in Genua aufs Schiff und kommt nach 2 Tagen in Tanger an. Fünftens und sechstens: sowohl von Sête als von Genua fahren Fähren nach Nador im Nordosten von Marokko.

Die Preise schwanken von Woche zu Woche ganz erheblich. Wenn Sie ein bisschen clever beim Kauf der Tickets sind, ist das mittlerweile nicht teurer als die Durchquerung von Frankreich und Spanien aus eigener Kraft. Und wesentlich weniger anstrengend! Die ganze Strecke selbst zu fahren, macht unseres Erachtens nur dann noch Sinn, wenn Sie sehr viel Zeit haben und ganz gemütlich Frankreich und Spanien „mitnehmen“ können (wobei Ihnen die entsprechenden Bände der WOMO-Reihe gute Dienste leisten werden).

In jedem Fall aber dürfen wir Ihnen versichern: in Marokko gibt es wenig zu befürchten, aber viel zu erleben. Uns zieht es immer wieder hin, auch wenn es kein „einfaches“ Reiseland ist.

Autor bei der Recherche

Gibraltar
Algeciras
E
Tarifa
Port TangerMed
E
Ceuta
N16
Cap Malabata
Medina
TANGER
001
002
Cap Spartel
Grottes d`Hercule
003
A4
N13
A1
TETOUAN
N1
N2
005
004
R417
N2
007
Medina
Asilah
006
008
009
Lixus
Medina
Larache
010
O. Loukos
R410
Ksar-el Kebir
A1
N1
011
012
Moulay-Bousselham
Ouazzane
R408
N13
Souk-el-Arba du-Rharb
N1
O. Ouerra
A1
R413
N4
KÉNITRA
Sidi-Kacem
Volubilis
Moulay Idriss
Medina
R405
S ALÉ
013
RABAT
MEKNES
Bou Regreg
014
30 km
N6
A2
TOUR 1
Atlantik
N

# TOUR 1 (ca. 290 km / 3 - 4 Tage)

## Tanger (bzw. Ceuta) – Asilah – Larache – Moulay Bousselham – Salé

| | |
|---|---|
| **Freie Übernachtung:** | Parkplatz Marjane in Tanger, Parkplatz am Hafen von Asilah, Parkplatz am Bou Regreg in Rabat |
| **Campinglätze:** | Tanger, Briech bei Asilah, Asilah, Larache, Moulay Bousselham |
| **Ver- und Entsorgung:** | Campingplätze |
| **Trinkwasserstellen:** | Campingplätze, Tankstellen |
| **Baden:** | Etliche unbewachte Strände zwischen Tanger und Asilah, Asilah, Larache, Salé |
| **Besichtigungen:** | Asilah, Lixus, Medina von Larache, Salé |

Wir kommen vom Schiff, lassen Europa endgültig hinter uns und betreten den Orient. Wirklich? „Ex oriente lux" – von Osten kommt das Licht. Aber wir sind etwa 12 Längengrade westlich von Deutschland gelandet. Deshalb müssen wir die Uhr auch zurückstellen: zwei Stunden während der mitteleuropäischen Sommerzeit und eine im Winter. So war es jedenfalls bis vor kurzem. Mittlerweile haben auch die Marokkaner eine Sommerzeit eingeführt, deren Beginn sich vertrackterweise mit unserer aber nicht deckt. Kommen Sie von Sète oder Genua und landen demzufolge gleich im Hafen von Tanger? Oder kommen Sie von Algeciras und haben in Ceuta afrikanischen Boden betreten? Zunächst die Beschreibung für die WOMO-Fahrer aus Sète und Genua: Der alte stadtnahe Hafen von Tanger wurde durch den 25 km weiter östlich gelegenen hochmodernen Hafen **TangerMed** ersetzt. Modern ist er – schneller als der alte ist er nicht. Die Stempel in alle Pässe haben wir ja schon auf dem Schiff bekommen, nachdem wir das Einreisekärtchen der Polizei und das grüne Zollformular für das Fahrzeug ausgefüllt hatten. So sollte es jedenfalls sein. Manchmal ist aber kein Zollbeamter an Bord. Dann werden Ihnen Beamte das grüne Formular nach Verlassen des Schiffes in die Hand drücken und Sie füllen es aus. Der WOMO-Fahrer lässt sich nun zu einem Warteplatz durchwinken, hält KFZ-Schein, Pässe und das grüne Einfuhrformular bereit und wartet ab, bis der Zollbeamte ans Auto kommt und das Formular in Empfang nimmt. Nach kurzer Zeit kommt er mit Ihrer **temporären Einfuhrgenehmigung** zurück. Die müssen Sie unbedingt für die Ausreise gut aufbewahren! Manchmal will er wissen, ob Waffen oder Funksprechgeräte an Bord seien. Die sind nämlich in Marokko verboten. Und schon geht's weiter zum Hafenausgang und weiter auf die Autobahn Tanger/Rabat. Nach 30 km, kurz vor der Autobahnausfahrt nach Tanger, passieren wir eine Tankstelle mit Rastplatz. Letzterer eignet sich gut für die erste Nacht, falls Sie spät ankommen sollten. Man fährt in Marokko besser nicht bei Dunkelheit.

### (001) WOMO-Picknickplatz: „Air de Repos Tanger"

**GPS:** N 35° 41' 22.3" W 5° 40' 43.4" **max. WOMOs:** 3
**Zufahrt:** An der A4 nach Tanger und Rabat
**Ausstattung/Lage:** Kostenlos. Kein Strom. Café und Tankstelle rund um die Uhr geöffnet. Picknicktische.

Kurz nach dem Rastplatz nehmen wir die Abfahrt Tanger Ouest-Tetouan und folgen nun der Nationalstraße 2 (N2) für gut 10 km immer geradeaus bis Tanger. Links auf der Höhe eine neue Filiale der Warenhauskette **Marjane**, die wir aber links liegen lassen, denn wir steuern den älteren Marjane an der N1 von Tanger nach Rabat an. Wir kommen durch recht ansehnliche Neubauviertel, die alle erst in den letzten Jahren mit erstaunlicher Geschwindigkeit errichtet wurden. Wenn Sie rechts ein nadeldünnes Minarett erblicken, biegen Sie kurz danach in einem riesigen Kreisverkehr nach links in Richtung Rabat ab. Sie sind nun auf der N1. Nach ca. 5 km sehen Sie auf der rechten Seite ein weiteres Haus der Warenhauskette Marjane im europäischen Stil. Davon gibt es mittlerweile etliche, meist am Rande großer Städte. Sonst kauft man in den unzähligen winzigen Lädchen oder auf dem ländlichen Wochenmarkt, dem Souk. Wer sich langsam eingewöhnen will, findet im Marjane so ziemlich alles, vom Baumarktkrempel bis zu erlesenen Lebensmitteln. Gutes Fleisch, Obst und Gemüse, erstklassige Weine, eigentlich alles. Das ist nicht romantisch, aber für den ohnehin stressigen Anfang erst mal ganz praktisch. Vor dem Marjane ein riesiger (kostenloser) Parkplatz, auf dem man gut mal eben das WOMO durchchecken kann nach der langen Anreise. Und wie die Parkwächter uns bestätigen: man darf sogar – bewacht – übernachten! Es ist auch sonntags geöffnet und die Kassen akzeptieren alle gängigen Kreditkarten, ebenso wie ein Bankautomat.

### (002) WOMO-Stellplatz: „Marjane" in Tanger

**GPS:** N 35° 44' 45.1" W 5° 50' 38.0" **max. WOMOs:** 20
**Zufahrt:** an der Nationalstraße 1 von Tanger nach Rabat, Larache
**Ausstattung/Lage:** Bewachter Warenhaus-Parkplatz. Nachts relativ ruhig. Keine VE.

Marokkofahrer, die von Algeciras kommend über CEUTA einreisen, fahren dort erst mal unkompliziert vom Schiff und aus dem Hafengebiet heraus – sie kommen ja immerhin wieder auf spanisches Territorium. Danach halten Sie sich am besten links den Hafen entlang und folgen den Schildern „Marruecos“. Bis zum Grenzübergang sind es ein paar Kilometer. Es ist vorteilhaft, wenn Sie mit leerem Tank ankommen, denn der Sprit ist in Marokko ca. 30% billiger als in Europa. Dann passieren Sie den spanischen Grenzposten. Das geht fix. Etwas mehr Geduld brauchen Sie gleich danach bei der Einreise nach Marokko. Am besten ist es, wenn Sie die beiden benötigten Formulare schon ausgefüllt haben: die Einreisekarte der Polizei und den grünen Durchschriftsatz für die temporäre Einfuhr von Fahrzeugen. Wenn Ihre Reederei oder ihr Ticketverkäufer gut arbeiten, hat man Ihnen die Formulare schon vor der Überfahrt ausgehändigt. Solchermaßen bewaffnet, haben sie die zahllosen „Helfer“ nicht zu fürchten, die sich mit offiziellem Getue auf Sie stürzen werden, um Ihnen einen Obolus abzuknüpfen. Sie brauchen keine Hilfe! Wenn Sie die beiden Formulare noch nicht haben, bekommen Sie sie von den Behörden umsonst. Stellen Sie den Wagen in den dafür vorgesehenen Parkbuchten ab und begeben Sie sich zunächst zu einem der Häuschen vor Ihnen, um die polizeilichen Passformalitäten abzuwickeln. Sie bekommen u.a. ein Personenkennzeichen in den Pass gestempelt, das Sie in das grüne Einfuhrformular unter „Immatriculation“ eintragen und das auch für alle weiteren Einreisen nach Marokko gilt. Danach gehen Sie zu einem der Schalter des Zolls und legen das grüne Formular und den KFZ-Schein vor. Der Beamte wird Ihnen einen Durchschlag des Zollformulars zurückgeben und Sie heben den bitte sorgfältig für die Rückreise auf! Danach können Sie losfahren, müssen allerdings noch ein- oder zweimal die Papiere vorweisen. Geschafft! Das Ganze dauert etwa eine Stunde.

Ceuta-Einreisende haben jetzt zwei Möglichkeiten: wenn Sie spät dran sind, sollten Sie den nächstgelegenen Campingplatz oder unseren freien Stellplatz 165 zwischen M’DIQ und Ceuta aufsuchen (Tour 16), denn Nachtfahrten sind in Marokko ausgesprochen gefährlich. Fahren Sie zum Campingplatz in MARTIL über die gerade vierspurig ausgebaute Schnellstraße nach Süden in Richtung Tetouan, aber nicht nach TETOUAN hinein, sondern auf Höhe der Stadt in einem Kreisverkehr links ab nach MARTIL, dem Badeort von Tetouan, zum Camping „Al Boustane“. Genauere Angaben finden Sie in Tour 14, auch zum Ort Tetouan selbst. Von Ceuta (=Sebta) hier herunter brauchen Sie keine Stunde und die Straßen sind beleuchtet. Zur Weiterfahrt ab Martil fahren Sie später wieder zurück zur vierspurigen Schnellstraße und diese dann immer geradeaus Richtung Tanger. Schließlich stoßen Sie auf die Autobahn, die vom neuen Hafen „Tanger Med." her kommt und nehmen diese für 22 km bis „Tanger Ouest". Dort fahren Sie ab und wechseln auf die Nationalstraße 1 nach Larache und Rabat. Ab hier sind Sie auf derselben Straße wie diejenigen, die mit der Fähre in Tanger angekommen sind.

Falls Sie früh in Ceuta ausschiffen, gibt es auch die Möglichkeit, gleich hinter der Grenze rechts ins Gebirge hoch zu fahren, Richtung Tanger. Die Straße ist kurvenreich und steil, aber ebenfalls gerade vierspurig ausgebaut. Beim neuen Hafen „Tanger Med." wechseln Sie dann auf die Autobahn nach Tanger – es ist dieselbe, welche wir eben von Tetouan her beschrieben haben. Abfahrt also bei Tanger Ouest und dann in einem Kreisverkehr auf die Nationalstraße 1 nach Süden.

In beiden Fällen ist es Ihnen aber natürlich auch unbenommen, auf der Autobahn nach Rabat zu bleiben und sie erst in Asilah zu verlassen.

Vielleicht wollen Sie, von Ceuta kommend, aber ja auch im Supermarkt Marjane einkaufen? Empfehlenswert ist das allemal. Dann fahren Sie nach der Autobahnabfahrt „Tanger Ouest" nicht nach Süden, sondern im Kreisverkehr Richtung Tanger, nach Norden. Sie kommen am Flughafen vorbei und am Warenhaus „Metro", das wir buchstäblich links liegen lassen, denn der Marjane ist für unsere Zwecke besser. Genau 11,3 km nach der Autobahnabfahrt dann links der „Marjane", den wir oben schon angepriesen haben.

Und schon geht's weiter, rechts aus dem Marjane-Parkplatz heraus, immer in Richtung „Rabat", nach Süden. Nach 3,2 km, kurz vor einer Shell-Tankstelle, geht rechts eine Straße ab zu den **Herkulesgrotten**. Etwa 7 km sind es, immer geradeaus, bis hin. Es gibt dort, in unmittelbarer Nachbarschaft der Grotten, einen schönen Campingplatz mit allen Versorgungsmöglichkeiten. Marokkanische Campingplätze sind, was die Ausstattung angeht, oft recht verwahrlost und nur selten mit solchen in Europa zu vergleichen. Die Betreiber hier haben ein parkähnliches und stimmungsvolles Gelände mit zahlreichen schattigen Kojen aus Büschen und Bäu-

Herkulesgrotten

men geschaffen. Zu den Grotten sind es kaum 300 Meter zu Fuß. Auf dem „Camping Achakar“ kann man ungestört und angstfrei die erste Nacht in Marokko verbringen, falls man es nicht vorzieht, gleich bis Asilah durchzufahren, unserer nächsten Station. Der Platz war allerdings, wenn man den Stromanschluss nutzt, auf unseren Reisen einer der teuersten und die Toiletten könnten bei dem Preis auch sauberer sein. Nur kalte Duschen. Die Betreiber profitieren von der für Ein- und Ausreisende günstigen Lage. Der nahe Strand ist von einem „Club Robinson“ zum teuren Privatsache gemacht worden, etwas, was man in Marokko selten findet.

**(003) WOMO-Campingplatz-Tipp: „Camping Achakar“**

**GPS:** N 35° 45' 33.8" W 5° 56' 15.7"
**Zufahrt:** Schnellstraße von Tanger nach Rabat. Abzweigung rechts zu den „Grottes de Hercule“. Camping kurz vor den Grotten
**Ausstattung/Lage:** Sehr ruhig. Parkkojen zwischen Bäumen, Café, kalte Duschen.

Wer Campingplätze nicht mag, findet an der Straße zum **Cap Spartel** etliche an sich schöne Plätze auf Felsen über dem Meer. Manche verfügen sogar über eine Treppe hinunter zum Strand. Allerdings sollten Sie wissen, dass das freie Übernachten an den nördlichen Küsten Marokkos immer gefährlicher und deshalb auch meist von der Polizei unterbunden wird. Wir sind keine Angsthasen, aber hier, auch noch in der Nähe der Stadt mit der höchsten Kriminalität des Landes, würden wir uns nicht ohne 24-Stunden-Bewachung hinstellen.

Oder ist es noch nicht spät am Tag und wir fahren besser gleich noch 25 km weiter? Einige Kilometer vor Asilah liegt auf der linken Straßenseite das „Hotel Briech“ mit einem guten

Asilah

Stellplatz und sämtlichen Versorgungsmöglichkeiten auf seinem Gelände. Das Schwimmbad darf benutzt werden und WOMO-Reisende bekommen 25% Ermäßigung auf die Preise des angeschlossenen Restaurants, die allerdings, ebenso wie die Stellplatzgebühren, für Marokko recht hoch sind. Zugegeben: alles ist sehr sauber und gepflegt. Man kann ganz in der Nähe auf asphaltierter Straße zum Strand hinunter fahren und dort tagsüber stehen. Übernachten ist dort nicht erlaubt.

**(004) WOMO-Campingplatz-Tipp:**
**„Hotel Briech", 5 km vor Asilah**

**GPS:** N 35° 31' 44.3" W 5° 59' 55.8"
**Zufahrt:** An der Nationalstraße von Tanger nach Asilah.

Asilah heißt unser erstes richtiges Ziel, ein bezauberndes Hafenstädtchen am Atlantik. Wir fahren erst mal unseren Lieblingsplatz an, einen großen Parkplatz vor der mauerumwehrten Medina, direkt am Hafen. Das geht ganz einfach: Wir biegen gleich nach dem Ortseingang hinter der Ampel rechts beim Schild **„Ancienne Medina, Centre Hassan II"** in den großen Strandboulevard und fahren ihn hinunter bis zum Kreisverkehr vor der Stadtmauer. Sie haben sicher gleich zu Anfang des Strandboulevards rechts WOMOs stehen sehen. Dort können wir ebenfalls preiswert übernachten, etwa wenn die besseren Plätze gleich vorn an der Stadtmauer überfüllt sind

**(005) WOMO-Stellplatz:**
**Parkplatz Strandboulevard Asilah**

**GPS:** N 35° 28' 24.3" W 6° 01' 40.8" **max. WOMOs:** 10
**Zufahrt:** Beim Ortseingang rechts am Strandboulevard.
**Ausstattung/Lage:** Zwischen Straße und Strand. Keine VE.

Schöner stehen Sie aber auf den Plätzen am Ende des Standboulevards, unmittelbar am kleinen Hafen.

**(006) WOMO-Stellplatz: Asilah „Am Hafen"**

**GPS:** N 35° 28' 01.7" W 6° 02' 13.9"
**max. WOMOs:** >20
**Ausstattung/Lage:** Gebührenpflichtig. Toilettengebäude in der Nähe, unmittelbar vor der Altstadt. Sehr ruhig. Bewacht.

Vor uns der kleine Fischereihafen, auf der anderen Seite ein Stadttor, das in die Medina, die Altstadt, führt. Nördlich der Altstadt erstreckt sich ein riesiger, sauberer Strand. Nehmen Sie sich Zeit für einen Bummel durch die knuffige Altstadt. Leider wissen aber auch die hiesigen Diebe den beträchtlichen Touristenandrang zu schätzen. Uns selbst hat man Damenschuhe aus dem Eingangsbereich des WOMOs geklaut, obwohl jemand im Fahrzeug war. Die Tür stand nur kurz offen. Von solcher besonderen Form der Gastfreundschaft hörten wir mehrfach. Man bedenke:

Die marokkanische Küste war seit Urzeiten, und zwar bis in die 2. Hälfte des neunzehnten Jahrhunderts, für europäische Seefahrer eine der gefährlichsten Ecken bei der Umseglung von Afrika. Praktisch alle heute so beliebten Hafenstädte waren gefürchtete Seeräubernester und wer vor den hiesigen Küs-

In der Medina von Asilah

ten strandete, fand sich unweigerlich seiner sämtlichen Habe und häufig auch seines Lebens beraubt. Er konnte froh sein, wenn er nur in die Sklaverei geriet. Das muss man sich erst mal abgewöhnen! Den meisten Asilahnern ist das aber ganz gut gelungen.

Falls Sie sich auf einem Campingplatz wohler fühlen sollten, so biegen Sie nicht in den erwähnten Strandboulevard, sondern fahren auf der N1 noch wenige hundert Meter weiter. Rechts liegt dann der lange geschlossene und nun auferstandene ganz nette „Camping Assada“

**(007) WOMO-Campingplatz-Tipp: „Assaada“ in Asilah**

**GPS:** N 35° 28' 17.6" W 6° 01' 42.5"
**Zufahrt:** An der Nationalstraße von Tanger nach Asilah.
**Ausstattung/Lage:** An der N1 in Asilah. Ortsnah. Recht ruhig.

Weiß und Blau sind die beherrschenden Farben von Asilah. Sollten Sie sich an südeuropäische Ortsbilder erinnert fühlen, so ist das kein Zufall: die Stadt wurde 1471 von den Portugiesen erobert. Sie haben sie mit den noch heute kompletten Mauern umwehrt und sie fast 100 Jahre gehalten. Die Mischung aus arabischen und portugiesischen Architekturelementen ist unwiderstehlich. Hell und heiter leuchtet die **Medina von Asilah**, freundlich und zurückhaltend sind in der Regel die Menschen. Sie können unbehelligt von der Anmache aufdringlicher Verkäufer oder gar Schlepper spazieren gehen oder auch in die vielen kleinen Läden gucken. Das ist nicht selbstverständlich in Marokko, wenn auch vieles besser geworden ist. Sie werden dagegen eine gewisse Resistenz entwickeln. Aber es muss ja nicht gleich am Anfang so dicke kommen. Vielleicht möchten Sie Ihre Vorräte an frischem Obst und Gemüse, an Fisch oder Fleisch auffüllen? Das geht in Asilah sehr stilvoll auf dem überdachten, hübschen **„Marché municipal“** links am Hauptplatz der Neustadt. Am besten fragen Sie die Einheimischen. Übrigens spricht in Nordafrika niemals ein fremder Mann eine Frau an. Aber Ihnen als Gast der Stadt würde man einen solchen Fauxpas lächelnd nachsehen. Fast überall in Marokko wird als Nachklang der Kolonialzeit Französisch gesprochen. Hier im Nordwesten ausnahmsweise aber eher Spanisch, denn die Gegend war spanisches Protektorat. Wundern Sie sich nicht über Fleisch- und Fischpreise auf europäischem Niveau, wo doch Obst, Gemüse und Brot so billig sind. Ein Kilo Rindfleisch mit Knochen kostet den Tageslohn eines Arbeiters. Entsprechend winzig sind die Fleischmengen, die Mutter Fatma auf den Tisch bringt. Hauptnahrungsmittel der Marokkaner sind Brot und Gemüse. Wenig Fleisch. Das soll ja gesund sein.

Man könnte es gut ein paar Tage aushalten in Asilah. Aber wir wollen weiter, immer auf der Nationalstraße nach Süden in Richtung Larache und Rabat. Am Kreisverkehr südlich der Stadt entscheiden wir uns also gegen die „Autoroute“. Durch hügelige, für marokkanische Verhältnisse ungewöhnlich grüne Landschaft geht es, manchmal unter dicken Eukalyptusbäumen hindurch, immer in Richtung Larache. Jetzt, Ende April, blühen Millionen starkfarbiger wilder Blumen. Der Autoverkehr hält sich, wie überall in Marokko, in Grenzen. Die meisten Marokkaner können sich einfach kein Auto leisten.

Aber wenn sie eins haben, fahren sie oft sehr eigenwillig, weniger an Regeln orientiert. Also aufgepasst! Rechnen Sie mit erheblicher Risikofreude besonders beim Überholen. Knapp 16 km hinter Asilah zweigt eine Straße nach Tetouan ab.

Haben Sie Lust, sich eines der bedeutendsten vorgeschichtlichen Denkmäler Marokkos, den **Cromlech von Msoura**, anzusehen? Es handelt sich dabei um eine Art nordafrikanisches Stonehenge. Anders als in den uns bekannten Büchern beschrieben (auch die Michelin-Karte weiß es nicht besser), gibt es eine durchaus WOMO-taugliche Zufahrt, die man allerdings kennen muss, denn kein einziges Schild weist den Weg zu diesem neolithischen Leckerbissen.

Cromlech von Msoura

Fahren Sie die Straße Richtung Tetouan für 12 km und dann kurz nach dem Kilometerstein „Tetouan 70 km“ bei einer Bushaltestelle (Wartehäuschen) links die kleine Straße hoch (sollten Sie von Tetouan herunter kommen, liegt die Einfahrt etwa 800 m hinter dem Kilometerstein „Larache 36 km“ rechts). Nach 3 km erreichen Sie das Dorf MSOURA mit dem Cromlech. Hier die GPS-Position: **N 35° 24' 15.7" W 5° 56' 39.4"**. Zwei Steinkreise umgeben einen (leider durch Grabungen sehr gestörten) Hügel, unter dem sich ein Grab befand. Der höchste der noch aufrecht stehenden Monolithen misst etwa 6 Meter! Man vermutet, dass der **Cromlech von Msoura** vor etwa 7000 Jahren erbaut wurde. Aber niemand ist dabei gewesen, nicht mal der alte Herr, der ihn seit Jahrzehnten bewacht und ein Trinkgeld haben sollte.

Wir fahren weiter nach Larache. Am Straßenrand bieten Bauern und auch Keramikhändler ihre Waren an. Bald queren wir Korkeichenwälder. Man sieht deutlich, dass den Bäumen bis in etwa 2 m Höhe die Haut abgezogen wurde. Mächtige uralte Eukalyptusbäume auf der linken Seite. Kaffeepause erwünscht oder ein bisschen die Beine vertreten? Da haben wir was für Sie! Gut 27 km hinter Asilah.

### (008) WOMO-Stellplatz: Landstraße Asilah/Larache

**GPS:** N 35° 15' 51.0" W 6° 04' 23.0" **max. WOMOs:** 3
**Zufahrt:** Rechts der Nationalstraße 1. 27 km südlich von Asilah.
**Ausstattung/Lage:** Außerorts. Schatten spendende Bäume. Keine VE.

Fahren Sie rechts auf den Parkplatz. Die großen Bäume sind willkommene Schattenspender. Es weht ein reges Lüftchen. Rote Erde und kilometerweiter Blick über die fruchtbare grüne Landschaft bis hin zum Atlantik. Ein wunderbarer Aussichtspunkt und Picknickplatz. Kein Mensch wird Sie verscheuchen, wenn Sie hier über Nacht stehen wollen. Weiter geht's in Richtung Larache. Kleinere Orte rechts und links der Straße. Bitte unbedingt an die Geschwindigkeitsbegrenzungen halten. Erstens sowieso und zweitens weil die marokkanische Polizei hart durchgreift. 400 Dirham sind fällig, wenn Sie erwischt werden. Manchmal geht es aber auch billiger. Ohne Quittung. Beamte werden hier sehr schlecht bezahlt und sind auf kleine Unschärfen in der Handhabung des Gesetzes angewiesen. Ich habe das Problem mal mit einem befreundeten Polizeibeamten diskutiert. „Was würdest Du denn machen, wenn in Deutschland ein Gendarm korrupt wäre?“ fragte er mich. „Ich würde eine Dienstaufsichtsbeschwerde beim Polizeichef einlegen“. Die Antwort meines Freundes hat mich denn doch berührt: „Das hätte bei uns keinen Sinn, denn an den muss ich die Hälfte ja abgeben“.

Ungefähr 35 km hinter Asilah führt in einem Kreisverkehr rechts eine neue Straße zur „Nouvelle Station Touristique Lixus". Am Ende dieser Straße gelangt man zum

**(009) WOMO-Badeplatz:**
**Loukkos-Mündung bei Larache**

**GPS:** N 35° 12' 16.3" W 6° 08' 57.5" **max. WOMOs:** 2-3
**Zufahrt:** An den Ruinen von Lixus rechts von N1 abbiegen und bis Straßenende fahren.
**Ausstattung/Lage:** Unmittelbar am Meer, Häuser in der Nähe, kein Schatten. Keine VE.

Wir werden durch wunderschöne Pinien- und Eukalyptushaine belohnt, in denen man herrlich ausruhen kann. Links der weite Blick über das **Loukkos-Tal** auf Larache, die Stadt auf dem Felsen. Am Ende der Straße, welche Überraschung, stehen wir plötzlich auf einer ebenen Fläche direkt vor dem Atlantik: Sonne, Sand und Meer – und jede Menge leere Bierflaschen. Marokkaner stört so was nicht. Und es ist ja auch wirklich sehr schön hier.

Zurück auf der Nationalstraße nach Rabat erkennen Sie bald rechts vor einem Hügel ein paar Trümmer. Es sind, gewählter ausgedrückt, die **Reste der antiken Stadt Lixus**. Die Römer haben hier, am **Fluss Loukkos** in Sichtweite der heutigen Stadt Larache, Garum produziert, ein Würzmittel aus Salz und gegorenen Innereien von Fisch. Das muss furchtbar gestunken haben. Etwas Ähnliches wird noch heute in Japan produziert. Autorin Riehl-Takada, die Japanerin ist, versichert, der Geschmack sei betörend. Die Ruinen von Lixus sind weit weniger bedeutend als die von Volubilis, der wichtigsten römischen Siedlung in Marokko. Wer trotzdem auf den Hügel will, fahre rechts in die Straße hinein und mache sich am Zaun zu schaffen. Sogleich wird der Wächter angerannt kommen und den Besucher für ein Trinkgeld (20 - 30 DH sind angemessen) herumführen. Es stinkt schon lange nicht mehr!

Zurück zur Hauptstraße nach Rabat, mitten durch Larache.

Am südlichen Ortsausgang von Larache, an der Straße nach Rabat, liegt auf der linken Seite die „Aire de Repos de Larache". Früher war dies ein gepflegter Campingplatz. Er gehörte der marokkanischen Reederei Comarit. Seitdem die aber pleite ist, wird nichts mehr gepflegt und alle Versorgung ist versiegt. Immerhin kann man dort noch unter Bäumen ganz nett übernachten.

### (010) WOMO-Stellplatz: „Aire de Repos de Larache "

**GPS:** N 35° 09' 38.4" W 6° 08' 34.7" **max. WOMOs:** 5
**Zufahrt:** Ortsausgang von Larache links an der Nationalstraße nach Rabat.
**Ausstattung/Lage:** Kein VE, an der Straße nach Rabat.

Larache ist eine etwas spröde Schöne, deren Reiz sich nicht auf den ersten Blick erschließt. Sie hat eigentlich reichlich touristisches Potential, wenn sie nur nicht so herunter gekommen wäre! Und eine Schöne mit bewegter Vergangenheit ist sie. Nach ewigem Hin und Her zwischen Marokkanern, Portugiesen und Spaniern, gehörte sie schließlich bis zur Unabhängigkeit 1956 zum spanischen Protektorat. Das hat Spuren hinterlassen: stolze Bauten in spanisch-maurischem Kolonialstil, die leider vielfach dem Verfall preisgegeben sind. Trotzdem: für Larache sollten Sie sich etwas Zeit nehmen. Am besten lassen Sie das Fahrzeug am „Aire de Repos" stehen und steigen ins Taxi zur **„Place de l'Indépendance"** (Unabhängigkeitsplatz), wie die frühere „Place de l'Espagne" heute sinnigerweise heißt. Dieser kreisrunde Platz, von prächtigen Palmen geziert, liegt genau zwischen Neustadt und Medi-

Bab el Khemis

na. Das große Tor („**Bab el Khemis**") stellt den Haupteingang zur arabischen Medina dar, auf der gegenüber liegenden Seite gehen Straßen radial in die spanische Neustadt ab. Eine glänzende Leistung der kolonialen Stadtplaner! Wir durchschreiten das Bab el Khemis und stehen auf einem großen, quer langgestreckten Marktplatz. Den sollten Sie bis rechts hoch laufen. Wenn Sie dann durch das rote Ziegeltor gehen und danach rechts rein, gelangen Sie auf eine schöne Terrasse mit Bauten aus spanischer Zeit. Das ganze Viertel, „Kasbah" genannt, ist überaus reizvoll. Wenn Sie vor dem roten Ziegeltor die pittoreske Gasse links hinunter gehen, kommen Sie zum Hafen, wo in einfachen Garküchen frischer Fisch angeboten wird.

Markthalle in der Neustadt

In der Neustadt bezaubert uns ein großes Gebäude, das eindeutig an die Alhambra in Granada erinnert. Von ferne sieht es aus wie ein *****Luxushotel. Seltsam, wo doch Larache sonst touristisch ein kaum beschriebenes Blatt ist! Und siehe da: Alhambra erweist sich als die schön restaurierte Markthalle der Spanier. Tote Fische, tote Hühner, jedenfalls kein Luxushotel.

In Larache, kein Reiseführer weist darauf hin, liegt übrigens einer der Großen der Literatur des 20. Jahrhunderts begraben: der Franzose **Jean Genet**, dessen Werke in der ganzen

Das Grab von Jean Genet

Welt gelesen und gespielt werden. „Saint Genet“, wie J.P. Sartre ihn nannte, fand nach einem mehr als unruhigen Leben seine letzte Ruhestätte auf dem sehr stimmungsvollen Christlichen Friedhof westlich der Neustadt über der Steilküste. Eine Küsterin muss herbeigerufen werden um das Tor aufzuschließen, und dann führt sie uns zu dem ergreifend schlichten, wunderschönen Grab.

Öffentlicher Personennahverkehr

Die Leute in Larache, vom Taxifahrer bis zu den kultivierten alten Herren in den Cafés am Platz, fanden wir sehr korrekt und angenehm.

Individualverkehr

Trotzdem geht's bald weiter in Richtung Rabat. Es ist Nachmittag und wir beschließen, in Moulay Bousselham unser Nachtlager aufzuschlagen. Dort soll es zwei richtig gute Campingplätze mit Strom und allem drum und dran geben. Unser Laptop entwickelt nämlich einen gesegneten Appetit auf Letzteren. Wir folgen dem ersten Schild rechts „Moulay Bousselham". Welches Verhängnis! Anfangs ist die Straße noch ganz o.k.. Aber dann wird sie zu einem echten Rumpeltest für unser WOMO. Loch an Loch! Das WOMO hat gehalten. Aber wir waren nach etlichen 10 Kilometern am Ende der Belastbarkeit. Was uns aufrecht hielt: wir trafen ständig auf Leute, die uns dermaßen offen und freundlich grüßten und anlachten, dass wir den Glauben an das Gute nie verloren. Zum Knuddeln! Trotzdem: machen Sie unseren Fehler besser nicht nach. Fahren Sie aus dem „Aire de Repos" links heraus und nehmen Sie stattdessen hinter Larache die Autobahn nach Rabat und fahren Sie Ausfahrt

Lagune von Moulay Bousselham

„Moulay Bousselham" wieder ab. Es sind nur wenige Kilometer bis in die Stadt!

Endlich in Moulay Bousselham angekommen, fanden wir den Ort interessant an einer wundervollen Lagune und über dem Atlantik gelegen. Der Empfangschef von Campingplatz Nr. 1 erwies sich bei unserem ersten Besuch leider als ziemlich betrunken und die elektrischen Anlagen als in sozusagen reziprokem Zustand: Personal unter Strom, Steckdosen mitnichten. Das alles hat sich aber wohl inzwischen zum Besseren gewendet. Der Platz liegt fabelhaft gleich unten an der Lagune und das wird der Grund sein, warum viele WOMO-Kollegen ihm den Vorzug vor dem Konkurrenten wenige hundert Meter vorher geben. Zum „Camping Caravaning International" führen links vor dem Ortszentrum an einer Filiale der Bank „Crédit agricol" einige hundert Meter Asphaltstraße hinunter bis auf Meereshöhe.

**(011) WOMO-Campingplatz-Tipp:**
**„Camping Caravaning International"**
**Moulay Bousselham"**

**GPS:** N 34° 52' 34.2" W 6° 17' 19.0"
**Zufahrt:** Kurz vor dem Zentrum links hinunter wie im Text beschrieben.
**Lage:** Unmittelbar an der Lagune.

Ein Paar hundert Meter vor der Abfahrt zum „Camping Caravaning International“ geht es, ebenfalls links, zum erwähnten zweiten Platz in Moulay Bousselham, dem „Camping Flamants Loisirs“. Er ist besser ausgestattet als der „International“. Schön ist es dort. Alles grün. Ruhe! Büsche! Strom! Der Platz hat so gar nichts campingmäßiges. Eher schon ist es ein weitläufiger Park und die paar WOMOs muss man förmlich suchen. Toiletten und warme Duschen sind in Ordnung. Es gibt einen wunderbaren Waschsalon und einen kleinen Tante-Emma-Laden. Im Sommer soll hier sogar ein eigener Metzger wirken. Das Schwimmbad war voll Wasser, und das im April. Es ist wirklich auszuhalten. Zu der Anlage gehört auch ein ausgedehnter Gemüseanbau.

**(012) WOMO-Campingplatz-Tipp:**
**„Camping Flamants Loisirs“ in Moulay Bousselham**

**GPS:** N 34° 52’ 42.4” W 6° 16’ 56.2”
**Zufahrt:** Autobahn Larache/Rabat, Ausfahrt Moulay Bousselham. Am Ortseingang links.
**Ausstattung/Lage:** Park mit großzügigen Kojen. Waschmaschine, warme Duschen, WC.

Man kann bis mitten in den Ort mit dem Auto fahren, die Parkgebühren sind aber happig. Gehen Sie besser zu Fuß. Sie haben viel in eine etwas überdimensionale Promenade investiert und das soll wohl wieder rein kommen. Bestimmt ein Dutzend Restaurants gibt es, einige kleine Läden für den täglichen Bedarf, und rechts irgendwo in der zweiten Reihe werden allerlei Arten Fisch verkauft. Denn noch immer ist Moulay Bousselham ein Fischerdorf.

Der Ursprung des Ortes ist der Marabout (Kapelle über einem Heiligengrab) eines islamischen Mystikers, der im 10. Jahrhundert aus Ägypten hierher gekommen ist. Dem hat es also auch gefallen. Im Sommer gibt es an seinem Grab ein großes Fest, ein „Moussem“. Gehen Sie mal links den betonierten Weg an den Marabouts zur Terrasse hinunter und werfen Sie einen Blick auf die Lagune. Birdwatcher werden sich an den vielen Vögeln erfreuen, Flamingos zum Beispiel. Das ganze Landschaftsensemble wurde zum Naturschutzgebiet erklärt. Man kann aber Boote mieten und in der fischreichen Lagune angeln. Einige Geschäfte, die Tauchausrüstungen verkaufen, weisen darauf hin, dass der wunderbare Atlantikstrand, der sich Dutzende einsamer Kilometer nach Norden zieht, ein gutes Tauchrevier ist.

Nun aber genug vom ewigen Strand und den putzigen Nestern! Wir wollen mal eine richtig große arabische Stadt sehen mit urbanem Gewimmel und einer Medina zum Verlaufen und wollen mutig allen Fährnissen trotzen. Wohin also? Kenitra, eine Stadt mit etwa 500.000 Einwohnern, liegt auf dem Weg nach Rabat. Halt! Tun Sie sich das nicht an! Erstens gibt es dort eigentlich nichts zu sehen. Die Stadt wurde erst Anfang des 20. Jahrhunderts gegründet und seitdem ist nichts Sehenswürdiges hinzugekommen. Und zweitens gibt es in Kenitra praktisch keine Wegweiser. Wir waren mal dort und fanden erst nach endlosen Irrfahrten wieder heraus! Und was tun, wenn die befragten Passanten ständig „tournez à droite" sagen (halten Sie sich rechts), aber nach links zeigen? Nein, unsere Empfehlung lautet: wir fahren noch mal ein Stückchen Autobahn. Also zurück, wie wir gekommen sind, und auf die Autobahn nach Rabat. Das dauert anderthalb Stunden. Unterwegs wachsen links und rechts der Autoroute Bananen in riesigen Gewächshäusern aus Plastikplanen. Und jede Menge Korkeichen. Vorsicht: manchmal gehen Kinder auf der Autobahn spazieren. Oder Esel und Rindviecher relaxen mitten auf der Fahrbahn. Hühner zählen da eher zu den kleineren Risiken. Selbst auf der Autobahn gilt deshalb, was wir Ihnen für ganz Marokko ans Herz legen möchten: Fahren Sie möglichst nur bei Tageslicht. Die meisten Zweiräder, Eselskarren und manchmal auch Autos sind unbeleuchtet. Es ist wirklich gefährlich. Und noch ein Tipp: zahlen Sie die Autobahngebühr mit großen Scheinen, also 200 oder 100 DH. In Cafés usw. fehlt es nämlich merkwürdigerweise ständig an Kleingeld. Ihr armer Kellner muss dann immer erst beim Nachbarn wechseln gehen und Sie argwöhnen, dass er mit Ihrem Blauen durchgebrannt ist. Die Autobahnkassierer haben genug Kleingeld.

Störche brauchen keine Wegweiser

Nehmen Sie die Ausfahrt „Rabat, Salé“. Immer geradeaus, Richtung Salé und Rabat. Die beiden Städte liegen sich seit der Sintflut rechts und links an der Mündung des Flusses **BouRegreg** in den Atlantik in Rufweite gegenüber und jede will die Nummer eins sein. Im Moment hat Rabat die Nase vorn und Salé ist das, was der Kölner die „schäl Sick“ nennt: die kleine Schwester auf dem anderen Ufer. Jahrhunderte lang war es umgekehrt. Wir werden sehen: beide sind absolut eine Reise wert. Bis vor kurzem gab es in Salé unterhalb des Altstadthügels in Strandnähe einen bestens gelegenen Campingplatz. Der ist leider gigantischen Baumaßnahmen zum Opfer gefallen und Ersatz wurde bisher nicht geschaffen. Deshalb fahren wir nicht nach Salé hinein, sondern folgen der Beschilderung „Rabat“, überqueren den Fluss und biegen dann sofort rechts auf die Uferstraße. Wir fahren ein Stück am Fluss entlang bis zu einem Kreisverkehr unmittelbar unterhalb der Altstadtmauer. Dort ist neuerdings ein bewachter Parkplatz mit Einfahrtschranke eingerichtet worden, auf dem wir offiziell übernachten dürfen. Die Lage taugt ausgezeichnet zum Besuch der Medina von Rabat. Die stark befahrene Uferstraße überqueren und eine der Treppen hinauf. Am Fluss entlang hat man eine riesige Promenade gebaut, auf der bei gutem Wetter lebhafter Betrieb herrscht. Jenseits des BouRegreg, auf der Seite von SALÉ, ein gar nicht mal hässliches Neubaugebiet. Schön, dass immer noch die Fährbötchen hinüber fahren.

**(013) WOMO-Stellplatz: Rabat „Marina BouRegreg“**

**GPS:** N 34° 01' 42.9" W 6° 49' 58.2"
**max. WOMOs:** 7
**Ausstattung/Lage:** Nachts ruhig. Kostenpflichtig. Keine VE. Altstadt gleich nebenan.

Rabat ist eine überwiegend moderne und quirlige Stadt. Salé ist bei weitem gemütlicher und dabei interessanter. Wir geben Ihnen hier zum Ende von Tour 1 ein paar Tipps für einen Besuch von Salé. Rabat soll das erste Rad an unserer „Achse der Königsstädte“ (Tour 2) sein.

Nur der Vollständigkeit halber erwähnen wir eine zweite Stellmöglichkeit in Rabat. Ein ganzes Stück außerhalb des Zentrums, in der Nähe des Bahnhofs Agdal und auf der Rückseite des Hotel Ibis, gibt es einen von einer Mauer umgebenen bewachten Parkplatz. Der ist gewiss ruhig und sicher, aber so öde, dass wir darauf freiwillig nicht stehen möchten.

### (014) WOMO-Stellplatz: „Gare Agdal“ in Rabat

**GPS:** N 34° 00' 01.7" W 6° 51' 22.9" **max. WOMOs:** 10
**Zufahrt:** Nähe Bahnhof Agdal beim Hotel Ibis.
**Ausstattung/Lage:** Bewacht. Kostenpflichtig. Ruhig. Am Rande der City. Keine VE.

Vom Stellplatz „Marina BouRegreg“ sehen Sie schon auf dem Hügel jenseits des Flusses die Altstadt von Salé mit ei-

Friedhof von Salé

nem riesigen Friedhof und der Stadtmauer, die die ganze Medina umgibt. Am stilvollsten kommt man mit dem Ruderboot hinüber. An sich könnte man auch zu Fuß gehen, Aber Verkehrslärm und Gestank sind kein Vergnügen. Nehmen Sie sich mindestens einen halben Tag zum Bummeln. Sie werden sehen, dass die Menschen hier sehr freundlich sind und in keiner Weise vom Tourismus korrumpiert. So „echt“ geht es in Marrakech oder gar in Agadir schon lange nicht mehr zu. Das ist auch kein Wunder, denn es gibt kaum Touristen in Salé. Wir sind stundenlang in den Souks und den kleinen Gassen herumgelaufen, ohne einen Europäer zu treffen. Autor Riehl wartet jedes Mal mit dem Haareschneiden

bis Marokko. Die hiesigen Coiffeure sind gut und preiswert. 20-30 Dirham darf es kosten. Danach werde ich vor dem Laden von herumsitzenden Jungs begutachtet: Gut siehst Du aus! Fragen Sie die Einheimischen nach dem **„Souk el Kebir"**, der wichtigsten Marktstraße der Stadt. Am schönsten ist es spätnachmittags oder am frühen Abend. Dann kauft Mutter Fatma fürs Abendessen ein, zum Beispiel solche Köstlichkei-

Fleischerei in der Altstadt von Salé

ten wie gekochte Kuh- oder Ziegenfüße. Oder gesottene Schafsköpfe. Wollen wir die mit ins WOMO nehmen? Die Maultaschen vom Aldi sind doch alle! Oder doch nur einen Querschnitt durch das bunte Obst- und Gemüseangebot? Letzteres ist eben immer preiswert, anders als Fleisch und Fisch. Das Preisniveau ist hier in Salé übrigens auf allen Gebieten deutlich niedriger als drüben in der Hauptstadt. Oder setzen wir uns nur in ein kleines Café und trinken den wunderbaren

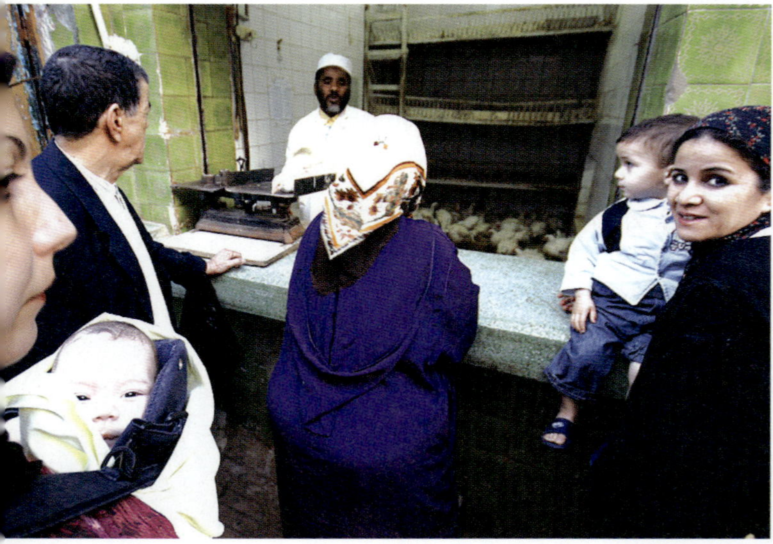

**Thé à la Menthe**, der aus frischen Minzeblättern in chinesischem grünen Tee mit viel Zucker hergestellt wird. Man trinkt ihn morgens, mittags, abends und wird ihn nie leid. Lassen Sie sich Zeit für mehr als einen kurzen Bummel durch die **Medina von Salé**. Ein dermaßen authentisches arabisches Altstadtleben werden Sie so schnell nicht wieder finden. Keinen Touristennepp werden Sie antreffen, sondern echtes Marokko. Keiner macht Sie an, alles können Sie in Ruhe betrachten. Gehen Sie ruhig auf die Leute zu, lächeln Sie sie an. Marokkanische Jungs machen gerne Unsinn und tollen herum wie junge Hunde. Frauen und Mädchen sind eher zurückhaltend. Eine gepflegte Dame kommt mit drei Töchtern aus dem Haus und geht offensichtlich zum Einkaufen. Wir fragen sie nach dem Weg. Mit welcher Würde sie uns antwortet! Wir sollen ihr folgen und schon sind wir am gesuchten Souk. Allein hätten wir uns in diesem Labyrinth so schnell nicht zurecht gefunden.

In der Medersa Abou el Hassan

SALÉ hat eine große Geschichte, es war Jahrhunderte lang der wichtigste Atlantikhafen Marokkos. Kaufleute des gesamten Mittelmeerraumes boten hier ihre Waren feil. Die Stadt war reich und bedeutend und keineswegs ein Anhängsel der Hauptstadt Rabat. Das hat Spuren hinterlassen. Zwei prachtvolle schneeweiße **Marabouts aus dem 14. und 17. Jahrhundert** finden Sie auf dem Plateau oberhalb des Friedhofs, den wir vom Parkplatz aus sahen. Sie liegen innerhalb der Stadtmauern und sind doch von verschwenderisch viel Freifläche um-

geben. Warum wohl? Einmal im Jahr findet hier ein großer Moussem statt, ein Fest zu Ehren der Heiligen. In einer Prozession werden Wachskerzen durch die gesamte Stadt getragen und danach wird die ganze Nacht auf dem großen Platz gefeiert. Leider dürfen Nicht-Moslems, wie überall in Marokko, religiöse Gebäude nicht betreten. Deshalb können wir die beiden Marabouts nur von außen bewundern. Auf dem nahe gelegenen Friedhof, den Sie unbedingt besuchen sollten, finden sich auch noch ein paar weniger prachtvolle. Marokkaner lassen sich gerne in der Nähe von heiligen Männern und Frau-

Medersa Abou el Hassan

en beerdigen, damit deren „Baraka", ihre Segenskraft, auf sie übergeht. Wenn Sie den Atlantik im Rücken haben hier oben, sehen Sie vor sich die grünen Dächer der Großen Moschee. **Grün ist die Farbe des Propheten**. Aber alles Interesse nützt nichts: die Moschee bleibt uns Ungläubigen verschlossen. Doch wir werden reich entschädigt! Um ein paar Ecken herum liegt nämlich die **„Medersa Abou el Hassan"**, eine Koranschule, die der Sultan Abou el Hassan im 14. Jahrhundert errichten ließ. Und die ist gegen ein paar Dirham frei zugänglich. Unbedingt ansehen! So eine **Medersa** besteht aus einem säulenumstandenen Innenhof mit einem Brunnen in der Mitte, einem Gebetsraum und in den oberen Stockwerken aus den Wohnräumen der Schüler, die hier wie in einem Internat lebten und eine lange Ausbildung durchliefen. Die Medersa wurde in vierjähriger Arbeit vorbildlich restauriert und ist ein wahres Juwel arabischer Baukunst. Nehmen Sie sich ein Stündchen Zeit, um den Fayencenschmuck der Säulen und unteren Wandregionen zu bewundern, die höchst subtilen Stuckaturen mit ihrer Korankalligraphie und die unglaublichen Zedernholzarbeiten im oberen Bereich, bis hin zu den Decken. Der freundliche Wärter hat uns erst mal etwas von seinem Tee angeboten und dann einen Stuhl gebracht, damit die WOMO-Fotos aus der richtigen Höhe gemacht werden können. Lassen Sie die subtile Feierlichkeit des Gebäudes auf sich wirken. Vergessen Sie nicht die Zimmerchen der Studenten in den oberen Stockwerken zu besuchen. Allein die Treppe dahin ist schon ein Wunder an schlichter Schönheit. Der Sultan Abou el Hassan hat an seiner Stiftung nicht gespart, aber mit ihr auch nicht geprotzt. Welche Kultur, das arabische Mittelalter! Wenn wir demnächst in der Nekropole Chellah drüben in Rabat an seinem Grab vorbeikommen, werden wir uns bedanken.

Studentenzimmer in der Medersa

So heimelig SALÉ auch ist, natürlich müssen wir die Hauptstadt Rabat besuchen. Von Salé aus sehen wir am anderen Ufer des Bou Regreg bereits einen etwas klobigen Turm und ein weißes Gebäude mit einem grünen Pyramiddach. Da wollen wir hin!

Fähre über den Bou Regreg nach Rabat

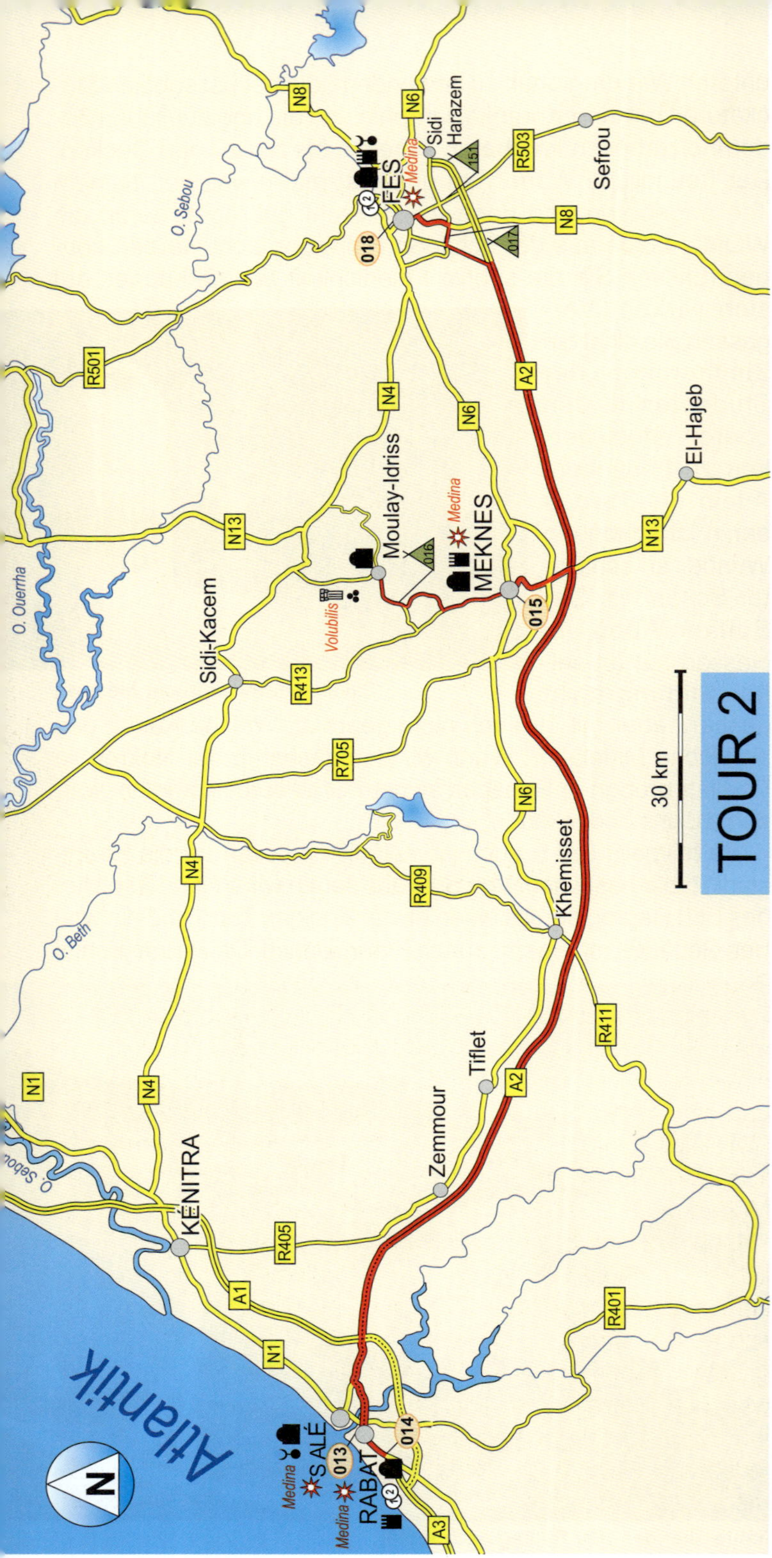
TOUR 2
30 km
Atlantik
RABAT
SALÉ
Medina
KÉNITRA
Zemmour
Tiflet
Khemisset
MEKNES
Moulay-Idriss
Volubilis
Sidi-Kacem
FES
Sidi Harazem
Sefrou
El-Hajeb
O. Sebou
O. Beth
O. Ouerrha
A1
A2
A3
N1
N4
N6
N8
N13
R401
R405
R409
R411
R413
R501
R503
R705
013
014
015
016
017
018
151
N

## TOUR 2 (ca. 200 km / 5 - 6 Tage)

### Rabat – Meknes – Moulay Idriss – Fes

| | |
|---|---|
| **Freie Übernachtung:** | Parkplätze in Rabat, Meknes und Fes |
| **Campingplätze:** | Rabat, Meknes, Fes |
| **Ver-/Entsorgung:** | Campingplätze |
| **Trinkwasserstellen:** | Campingplätze, Tankstellen |
| **Besichtigen:** | Rabat, Meknes, Fes |

Von SALÉ aus sahen wir auf dem Hügel auf der linken Seite des Bou Regreg ein weithin leuchtendes Gebäude mit grünem Pyramiddach. Es ist sozusagen eine Keimzelle des modernen marokkanischen Staates. **König Mohammed V.** liegt dort in einem nach ihm benannten erlesenen **Mausoleum** begraben und sein Sohn Hassan II. auch. Der junge **Mohammed VI.**, Marokkos kluger aktueller Monarch, hat hoffentlich noch reichlich Zeit. Allerdings ist er leidenschaftlicher Motorradfahrer. Mohammed V. war der erste Herrscher nach der Erlangung der Unabhängigkeit von Frankreich im Jahr 1956, die er maßgeblich mit herbeigeführt hatte. Die Marokkaner mussten aber keine neue Dynastie kreieren: die Familie der Alaouiten war da schon 290 Jahre an der Macht. Wir wollen Sie nicht mit geschichtlichen oder gar dynastischen Faktendeponien langweilen. Aber die Namen der drei Könige nach 1956 (vorher war ihre Berufsbezeichnung übrigens „Sultan") begegnen Ihnen in jedem Kleckernest: die großen Straßen heißen immer Mohammed oder Hassan. Der Unterwürfigkeit unter die drei absoluten Monarchen wurde gewiss von oben kräftig nachgeholfen. Aber zumindest der Unabhängigkeitsheld Mohammed V. und sein jetzt regierender Enkel genießen wirkliche Verehrung. Dazwischen liegen dunkle Jahre unter dem Despoten Hassan II. Wer sich dafür interessiert, greife zu der erschütternden Lebenserzählung von Malika Oufkir. Sie wuchs als Adoptivtochter Hassans II. am Hof auf und wurde dann, nachdem ihr Vater einen vergeblichen Putschversuch unternommen hatte, mit Mutter und Geschwistern in verschiedenen Gefangenenlagern gehalten, bis sie nach 20 grauenhaften Jahren endlich frei kam. Sie lebt heute in Frankreich. (**Malika Oufkir: „Die Gefangene“.** Ullstein-Verlag)

Seit kurzem tut sich Unerhörtes in Marokko: der junge König hat der Presse Recherchen zu den systematischen Menschenrechtsverletzungen seines Vaters nicht nur erlaubt, sondern ausdrücklich dazu ermuntert. Er hat ein Gesetz zur Gleichberechtigung der Frauen durchgesetzt und macht sich stark im Kampf gegen Armut und Korruption und den noch immer weit verbreiteten Analphabetismus. Es ist deutlich, dass er sein Land in die Moderne führen will und die Europäer wären gut beraten, ihn dabei nach Kräften zu unterstützen. Er muss aber wohl aufpassen, dass er nicht zu viel Schwung nimmt. Denn die alten Macht- und Geldeliten sind an der Aufrechterhaltung der bestehenden Zustände durchaus interessiert. Und auf der anderen Seite die frommen Integristen, die zum Beispiel gar nicht einsehen mögen, dass die Männer nicht mehr allein das Sagen haben. Die Herrschaften sind nicht zimperlich, auch wenn der König sogar ihr religiöses Oberhaupt ist. Sie wissen genau, was Allah will. Und wer im Besitz der Wahrheit ist, hat ihr schon immer gern auf unfreundliche Art zur Geltung verholfen.

Aber keine Angst: Marokko ist unter den arabischen Staaten derzeit wohl der stabilste. Und es ist auf einem wirtschaftlich wie politisch gutem Wege. Wer das Land nach Jahren wieder besucht, wird über die geradezu explosive Entwicklung gewaltig ins Staunen geraten.

Nun aber auf zu den wichtigsten Se-

Palastwache vor dem Mausoleum

henswürdigkeiten der Hauptstadt! Vom Parkplatz (Zufahrt wurde am Ende von Tour 1 beschrieben) nehmen wir ein Taxi zum **„Mausolée Mohammed V“**, oben auf dem Hügel mit der abgeschnittenen Moschee und dem weißen Kubus mit der grünen Pyramide. Das kann man links und rechts herum tun. Beide Male sind die Eingangstore des riesigen Geländes von malerischen jungen Soldaten der Palastwache in roten Uniformen auf herrlichen Rössern flankiert. Sie sind echte marokkanische Jungs: erstaunlich unfeierlich, zu Scherzen aufgelegt und fürs gemeinsame Foto einem Trinkgeld nicht abgeneigt.

Das Mausoleum wurde erst in den 60er Jahren errichtet, sieht aber trotzdem schon sehr ewig aus, so blütenweiß und aus feinstem Carrara-Marmor, wie es ist. Wir erklimmen die Treppen, auch hier die bunten Jungs, dürfen (als Nicht- Muslime!) eintreten und stehen auf einer Balustrade, von der aus wir auf die Sarkophage Mohammeds V. in der Mitte, seines Sohnes Prinz Moulay Abdallah und seines Nachfolgers Hassan II. herab blicken. 1000 Quadratmeter Mosaiken, Zedernholz, der 1,5 Tonnen schwere vergoldete Lüster und die farbigen Glasfenster verfehlen ihre Wirkung nicht. So schön kann tot sein sein! Aber

Ruhe hat man nicht. Wir verlassen das Mausoleum auf der anderen Seite und steigen die Treppen zu dem weiten Säulenwald hinunter, der nichts zu tragen hat. Irgendwie sieht das wie eine gigantische Kegelbahn aus. Und alles wird überragt vom stämmigen **Hassanturm,** dem Wahrzeichen RABATS. Er wurde 1191 als Minarett einer riesigen Moschee begonnen, aber ebenso wie diese, nie fertiggestellt. Das große Erdbeben von 1755, das wir als „Das Erdbeben von Lissabon“ kennen, gab dem Ensemble den Rest. Dies alles: das Mausoleum, die angrenzenden Gebäude der 60er Jahre und die Reste einer groß gedachten Moschee, fügt sich vor unseren Augen zu einem lichtdurchfluteten Ensemble, dem die fröhlichen Marokkaner, die hierher ziemlich respektlose Familienausflüge samt Picknick im Park unternehmen, gottlob jede Kälte einer Machtinszenierung nehmen. Hier ist viel Staat mit einer Menge menschlicher Wärme drumherum. Und irgendwie gilt dies für die ganze Stadt. Sie verbindet moderne Verwaltungsgebäude, Villenviertel für Diplomaten und reiche Marokkaner und eine ganz und gar einheimische Medina sowie etliche Baudenkmäler aus den Epochen, in denen sie gleich mehrmals

Hauptstadt war, zu einem bunten und freundlichen Ganzen. Von unserem Parkplatz gelangen wir über eine Treppe hinauf gleich mitten in das Soukviertel der Altstadt. Am besten zur blauen Stunde so gegen 18.00 Uhr. Eine dichte und dabei recht disziplinierte Menschenmenge schiebt sich durch die engen Gassen. Rechts geht es zu den früheren Sultansbauten der **„Kabah des Oudaia“** mit dem vielgerühmten Tor **„Bab des Oudaia“** aus dem 12. Jahrhundert mit seiner Freitreppe.

So langsam wollen wir aber weiterfahren. Und stehen wie Paris im gleichnamigen Urteil vor den drei Schönen und müssen uns entscheiden: Haben wir nicht so viel Zeit und wollen gleich über MEKNÈS und FÈS wieder zurück nach Norden? Dann bleiben wir weiterhin auf Tour 2. Oder wollen wir die Küste entlang nach Süden? Dann nehmen wir Tour 3 über CASABLANCA und die Autobahn nach EL JADIDA und weiter bis ESSAOUIRA. Oder wollen wir zwar weiter nach Süden, haben aber genug Wasser gesehen und möchten nach Marrakech und in den Hohen Atlas und vielleicht sogar bis runter in die Wüste, wo es trocken ist? Dann fahren wir auch erst mal über die Autobahn nach CASABLANCA und nehmen dort die funkelnagelneue Autobahn nach MARRAKECH. Autobahnen mit dem Wohnmobil? Ja, wir empfehlen Ihnen das wirklich. Denn auf beiden Wegen nach Süden sind beträchtliche Strecken zu fahren, an denen nicht viel zu sehen ist. Da muss man einfach durch. Und Marokkos Landstraßen sind teils immer noch so, dass man es zu schätzen lernt, mal ein gutes Stück voranzukommen, ohne dass einem die Tassen um die Ohren fliegen.

Bevor wir RABAT aber verlassen, sehen wir uns noch einen der stimmungsvollsten Orte der ganzen Stadt an: die **Nekropole Chellah**, die auf halber Höhe zwischen den Stadt und dem Tal des Flusses **Bou Regreg** liegt. Es geht aus dem

Nekropole Chellah

Parkplatz heraus in Richtung Brücke, vor dieser aber rechts hoch in Richtung CASABLANCA. Wir sehen bald rechts die Stadtmauer von RABAT und links ein festungsartiges Gebäude, das ist die gesuchte **Nekropole Chellah**. Wir fahren in den Kreisverkehr und folgen den Schildern „Chellah". Vor dem Hauptportal können wir gut parken, leider aber nicht mehr, wie früher durchaus erlaubt, über Nacht.

Wir befinden uns am Ursprungsort der Stadt, dem römischen „Sala". Eine Tafel im Eingangstor erklärt englisch und französisch, was wir gleich sehen werden: die Reste des römischen Forums, eines Tempels und gewerblicher Gebäude, was kaum anders zu erwarten war, denn römische Städte sind erstaunlich gleichförmig. Etwas Besonderes sind die Bauten aus islamischer Zeit. Etliche Sultane des hohen Mittelalters haben sich hier begraben lassen, unter ihnen der gute Abou el Hassan, dem wir

schon bei der Besichtigung der von ihm gestifteten Medersa (Koranschule) in SALÉ ein stilles Gebet versprochen haben. Also los! Sein Grab liegt hinter den Resten der kleinen Moschee. Und seine Frau, die den schönen Namen „Morgensonne“ trug, liegt gleich um die Ecke. Sie war kurz vor der Hochzeit als Christin zum Islam übergetreten, wozu wir unsere Leserinnen aber nicht überreden möchten. Die Menschen der Antike haben sich an einer Quelle angesiedelt, die noch heute fließt und die im Laufe der Zeit als heilig verehrt wurde. Etliche fromme Männer ließen sich deshalb hier zum Sterben nieder und eine ganze Reihe von Herrschern des hohen Mittelalters tat es ihnen nach. Und damit die Herrschaften beim langen Warten auf die Ewigkeit schon einen Vorgeschmack des Paradieses erhalten, hat man über das gesamte Areal einen tropischen Garten wachsen lassen, dessen Schönheit mit der Würde der Ruinen konkurriert. Die ungezählten Störche, die auf Bäumen und Gebäuden teilweise mehrstöckig

Klappern in Chellah

nisten, schert das alles wenig. Sie klappern vor sich hin in Ewigkeit, Amen. Ein verwunschener Ort, ein Traum.

Aus der Traum! Denn entweder fahren wir jetzt zur Autobahn nach FÈS (Tour 2) oder es geht Richtung CASABLANCA, auch über die Autobahn (Tour 3). Unsere Tour 2 geht also aus den schon angedeuteten Gründen über die Autobahn nach MEKNES und FES. Denn die Landstraßen führen durch nicht besonders interessante Gegend. Das Beste ist noch der Weinanbau um MEKNES. Die Weine selber kaufen Sie aber besser in einem der Supermärkte „Marjane“. Meist gibt es Sonderangebote! Wir brettern also die knapp 120 km Autobahn nach MEKNES durch, nehmen dort die Ausfahrt „Meknes-Ouest“ und fahren in Richtung Zentrum.

Der fabelhaft am **Palais Royal** gelegene Campingplatz, der in den letzten Jahren arg herunter gekommen war, ist neuerdings geschlossen und Ersatz wurde bisher nicht geschaffen. Immerhin dürfen wir mit dem WOMO auf einem Parkplatz in absolut zentraler Lage übernachten. Fahren Sie immer in Richtung Palais Royal und schließlich durch den mauerumwehrten Palastbezirk (Ville Impériale) durch mehrere Bögen (selbst Busse passen durch) bis zum Parkplatz unterhalb des **„Tombeau de Moulay Ismael"**, dem Grabgebäude des gleichnamigen Herrschers.

### (015) WOMO-Stellplatz: Parkplatz beim Tombeau de Moulay Ismael

**GPS:** N 33° 53' 26.8" W 5° 33' 51.3" **max. WOMOs:** 3-4
**Zufahrt:**
**Ausstattung/Lage:** Zentrale Lage. Alle Sehenswürdigkeiten zu Fuß erreichbar. Kostenpflichtig. Keine VE.

Die mittlere der drei „Königsstädte" RABAT, MEKNES und FES verdient den Titel gewiss am wenigsten, denn sie war eigentlich nur für eine einzige Epoche dauerhaft Sultansresidenz: während der Herrschaft des zweiten Despoten aus der Dynastie der Alaouiten, **Moulay Ismail**. Der war nun allerdings ein orientalischer Potentat von ungewöhnlichem Format und herrschte die lange Zeit von 1672 bis 1727. In seinem Harem lebten 500 Frauen, mit denen er über 1000 Kinder gehabt haben soll. Seinem französischen Kollegen Ludwig XIV. versuchte er eine Tochter auszuspannen, was jener aber gottlob nicht zuließ. Die Arme wäre angesichts ihrer vielen Mitbewerberinnen auch gar zu selten drangekommen. Der Mann war auch sonst größenwahnsinnig: da ihm der frühere Sultanssitz FÈS zu unsicher war, ließ er im nahen MEKNES einen Palastbezirk errichten, der von sage und schreibe 40 km Mauern abgeteilt war. Ganze Stadtviertel wurden dafür niedergerissen und über 30000 Sklaven mussten z.B. antike Steine aus dem nahen römischen **Volubilis** und merinidisches Baumaterial aus MARRAKECH herbeischaffen. Von all dem sind heute in MEKNES nur noch Reste zu sehen („Ville Impériale" genannt), denn schon kurz nach dem Tode Moulay Ismails wurden die noch gar nicht fertiggestellten Gebäude ihrerseits schon wieder recycelt. Geblieben und sehenswert sind vor allem sein Mausoleum und etliche Stadttore, darunter das monumentalste Tor ganz Marokkos, das **Bab Mansour**. Vor diesem der riesige

Bab Mansour in Meknes

Platz **Place el Hédim**, auf dem es jederzeit lebhaft zugeht. Von dort gehen mehrere Zugänge in die Medina ab, die einen Besuch lohnt, da sie noch sehr ursprünglich ist und die Souks beileibe nicht so touristisch sind wie etwa in FES oder MARRAKECH. Interessant z.B. die klappernden Maschinen der Garnwirker. Auf der Rückseite des Bab Mansour geht es dann wenige hundert Meter zum **Mausoleum Moulay Ismails**, das kostenlos auch von Nicht-Muslimen betreten werden darf. Lediglich der eigentliche Grabraum bleibt Muslimen vorbehalten, ist aber aus wenigen Metern Entfernung gut einsehbar.

Garnwirker

Mausoleum Moulay Ismail

Der Herrscher liegt an zweiter Stelle von links, daneben harren einige Exemplare aus seinen etwas unübersichtlichen Familienverhältnissen der Auferstehung.

Von MEKNES sind es nur etwa 27 km bis MOULAY IDRISS, dem bedeutendsten Wallfahrtsort Marokkos. Sie müssen versuchen, die nördlich der Stadt abgehende Straße nach TANGER zu finden. Das ist wegen der rudimentären Beschilderung nicht ganz einfach. Ihnen hier eine genauere Beschreibung zu geben, ist sinnlos, da Sie die sowieso so schnell nicht nachvollziehen können. Fragen Sie immer wieder die auf Touristenfreundlichkeit getrimmten Gendarmen. Auf halber Strecke finden Sie den an sich sehr schön gelegenen „Camping Bellevue", auf dem bei unseren früheren Besuchen eigentlich überhaupt nichts funktionierte. Es sieht jetzt aber so aus, als erwache er aus jahrelangem Tiefschlaf.

### (016) WOMO-Campingplatz-Tipp: „Belle Vue" bei Moulay Idriss

**GPS:** N 34° 00' 55.1" W 5° 33' 44.4"
**Zufahrt:** auf halbem Wege von Meknes nach Moulay Idriss rechts der Straße am Hang. Steile Zufahrt.

In MOULAY IDRISS selber gibt es keinen Campingplatz. Bis vor gar nicht langer Zeit war sogar Ungläubigen das Übernachten in der Stadt ganz unmöglich, so heilig ist sie. Das hindert allerdings die aufdringlichen „Führer" keineswegs daran, Ihnen gewaltig auf die Nerven zu gehen. Lassen Sie einfach mal die Worte „Faux Guide" (Falscher Führer) und „Brigade Touristique" (Touristenpolizei) fallen. Das hilft meistens.

Dass die Stadt MOULAY IDRISS, an zwei Bergen gelegen, ein ungewöhnlich schönes Ortsbild aufzuweisen hat, ist offensichtlich. Was aber macht sie so heilig? Hier liegt **Moulay Idriss** begraben, sozusagen der Karl der Große der Marokkaner. Die Stadt wurde um 788 von ihm gegründet. Idriss I. war ein Nachfahr des Propheten, der 788 aus Medina flüchten musste, da dort fromme Leute seiner Familie ans Leder wollten. Zunächst

Moulay Idriss

ließ er sich in der römischen Stadt Volubilis, wenige Kilometer vom heutigen MOULAY IDRISS entfernt, nieder und die dortigen Berber erhoben ihn bald zu ihrem Herrscher. Als erster

Im Mausoleum Moulay Idriss

„König“ Marokkos wird er bis heute verehrt. Moulay Idriss machte er zur Hauptstadt seines Reiches. Sein Sohn Idriss II. übrigens gründete die nahe Stadt FÈS. Das alles nützte dem Vater aber nichts, denn die frommen Männer in Arabien ließen ihn 792 ferngesteuert vergiften und so liegt er nun schon seit über tausend Jahren in der nach ihm benannten Stadt begraben und noch immer strömen die Menschen her, um den Heiligen zu verehren. Im Spätsommer gibt es einen riesigen Moussem zu seinen Ehren. Das Innere des schönen Gebäudekomplexes um seinen Marabout herum ist für uns Ungläubige leider nicht zu betreten. Aber wir konnten einem marokkanischen Freund eine kleine Kamera in die Hand drücken, mit der er für uns klammheimlich fotografierte. Das ist selbst für Muselmänner eigentlich verboten.

Rundminarett

Sie sollten Ihr Fahrzeug außerhalb des Ortszentrums abstellen und eine Wanderung um die beiden bebauten Hügel unternehmen, zwischen denen Sie das Heiligtum mit seinen schönen grünen Dächern ausmachen werden. Versäumen Sie nicht eine einzigartige Besonderheit: das einzige runde Minarett im ganzen Maghreb. Die Stadt Moulay Idriss lohnt wegen des wunderschönen Ortsbildes und ihrer großen Geschichte wahrlich einen Besuch.

In Sichtweite zu MOULAY IDRISS liegen die Ruinen der schon erwähnten **römischen Stadt Volubilis**, des besterhaltenen römischen Gemeinwesens in ganz Marokko. Das sollten Sie sich ansehen! Zahllose Häuser mit ihren Mosaiken, ganze guterhaltene Straßenzüge mit Ölmühlen und dem prächtigen Forum, der Blick hinüber nach MOULAY IDRISS,

Basilika von Volubilis

das alles ist wahrlich sehenswert. Wir fahren, wie wir gekommen sind, zurück zur Autobahn nach Fes. Sie führt fast 50 km durch hügeliges, landwirtschaftlich intensiv genutztes Land, es sind riesige Weinanbauflächen darunter. Für die Übernachtung in FES empfehlen wir den Campingplatz „Diamant Vert". Der ist erstens unter hohen Bäumen wunderschön angelegt und liegt zweitens in unmittelbarer Nähe zum Autobahnzubringer, ohne dass man vor ihm irgendetwas hört. Wir nehmen die Ausfahrt „Fès Ouest". Nach 3,5 km rechts abbiegen Richtung Taza und dann gleich den Schildern „Diamant Vert" auf den Campingplatz folgen, den wir auch zum Ende der Touren 13 und 15 ansteuern werden. Einziger Wermutstropfen: im angeschlossenen Bad ist im Sommer für die jugendlichen Besucher allabendlich Animation. Und da junge Menschen in aller Welt nur noch mit Schallpegeln an der Schwelle zur Ertaubung zu erreichen sind, ist es manchmal etwas laut. Dagegen kommen dann selbst die auch nicht gerade zimperlichen Frösche im benachbarten Gewässer nicht an. Gottlob ist aber recht früh Schluss: Kurz nach neun gehen nahezu alle jungen Marokkomachos bei Mama zu Abend essen. Hier auf den „Camping Diamant Vert" lassen wir am besten das WOMO mal ausruhen und fahren mit dem Bus Nr. 17 bis zur Endstation in der Neustadt. Dort nehmen wir für 10 DH ein Taxi zum Bab Boujeloud. Der Bus kommt alle 20 Minuten. Zurück nimmt man am besten gleich für die ganze Strecke das Taxi. Kostet etwa 50 DH. Alles Weitere erklärt Ihnen das sehr freundliche Personal des Platzes.

**(017) WOMO-Campingplatz-Tipp: Camping „Diamant Vert", Fes**

**GPS:** N 33° 59' 14.5" W 5° 01' 16.6"
**Zufahrt**: Wie im Text beschrieben.

Falls Sie aber doch lieber mit dem Wohnmobil bis vor die Medina möchten, so fahren Sie bitte in Richtung Zentrum. Wenn alles gut geht, kommen Sie am Palais Royal vorbei und fahren, nachdem es ein Stück an einer Mauer entlang ging, nicht links nach MEKNES, sondern rechts auf die **„Ancienne Medina"** zu. An der mittelalterlichen Stadtmauer gibt es mehrere Parkplätze. Unser Favorit, er liegt ähnlich genial wie der Platz an der Koutoubia-Moschee in MARRAKECH, befindet sich am **Bab Boujeloud**, dem für Besucher wichtigsten Zugang zur Medina. Dazu müssen Sie rechts durch ein enges

Bab Boujeloud

Tor einfahren. Eine Ampel regelt den einspurigen Verkehr. Meist sieht man schon hinten rechts ein paar WOMOs. Dort können Sie auch über Nacht bewacht stehen. Der riesige, von einer Mauer umgebenen Platz neben dem Parkplatz ist neuerdings ordentlich gepflastert und bei gutem Wetter nachmittags sehr belebt. Ein bisschen Jemaa-el-Fnaa-Feeling kommt auf. Bei der Einfahrt wird kassiert: 50 DH für 24 Stunden.

### (018) WOMO-Stellplatz: „Parking Bab Boujeloud“

**GPS:** N 34° 03' 39.4“ W 4° 59' 09.4”
**max. WOMOs:** 4-5
**Zufahrt:** Im Text beschrieben.
**Lage:** Bewachter Parkplatz unmittelbar an der Medina. Kein Schatten. Jede Menge Restaurants und Einkaufsmöglichkeiten. Keine VE.

FES ist Mittelalter mit Strom. Es war schon früher Abend und das war unser erster Gedanke, als wir vor etlichen Jahren am Bab Boujeloud erstmals die **Medina von Fès** betraten und uns vom Gewoge der Menschen mitreißen ließen.

Es führen zwei Hauptgassen den Hang hinunter bis zum **Oued Fès**, der die Altstadt in zwei Teile gliedert. Hinter dem Bab Boujeloud geradeaus abwärts verläuft die „Talaa Seghira“, die kleine Steige. Wenn wir, statt sie hinabzugehen, uns links halten und nach wenigen Metern schon wieder rechts, kommen wir in die parallel hangabwärts verlaufende „Talaa Kebira“, die große Steige. Sie ist der schönste Einstieg in FÈS. Ins Mittelalter mit Strom. Denn wirklich: wenn man mal von den Glühbirnen und den Kühlschränken und dem einen oder anderen Ventilator absieht, ist ein langsamer Bummel hier herunter eine wahre Zeitreise. Es wird nicht lange dauern, bis Sie einem schwer bepackten Maultier Platz machen müssen, noch immer das einzige Transportmittel neben ein paar Handkarren. Denn obwohl in der Medina von FÈS, unglaublich dicht gepackt, mehrere hunderttausend Menschen leben, kommt kein Auto hinein, einfach, weil die Gassen viel zu schmal sind. Langsamer Bummel, Zeitreise: Stichworte für die Art, sich dieser Stadt zu nähern, die wir Ihnen nach zahlreichen Besuchen empfehlen möchten.

Streifen Sie ein paar Stunden im Medinakern **„Fès el Bali"** herum, machen Sie Pausen und kommen Sie wieder. Jedenfalls haken Sie bloß nicht stur das Pflichtprogramm eines Bildungsbeflissenen ab. Sie würden sich um das bringen, was Ihnen am tiefsten im Gedächtnis bleiben wird: das Atmosphärische. Die Verantwortlichen in FES haben neuerdings vor allen bedeutenden Denkmälern gute mehrsprachige Erklärungstafeln angebracht. Diese jeweils vor Ort zu studieren, finden wir viel schöner, als mit der Nase in dicken Büchern herumzulaufen. Und wagen Sie sich getrost auch mal ein bisschen von den Hauptrouten weg in kleinere Gässchen hinein, um mitzukriegen, dass diese noch ganz und gar mittelalterlich strukturierte Stadt wirklich lebt und keineswegs bloß zur Verkaufsmeile von allerlei Airport-Art für die Touristen geworden ist. Sie werden nicht verloren gehen. Und wenn doch: irgendwann

Fès: In der Medina

Fondouk in Fes

kommt man immer an einem der vielen Tore zur Medina heraus und kann dort ein Taxi zum Ausgangspunkt nehmen oder zum Campingplatz. Oder man lässt sich von einem Jungen für ein paar Dirham herausführen.

Machen Sie also am besten Ihre eigene Entdeckungsreise. Wir geben Ihnen nur für den Anfang und zur Einstimmung ein paar Hinweise auf die allerwichtigsten Monumente, die Sie gesehen haben sollten. Diese Bauten sind an sich schon einzigartig, das Eigentliche aber scheint uns das Ganze zu sein, das urbane Gewebe, das sich da in über tausend Jahren entwickelt hat und bis heute äußerst lebendig blieb. Die Menschen dieser Kultur sind offensichtlich weit stärker an großen sozialen Einheiten orientiert und weniger individualistisch als meinetwegen Nordeuropäer oder Nordamerikaner. Achten Sie mal darauf, was geschieht (und das passiert häufig), wenn zwei Kampfhähne lautstark aneinander geraten. Blitzschnell finden sich Freunde oder Passanten, die die Kontrahenten auseinander bringen und beschwichtigend auf sie einreden, bis sich das Aggressionspotential größtenteils abgebaut hat. Solcherlei höchst effektive Strategien zur Konfliktbewältigung sind wohl eine der Voraussetzungen, damit eine so dichte Population auf Dauer überhaupt existieren kann. Sie sehen schon: wir sind von der Sozialpsychologie einer Stadt wie FES genauso fasziniert wie von ihren Geschichtsdenkmälern, die Sie aber keineswegs vernachlässigen sollten. Denn vergleichbar Schönes wie zum Beispiel gleich am Anfang unseres Weges die **„Medersa Bou Inania“** auf der rechten Seite, werden wir im Laufe eines normalen Menschenlebens nicht

Medersa Bou Inania

allzu oft zu sehen bekommen. Diese theologische Schule, die Mitte des 14. Jahrhunderts errichtet wurde, verkörpert den gleichen Bautyp, den wir auch in SALÉ oder MARRAKECH finden, hier zweifellos in größter ästhetischer Vollendung. Bereits die bronzenen Flügeltüren und der gesamte Eingangsbereich mit seiner kostbaren Treppe und den fayencengeschmückten Wänden und der Kuppel der Eingangshalle aus bemaltem Holz bewirken, dass man schlagartig das hektische Leben der vorbeiführenden Gasse hinter sich lässt und in ein ganz anderes Zeitgefühl einschwingt. Und wenn Sie dann erst im Innenhof sind – buchstäblich nur wenige Meter von der Straße entfernt – werden Sie regelrecht entrückt. Stellen Sie sich bitte einmal vor, Sie müssten hier laut reden – grässlich.

Die Räume um den Innenhof mit seinem Wasserbecken herum dienten einst dem Unterricht, die oberen Räume waren Wohnung der Studenten. Die Wände sind mit Ornamenten aus Stuck und geschnitztem Holz übersät, ungegenständlich, versteht sich für den bilderfeindlichen Islam, aber mit unendlich fein kalligraphierten Korantexten versehen. Die Medersa Bou Inania diente gleichzeitig als Moschee und so hat sich vor ihrem Eingang, auf der gegenüberliegenden Seite der Straße, der Reinigungssaal erhalten, in dem der Besucher seine rituellen Reinigungen vollziehen konnte. Auch hier Arkadengänge um ein zentrales Wasserbecken herum. Unter den Arkaden wurde fließendes Wasser

Rituelles Waschhaus

Fondouk

zum Waschen herumgeleitet. Heute befinden sich darin öffentliche Toiletten. Das ist zwar reichlich profan, macht das Bauwerk aber zweifellos sehr zugänglich.

Links von unserer frommen Toilette sehen Sie ein gut renoviertes Haus, aus dem merkwürdige Holzkonsolen herausragen. Dort befanden sich ein Glockenspiel und eine mittelalterliche Wasseruhr, eine der ältesten Uhren der

Am Place en Nejjarin

Welt, derzeit aber nur diese Stümpfe.

Wenig später kommen wir an dem Viertel vorbei, in dem der große arabische Historiker Ibn Chaldun und der Arzt Ibn Khatib wohnten. Wir erwähnen dies nur, um die führende Rolle anzudeuten, die arabische Wissenschaftler weit über das finstere europäische Mittelalter erhoben. Wer sich für dies spannende Kapitel Wissenschaftsgeschichte interessiert, dem sei das Buch **„Allahs Sonne über dem Abendland – Unser arabisches Erbe" von Sigrid Hunke** (Fischer Taschenbuch) empfohlen, das faktenreich und doch gut lesbar zum Beispiel die so erstaunlich rationale Medizin der Araber darstellt.

Fès: eine Handelsstadt

Dann haben Sie links und später noch etliche Male die Gelegenheit, einen der verbliebenen Fondouks zu betreten: Höfe, die von zwei- oder dreistöckigen Gebäuden umschlossen sind. Unten wurden die von reisenden Händlern angebotenen Waren gehandelt. Die Kaufleute wohnten oben auf den Galerien. Deutsch werden die Fondouks immer mit dem komischen Wort „Karawanserei" benannt. Es ist jetzt nicht weit zum alten Tischlerviertel und Sie sollten sich zu seinem sehr stimmungsvollen Platz, der **„Place en Nejjarin"** durchfragen. Dort steht ein prachtvoller Brunnen, der einer gerade großartig restaurierten **„Karawanserei"** vorgelagert ist. Und Tischler gibt es auch noch. Gehen Sie mal in die kleine Handwerkergasse neben dem Brunnen hinein. Es werden hauptsächlich monströse Hochzeitsthrone produziert. Die Autoren sind Allah dankbar, dass ihnen ein solcher seinerzeit erspart blieb.

In der Nähe gibt es auch eine Gerberei, die über tausend Jahre alt ist. Dort stinkt es, dass Gott erbarm und wir sind jedes Mal würgend davongelaufen, kopfschüttelnd über das,

Fotografieren verboten: Sarkophag des Moulay Idriss II.

was die Arbeiter dort ertragen, wenn sie mit nackten Beinen in der scharfen und pestilenzialischen Brühe stehen. Aber Marokkos Lederwaren waren immer berühmt, goldbedrucktes Feinleder, etwa für Buchumschläge, wurde international „Maroqinerie“ genannt. Heute produziert man hauptsächlich für den Tourismus. Vom Tischlerplatz sollten Sie sich zur **„Zaouia de Moulay Idriss II.“** durchfragen, der Grabstätte des Begründers von FES und Schutzpatrons der Stadt. Seinem Vater, Moulay Idriss I., sind wir ja schon im Ort MOULAY IDRISS begegnet. Um die Grabstätte herum hat sich ein munterer Wallfahrtsbetrieb entwickelt und es werden alle möglichen Devotionalien vertrieben, schließlich ist dies, neben MOULAY IDRISS, der wichtigste Wallfahrtsort des Landes. Wir dürfen mal wieder nicht rein. Aber als wir durch den Haupteingang

Kupferschmiede

unsere Blicke werfen bis auf den von einer grünen Fahne bedeckten Katafalk und sogar ausgiebig fotografieren, ernten wir keineswegs nur die üblichen bösen Blicke, sondern auch manches bedauernde Lächeln. Sie sind schon sehr urban, die Leute von FES. Tausend Jahre Handelskultur und ständiger Austausch mit Fremden haben ihre Spuren hinterlassen. Es gibt noch weitere Moscheen, Medersen und Fondouks in Hülle und Fülle, eine schöner als die andere, aber eine ist die Königin unter ihnen, und das ist die **Moschee Kairaouine**. Sie gilt als die älteste Marokkos, gegründet im Jahr 857. Bald schon war ihr eine Universität angeschlossen, Gründungsjahr 956. Damit ist die noch heute bestehende **Kairaouine-Universität** die älteste der Welt. Jahrhundertelang war sie neben der Al-Ahzar in Kairo der intellektuelle Mittelpunkt der islamischen Welt. Außer dem schon erwähnten Historiker **Ibn Chaldun** lehrten zum Beispiel der Geograph **Ibn Battuta** und noch viel andere erste Garnitur der arabischen Wissenschaft in FES. Die Zahl der Studenten soll bis zu 8000 betragen haben, eine Zahl, die nie eine europäische Universität des Mittelalters erreichte. Die jungen Leute lebten in den Medersen und wir haben eine gefunden, in der sie es bis heute tun: die **„Medersa Seffarin“** am gleichnamigen Platz der Kupferschmiede. Fröhlich wurden wir zum Fotografieren reingelassen. Ein Student öffnete uns sogar sein – sehr aufgeräumtes – Zimmerchen, Studentenbude mit 700-jähriger Tradition.

Kairaouine-Moschee

Die **Kairaouine-Moschee** bietet Platz für 22.000 Gläubige. Sie wird derzeit restauriert und so ist jetzt leider jahrelang nicht einmal der Blick vom Nachbargebäude in den Innenhof möglich. So bedauerlich das ist: glücklicherweise wird derzeit an etlichen Stellen von FES restauriert. Denn erstens ist es bitter nötig und zweitens versickern wohl die internationalen Hilfsgelder nicht mehr ganz so folgenlos wie in der Vergangenheit. Wir haben uns manchmal darüber an den Kopf gefasst, dass

Königspalast in Fès

dem Kölner Dom von der UNESCO der Status des Weltkulturerbes aberkannt werden sollte, bloß weil auf der anderen Rheinseite Hochhäuser geplant waren. Gleichzeitig aber verschwanden UNESCO- und andere Mittel in FES spurlos, und eine der schönsten Städte der Welt verfiel rapide vor sich hin – ohne dass der Kulturerbe-Status je in Frage gestellt wurde. Es gibt Färber- und Gerberviertel hier unten, fast auf der Talsohle zwischen Fès el Bali und dem Andalusierviertel auf der anderen Seite, Sehenswürdigkeit reiht sich an Sehenswürdigkeit. Im Andalusierviertel liegen sie nicht so dicht.

Vielleicht haben Sie noch die Kraft, auf der parallelen **Talaa Seghira** wieder zum Ausgangspunkt unserer ersten Tour durch FES zurückzukehren. Andernfalls nehmen Sie sich am Place er Rcif ein Taxi und kommen Sie später wieder. Unsere Beschreibung sollte nur eine erste Anregung sein. Sie müssen Ihr FES selbst entdecken und sollten dabei auch mal einen Blick auf das jüngere Viertel **„Fes el Jedid“** mit dem **Königspalast** und dem **Judenviertel** werfen. Uns zieht es immer wieder her. Man läuft mittlerweile ja auch - wie in den anderen großen Städten Marokkos - weitestgehend ohne Belästigung durch „Führer“ oder Schlepper herum, die früher so manchem Reisenden den Seufzer „Nie wieder“ entlockten. Nicht ganz grundlos. Doch das rigorose Durchgreifen der Spezialpolizei „Brigade Touristique“ zeigt gewaltig Wirkung.

KÉNITRA
R405
N6
A2
N1
SALÉ
013
RABAT
O. Bou Regreg
014
Medina
A3
R401
El Mansouria
019
Mohammedia
CASABLANCA
N11
N1
020
021
Azemmour
022
O. Oum er Rbia
EL JADIDA
Cité Portugaise
Sidi Bouzid
Dar-ed-Dou
N9
N8
N1
N7
023
Oualidia
N1
R301
MARRAKECH
R204
024
027
Töpferhügel
Lala Fatna
025
Safi
026
O. Tensift
R201
N8
A7
Souira
Chichaoua
028
Sidi Yssahak
N1
029
R207
R301
031
Bhibah
030
Moulay Bouzarqtoune
Ounara
032
036
033
035
037
Essaouira
Medina
034
50 km
N1
TOUR 3

# TOUR 3 (ca. 490 km / 4 - 6 Tage)

## Rabat – Azemmour – El Jadida – Safi – Essaouira

| | |
|---|---|
| **Freie Übernachtung:** | Azzemour, Plage Haouira, Sidi Bouzid, Oualidia, Lala Fatna, Safi, Souira, Sidi Yssahak, Moulay Bouzarqtoune, Essaouira |
| **Campingplätze:** | El Jadida, Oualidia, Safi, Ounara, Essaouira, Mohammedia |
| **Ver- und Entsorgung:** | Campingplätze |
| **Trinkwasser:** | Tankstellen, Campingplätze |
| **Baden:** | Azemmour, Plage Haouira, Sidi Bouzid, Souira, Oualidia, Essaouira |
| **Besichtigungen:** | El Jadida, Safi, Essaouira |

Der Weg nach Süden ist in Marokko immer weit. Deshalb nehmen wir die schnelle und bequeme Autobahn nach CASABLANCA. Wir fahren die Uferstraße in Rabat zurück wie gekommen und folgen dann rechts den Berg hinauf den blauen Wegweisern nach Casablanca. Autobahnen sind gemeinhin öde, aber in Marokko bieten sie so manche Überraschung. Diesmal steht bei MOHAMMEDIA zum Beispiel eine ganze Familie mit Reisekoffern auf der Fahrbahn und will mit. Wir hatten auch schon pickende Hühner und grasende Kühe auf dem Mittelstreifen.

Suchen Sie etwa 60 km hinter Rabat, ein paar Kilometer nordöstlich von Mohammedia einen Campingplatz ganz in der Nähe der Autobahn? Der „Océan Bleu" bei EL MANSOURIA, nördlich MOHAMMEDIA könnte Ihnen gefallen. Er liegt nur 4 km von der Autobahnabfahrt „Mohammedia Est" entfernt, keine zehn Minuten. Man fährt gleich nach der Abfahrt zunächst links und dann nach 800 m im Kreisverkehr rechts Richtung Rabat. Vorsicht, üble Bodenwellen! Nach 1,5 km dann links den Schildern zum Camping folgen. Der an sich sehr hübsche Platz am felsigen Strand wird leider neuerdings durch Neubauten geradezu eingekeilt und es bleibt abzuwarten, wie lange der Eigentümer der Bodenspekulation widerstehen kann.

Camping „Océan Bleu"

## (019) WOMO-Campingplatz-Tipp: „Océan Bleu“ bei Mohammedia

**GPS:** N 33° 44' 14.6" W 7° 19' 27.4"
**Zufahrt:** Im Text beschrieben.
**Ausstattung/Lage:** Am Felsstrand. Ruhig. Ausflüge nach Mohammedia und Casablanca möglich/außerorts.

Wir nähern uns dem Großraum CASABLANCA und lassen die Stadt fein rechts liegen. Die ist nämlich höchstens im Film interessant, der mit der Wirklichkeit aber nichts zu tun hat. „Casa“ (wie die Marokkaner sagen), die größte Stadt des Landes, ist touristisch unergiebig und ein lohnendes Ziel allenfalls für die zahllosen jugendlichen Landflüchtlinge, die sich hier in elenden „Bidonvilles“, den Blechkanisterhütten der Vorstädte, für einen Hungerlohn anheuern lassen, weil es daheim auf dem Dorf schon gar nichts für sie zu tun gibt. CASABLANCA taugt für Studien „Über die Lage der arbeitenden Klassen in...“, was auch die frommen Fundis zu nutzen wissen, die im friedlichen Marokko hier noch am leichtesten Anhänger ködern können. Gigantisch freilich ist die **Moschee Hassan II**, die der Vater des jetzigen Königs hauptsächlich mit Spenden errichten ließ, zu denen die Untertanen ausgesprochen freiwillig genötigt wurden. Das Riesending wurde 1993 fertig und verschlang etwa eine halbe Milliarde Euro – es hätte in dem unter Hassan II. völlig verarmten Land Dringenderes zu tun gegeben als den Bau dieses technophilen Ablenkungsmanövers. Der Sohn holt das jetzt gottlob nach. Eine andere Leidenschaft Hassans II. war die Einrichtung zahlreicher königlicher Golfplätze für Sich und Seine Entourage. Sollten Sie aber Casablanca oder auch Mohammedia gern besuchen wollen, so ist das vom Camping Océan Bleu mit

Stadtmauer von Azemmour

öffentlichen Verkehrsmitteln gut zu machen. Fragen Sie den sehr netten jungen Chef des Platzes.

Wieder auf der Autobahn folgen wir den blauen Schildern Richtung EL JADIDA. Der Siedlungsbrei von Megalopolis quillt bis an die Schnellstraße. Wir halten auf EL JADIDA und wollen 17 Kilometer davor in AZEMMOUR unsere nächste Rast einlegen. Die Autobahn nach EL JADIDA ist recht neu. Wir verlassen sie bei der Abfahrt AZEMMOUR, müssen noch ein paar Kilometer Landstraße fahren und teilen uns die Straße mit allerlei Eseln, was wörtlich gemeint ist. Und dann geht's rein nach AZEMMOUR, einem Städtchen über dem Ufer des **Oum er Rbia**, kurz bevor dieser in den Atlantik mündet. Die Medina ist komplett von einer dicken Mauer umgeben. Und weil die Menschen so ärmlich sind, wurde auch nichts dem Fortschritt geopfert. Wir fahren auf den Hauptplatz und stellen an der Stadtmauer, etwa dort, wo sie rechts abknickt, das Fahrzeug ab. Man kann dort sogar übernachten. Natürlich ist es nicht totenstill hier an der Straße, aber ab etwa 23 Uhr geht's.

**(020) WOMO-Stellplatz: An der Stadtmauer Azzemmour**

**GPS:** N 33° 17' 31.2" W 8° 20' 33.7" **max. WOMOs:** 2-3
**Zufahrt:** Im Zentrum.
**Ausstattung/Lage:** Nachts halbwegs ruhig. Keine VE/Ortsrand.

Nach dem langen Gegurke im Auto haben wir uns nämlich eine grüne Pause verdient. Dort, wo die Stadtmauer nach rechts abknickt, gehen wir einen Schotterweg halbrechts, der uns zum Fluss hinunterführt. Unten kommen wir auf ein großes, ebenes Terrain am Fluss, ein zauberhaftes Plätzchen. Wir fragen deshalb einheimische Jungs, die hier schwimmen gehen, ob das Meer manchmal bis her kommt. Jawohl! Es staut den Fluss bei Flut ein Stück weit auf. Picknicken aber und den fröhlichen jungen Leuten bei ihren Wasserspielen zusehen, möchten wir schon. Es gibt auch Ruderer, die ihre Dienste anbieten. Wir laufen zurück zum Hauptplatz und unternehmen einen Gang durch die Altstadt. Ärmlich ist sie, aber eben auch nicht zum Denkmal präpariert. Das macht den Charme vieler solcher Nester in Marokko aus: ein bisschen heruntergekommen, aber richtig echt. Jedenfalls war Azzemmour das lange Zeit. Neuerdings haben sich aber leider etliche Künstler dort ausgetobt und viele der schönen alten Häuser papageienbunt aufgehübscht. Die Stadt war schon alt, als man 1486 portugiesische Kaufleute eine Handelsstation einrichten ließ. Und wenn man die Europäer erst mal reinlässt... Jedenfalls war AZEMMOUR auf einmal portugiesisch und von der dicken Mauer umgeben, die bis heute steht.

In der Medina von Azemmour

Unser nächstes Ziel ist ebenfalls eine portugiesische Eroberung: EL JADIDA, 17 km weiter südlich an der Atlantikküste gelegen. An sich könnten wir mitten durchs Zentrum von AZEMMOUR zur National-

El Jadida

straße gelangen, stressärmer geht es aber so: Von unserem Platz an der Stadtmauer geradeaus stadtauswärts aufs Meer zu, an einer T-Kreuzung rechts hoch und 2 km nach dem Stellplatz im ersten Kreisverkehr links, Richtung EL JADIDA. Nach wenigen Kilometern biegen wir nach rechts in die Nationalstraße nach EL JADIDA. 8 km nach dieser Abbiegung fahren wir im Kreisverkehr rechts zur „Plage Haouzia". Einheimische haben uns von einem ruhigen und sicheren Plätzchen dort unten erzählt. Und in der Tat: wenn man kurz nach der Abbiegung im Kreisverkehr wieder rechts fährt, ist nach 3 km ein Polizeiposten erreicht, das Meer in Rufweite, ein sicherer und schöner Platz.

### (021) WOMO-Stellplatz: „Plage Haouira"

**GPS:** N 33° 15' 45.8" W 8° 25' 06.5" **max. WOMOs:** 2
**Zufahrt:** Unweit Nationalstraße nach El Jadida, im Text beschrieben
**Ausstattung/Lage:** Sehr ruhig, Meeresnähe. Keine VE/an Polizeiposten.

Zurück zur Nationalstraße und dann nach rechts in Richtung EL JADIDA, das nach wenigen Minuten erreicht ist. Vorbei am Sportstadion. Vor dem Zentrum geht es kurz vor dem Hotel Ibis (rechts) links hinein und dann noch weitere 300 m bis zum „Camping International", einem guten Platz mit Schatten und Strom, wenn auch etwas weit von Zentrum und Meer.

### (022) WOMO-Campingplatz-Tipp: „Camping international" in El Jadida

**GPS:** N 33° 14' 25.3" W 8° 29' 19.3"
**Zufahrt:** Vor Ortszentrum El Jadida links. Beschildert.

Wir fahren weiter stadteinwärts. Vor dem Hotel Ibis geht rechts eine ruhige Straße direkt an den Strand. Man kann dort gut rasten und mal eben die Füße wässern. Zurück auf die Palmenallee in Richtung Zentrum und „**Cité Portugaise**". Sie ist es, die uns zieht: ein bisschen wie AZEMMOUR, aber viel größer und besser erhalten. Die Neustadt darum herum ist aber auch ansehnlich und großzügig angelegt, mit breiten Alleen und einem gewissen Sinn für Sauberkeit. Wir parken problemlos auf einem der Plätze mitten in der Stadt, direkt vor der „Cité Portugaise", hätten aber auch gut dort, wo ihre Mauer in Richtung Meer abknickt, der sehr ruhigen Straße folgen können. Leider kann man dort nicht übernachten. Die Polizei schickt WOMOs zum Campingplatz.

Das portugiesische EL JADIDA ist wirklich sehenswert, wenn auch etwas touristischer als AZEMMOUR. Bummeln Sie ein bisschen herum. Und suchen Sie die „**Citerne Portugaise**",

Citerne Portugaise

das interessanteste Bauwerk der Stadt. Es geht ein paar Treppen hinunter. Der Anblick ist umwerfend und wird immer schöner, wenn die Augen sich an das Dunkel gewöhnt haben. Es handelt sich um ein riesiges, ziemlich niedriges spätgotisches Gewölbe, in dem Regenwasser gespeichert wurde. Das leichte Moosgrün auf den roten Ziegeln, das magische Licht, das durch die zentrale Öffnung fällt, das alles ist unwirklich schön. Wieder droben im Licht, klettern wir ein bisschen auf der fabelhaft erhaltenen Stadtbefestigung herum und sehen von oben den Jungs beim Fußballspielen auf der Straße zu. Gut, dass alle Fenster vergittert sind! Sonst gäb's garantiert Ärger. Wir wollen noch ein bisschen fürs Abendessen einkaufen, es ist später Nachmittag und die Ladenstraßen der Neustadt wimmeln von Leuten, die das gleiche tun.

Souk von El Jadida

Am nächsten Morgen treibt es uns raus, die grüne Küstenstraße lang nach Süden. Eigentlich gibt es zwei davon: eine ganz schmale, die direkt am Ufer entlang verläuft und die größere R301 nach Safi. Früher haben wir immer die kleinere der beiden gewählt, weil sie durch weitgehend ursprüngliche Landschaft entlang einiger Fischerdörfer führt. Das ist aber leider Vergangenheit, denn die Gegend wird durch Neubauten gerade weitgehend zerstört. Hübsch ist nach wie vor der propere Badeort SIDI BOUZID, aber den Rest kann man getrost vergessen.

17 km nach El Jadida führt die R301 durch ein riesiges Industriegelände um den Phosphathafen von JORF-LASFA. So unterschiedlich ist der Blick: in dem, was uns als beängstigend erscheint, sehen die Einheimischen in erster Linie Fortschritt und Arbeitsplätze. Weiter. Unmengen Gemüse rechts

Salinen, Berge von Salz

und links der Straße. Wir passieren kilometerlange Salinen und ganze Berge von Salz, das reicht für unsere Frühstückseier. Die bei unserm letzten Besuch noch fürchterliche Straße ist mittlerweile frisch geteert, was diese wunderbare Tour noch angenehmer macht. Man sollte gelegentlich anhalten und einen Blick auf die Urlandschaft aus Sümpfen und Salinen werfen, die sich da rechts von uns ausbreitet. In OUALIDIA angekommen, fahren wir im Ortszentrum rechts hinunter zur „Plage". Der alte, heruntergekommene Campingplatz links der Straße ist zu Gunsten eines riesigen properen Parkplatzes aufgegeben worden, der hauptsächlich von WOMOs genutzt wird. Beim ersten Anblick staunen wir gewaltig: So viele WOMOs hatten wir bis dato allenfalls auf der Caravan-Messe in Düsseldorf gesehen.

## (023) WOMO-Stellplatz: „Großparkplatz Oualidia“

**GPS:** N 32° 43' 54.3" W 9° 02' 36.1" **max. WOMOs:** 100
**Ausstattung/Lage:** Kostenpflichtig. Wasser kann besorgt werden. Keine VE. Ruhig gelegen / im Ort.

Wo damals, als wir die erste Auflage dieses Buches recherchierten, 2 oder 3 Fahrzeuge standen, sind es heute etwa 80 oder 100. Fast alle kommen aus Frankreich.

Klare Sache: es ist halt praktisch, wenn man mit der eigenen Sprache auskommt und keine große Lust hat, eine weitere zu lernen. Und, nicht zu vergessen, es gibt hervorragenden Fisch und die eigentliche Spezialität von OUALIDIA: Austern. Die kommen sonst in Marokko nur noch im Süden, in DAKHLA vor. Also beschließen wir, Fisch und Austern zu essen in einem der guten Restaurants. OUALIDIA ist ein Badeort mit großen Qualitäten: es gibt den wilden offenen Atlantik und es gibt hinter einer wunderbaren Dünenkette die milde Lagune, in der besonders Kinder herrlich baden können. Dazu Felsen, endlose Strände und auch Wandermöglichkeiten. Angeln „sehr gut“. Riesige Krabben werden gefangen, Langusten, Austern und Fische über Fische. Ständig werden sie uns angeboten. Frische Riesenaustern auf der Straße für 8 DH. Kurz: Oulidia ist zweifellos einer der attraktivsten Orte der gesamten marokkanischen Atlantikküste.

Wir fahren wieder zur Hauptstraße hoch, dann aber rechts, Richtung SAFI. Die Straße teilt sich fünf Kilometer nach Oualidia auf Höhe einer Petromin-Tankstelle. Wir nehmen die Küstenstraße rechts nach SAFI. Immer noch Gemüse. Rechts unter uns kilometerweit einsame Strände. Dramatische Ausblicke von der Steilküste hinunter aufs Meer. Wir finden etli-

Fischer in Oualidia

che WOMO-kompatible Stellen auf dem Felsplateau mit aufregender Aussicht, zum Beispiel:

### (024) WOMO-Stellplatz: Felsplateau

**GPS:** N 32° 27' 49.4" W 9° 13' 53.5" **max. WOMOs:** 4-5
**Zufahrt:** Küstenstrasse El-Jadida – Safi
**Ausstattung/Lage:** kein Schatten. Keine VE/außerorts.

Am Straßenrand sitzen manchmal Angler mit aufgepflanzter Rute, die ihren Fisch verkaufen. Wir sind auf dem Weg zu einem Leckerbissen anderer Art: dem Strand von LALA FATNA. Der Weg dahin bietet eine der wenigen Möglichkeiten, mit dem WOMO die Steilküste hinunter zu fahren. Achten Sie, ca. 18 km vor SAFI, auf den Wegweiser rechts: LALA FATNA. Fahren Sie gleich wieder links, dort geht es in anfangs milden, dann ziemlich abenteuerlichen Serpentinen den Berg hinunter. Für WOMOs bis etwa 6,30 m Länge ist das ganz gut zu schaffen. Für unser 7,30 m langes Fahrzeug ist es heikel, vor allem, weil es recht hoch ist: 3.40 m. Es legte sich so schräg, dass wir fürchteten, das Ding fiele um. Also Tassen anschnallen, Schränke verriegeln. Wenn Sie bis ans Ende fahren, werden Sie durch einen traumhaft schönen Strand belohnt und können auch über Nacht bleiben, stehen aber ziemlich schief. Ein paar Serpentinenwindungen vor dem Ende der Straße gibt es ebene Stellen, die auch für größere Fahrzeuge geeignet sind, mit auch schon großartigem Blick auf Felsen und Meer. LALA FATNA ist ein ganz heißer Tipp!

### (025) WOMO-Badeplatz: „Lala Fatna"

**GPS:** N 32° 23' 52.5" W 9° 15' 45.0" **max. WOMOs:** 2-3
**Zufahrt:** Küstenstraße El Jadida – Safi. 18 km vor Safi rechts beim Wegweiser „Lala Fatna" abbiegen, gleich wieder links.
**Ausstattung/Lage:** Am Strand, kein Schatten, Café.

Weiter in Richtung SAFI. Nach dem Ortsschild passieren wir etliche moderne Gebäude mit wissenschaftlichen Einrichtungen und sehen dann rechts einen großen, weißen Marabout. Dort fahren wir rein und nehmen wiederum rechts die Straße abwärts und finden am Wege einige schöne freie Stellplätze in der Nähe eines Cafés. Großartiger Blick auf SAFI. Bedenken Sie: wir sind in einer Industriestadt mit fast 500.000 Einwohnern!

### (026) WOMO-Stellplatz: Ortsrand Safi

**GPS:** N 32° 19' 22.2" W 9° 15' 41.0" **max. WOMOs:** 2-3
**Zufahrt:** Ortseingang Safi, wie im Text beschrieben.
**Ausstattung/Lage:** Cafés, schattig. Kurze Gehstrecke steil hinab zum Meer. Keine VE/Ortsrand.

Früher konnte man problemlos die Steilküste weit hinunter fahren. Aber die Straße ist abgerutscht. Sollten Sie in Safi einen komfortablen Platz mit allem drum und dran suchen, dann haben wir eine Empfehlung: biegen Sie nach der Einfahrt in die Stadt nicht zum weißen Marabout wie eben beschrieben rechts ab, sondern fahren noch gut 2 km geradeaus weiter den Berg hinunter in Richtung Zentrum. Fast am Fuß des Berges sehen Sie rechts ein paar Cafés mit Terrassen. Fahren Sie im Kreisverkehr dort gegenüber links rein. Folgen Sie dem Schild „Camping". Ein paar hundert Meter geht es den Berg hoch und dann sehen Sie rechts, dass das Restaurant und der Platz zusammengehören. Der „Camping International de Safi" bietet schöne, ruhige Stellplätze unter Bäumen und daneben ein Restaurant. Nicht schlecht!

### (027) WOMO-Campingplatz-Tipp: „Camping International Safi"

**GPS:** N 32° 19' 03.4" W 9° 14' 18.4"
**Zufahrt:** Im Text beschrieben.
**Ausstattung/Lage:** Ruhig gelegen, Café.

Wir fahren ins Zentrum von SAFI, Richtung **„Ancienne Medina"**. Und werden dabei am Hafen vorbeikommen, in dem riesige Phosphatmengen umgeschlagen werden. Damit sind wir schon beim Lebensnerv des heutigen SAFI. Die Stadt ist uralt, wurde dann im 16. Jahrhundert (schon mal gehört) von den Portugiesen eingenommen, deren Mauer auch hier bis heute gehalten hat. Rechts der Straße können wir auf Höhe der mauerumwehrten Medina parken und einen sehr lohnenden Bummel durch die hübsche und gut erhaltene Altstadt unterneh-

Der Töpferhügel in Safi

men. Die große Entwicklung zur Industriestadt mit fast 500000 Einwohnern hat erst in den letzten 50 Jahren stattgefunden. Im Süden der Stadt, wir werden daran vorbeikommen, wurde mit internationaler Hilfe ein riesiger Industriekomplex aufgebaut. Das alles macht SAFI, nach Casa, zur zweitwichtigsten Industriestadt des Landes. Nicht zu vergessen, die Fischindustrie: Noch vor 25 Jahren war SAFI der wichtigste Sardinenfischereihafen der Welt, wurde darin aber mittlerweile durch AGADIR auf Platz zwei verwiesen.

Keramikbrennofen

In der Vergangenheit bedeutender und noch heute über die Grenzen des Landes berühmt ist die **Keramikherstellung**. Und zu Safis Töpferhügel, da wollen wir heute hin. Seit Jahrhunderten wird aus der Tonerde der Region hervorragende Gebrauchskeramik gebrannt. Die traditionellen Brennöfen rauchen immer noch und außerdem kann man dort schöne Dinge kaufen, es muss keineswegs Touristenkitsch sein.

Wir fahren an der Stadtmauer noch ein Stückchen weiter und unmittelbar nach ihrem Abknicken folgen wir ihr nach links den Berg hinauf, die Mauer immer auf der Linken. Oben kommen wir in einen Kreisverkehr und könnten dann, etwas nach 9 Uhr Kreisverkehr, schön zum Nationalmuseum für Keramik einfahren, wenn es nicht geschlossen wäre. Nur Allah weiß, wann es wieder öffnet. Kurz vorher, bei 9 Uhr, geht es aber, ausgeschildert, zu der „**Coline de Poterie**", dem Töpferhügel. Nicht zu verfehlen: Keramikgeschäfte am Fuß des Hügels und ein bewachter Parkplatz, auf dem häufig auch schon WOMOs stehen. Lassen Sie sich jetzt ordentlich Zeit, um auf dem Töpferhügel herum zu laufen. Es ist wirklich interessant zu sehen, wie aus dem feuchten, rötlichen Lehm zunächst Gegenstände gedreht, dann zwei Mal gebrannt und in unterschiedlichen Verfahren dekoriert werden. Die alten Brennöfen arbeiten wie vor Hunderten von Jahren und vielleicht haben Sie die Gelegenheit, zu sehen, wie so ein Höllenfeuer aus Tamariskenholz entfacht wird. Die Leute sind stolz auf ihre Arbeit und nicht aufdringlich. Uns hat der Rundgang viel Spaß gemacht und manchen Töpfer durften wir sogar fotografieren. Man fragt aber die Leute in Marokko, bevor man ihnen ihr Bild „stiehlt". Sehr viele Marokkaner mögen das nämlich gar nicht. Es stecken magische oder religiöse Vorstellungen dahinter. Und wenn die Touristen sie schon in ihrer Armut ablichten, um daheim die Reiseerzählung mit pittoresken Bildern zu bestreiten, dann sollen sie ein bisschen löhnen. Ist das so unverständlich? Nach dem Rundgang über den Hügel können Sie sich in den Ge-

Keramik aus Safi

schäften an dessen Fuß umsehen, und zwar ohne Anmache. Wir fanden die Töpfer von SAFI sehr angenehm. Safi-Keramik ist selbstverständlich das ideale Mitbringsel für die Lieben daheim. Werfen Sie einen Blick auf die zwei schneeweißen Marabouts auf der anderen Straßenseite. Es wachsen Bougainvilleas an ihnen. Es gibt sie in violett, rot und gelb und sie wachsen sehr häufig im ganzen Land. Hier glühen sie wie der Höllenschlund der Brennöfen.

Danach fahren wir nach links aus dem Parkplatz raus und die portugiesische Mauer entlang wieder hinab in Richtung Meer, dann links auf die Neustadt zu und halten uns dann rechts und wieder geradeaus nach Süden, immer dicht an der Küste lang. Die Straße führt, die Nase bestätigt unsere Vermutung, durch endlose **Sardinenfabriken**, die „Straße der Ölsardinen" sozusagen. Wenn das John Steinbeck gewusst hätte! Schließlich das versprochene Industriegebiet im Süden der Stadt. Danach wird's gottlob wieder richtig idyllisch. 109 km bis ESSAOUIRA. Das ist lang, wenn man die Küstenstraße nimmt, aber man wird durch eine größtenteils einsame und traumschöne Küstenfahrt belohnt. Bald kommen wir an dem aufstrebenden Badeort SOUIRA vorbei, vor kurzem noch ein verträumtes Fischernest. Zwar gibt es den kleinen Hafen noch und die Reste eines, vermutlich portugiesischen Forts, aber ortsprägend ist eine Unzahl von monotonen Ferienhäusern und eine überdimensionale Strandpromenade. Die ist, obwohl erst ein paar Jahre alt, schon wieder ziemlich heruntergekommen. An ihrem südlichen Ende wurde ein WOMO-Stellplatz eingerichtet. Im Café auf der Promenade ist ein Schärflein fürs bewachte Übernachten zu entrichten und es können Wasser getankt und Strom gelegt werden. Im Café erhält man auch den Schlüssel zum nahen Sanitärgebäude mit Duschen und Toiletten (kostet extra).

**(028) WOMO-Stellplatz: „An der Promenade" in Souira**

**GPS:** N 32° 02' 17.6" W 9° 20' 31.5" **max. WOMOs:** 50
**Zufahrt:** Am Südende der Strandpromenade.
**Ausstattung/Lage:** Wasser und Strom möglich. Sanitärgebäude, kostenpflichtig, ganzjährig/im Ort.

Immer weiter Richtung ESSAOUIRA, zunächst etliche Kilometer den **Fluss Tensift** aufwärts, der nach heftigen Regenfällen im Landesinneren von Sedimenten rot gefärbt ist, dann darüber hinweg und immer geradeaus. Auch diese bis vor Kurzem fürchterliche Straße ist frisch geteert und nur gelegentlich, nach extremem Regen, kann sie hier und da mal verschmutzt sein. Auf gut Glück fahren wir an einem rotweißen Schild in der Schrift des Korans einfach mal rechts in eine der ganz wenigen Pisten in Richtung Meer hinein. Die ordentliche, etwa 3 km lange Piste ist selbst mit unserer dicken Berta noch zu bewältigen. Breite LKW-Spuren weisen allerdings nicht auf Idylle und unten am Meer findet sich tatsächlich eine Verladestelle für Kies, der hier, direkt am Wasser, gewonnen wird. Die Gegend soll „Sidi Yssahak" heißen. Wir folgen der Piste nach rechts und finden, dass dies ein ganz toller freier Stellplatz ist, so direkt am Meer. Weiter hinten, an einem Wendeplatz in 500 m Entfernung ist es noch viel schöner, weil man die Kieshügel nicht sieht. Na gut – mit unserem früheren Fronttriebler sind wir mal kurz im Sand stecken geblieben. Aber unsere Anfahrhilfen haben uns gleich wieder heraus geholfen. Wer ein bisschen Erfahrung im Gelände hat, wird durch einen fantastischen freien Stellplatz direkt am steinigen Strand belohnt. Dass die Lastwagen mit Kies gelegentlich vorbeikommen, fanden wir eher beruhigend: Im Notfall helfen die uns bestimmt raus. Und der Brummi-Fahrer grüßt so nett! Auf dem Meer paddeln Fischerburschen in Taucheranzügen mit Autoreifen herum. Das ist (allen Ernstes) die Fischerei der Mittellosen hier. Wir haben dem armen aber hübschen Naturburschen Youssef einen dicken Fisch abgekauft, haben völlig ungestört geschlafen und sind ohne Probleme wieder rausgekommen. Youssef und seine Freunde, deren Charme unsere Herzen wärmte, winkten hinterher. Für den Fall, dass Sie es wagen wollen (viel gehört wirklich nicht dazu), nennen wir Ihnen die GPS-Daten für die Einfahrt zu unserer Fundstelle. Den Weg hinunter zum Wasser finden Sie dann selbst: Es gibt nur den einen.

Küste bei Sidi Yssahak

Youssef mit dem dicken Fisch

## (029) WOMO-Stellplatz: „Sidi Yssahak“

**GPS-Koordinaten für die Einfahrt zur Piste:** N 31° 56’ 23.9” W 9° 24’ 25.4” **max. WOMOs:** 2-3
**Zufahrt:** Safi-Essaouira. Im Text beschrieben. 3 km Piste!
**Ausstattung/Lage:** kein Schatten/außerorts, unmittelbar am Meer.

Weiter in Richtung ESSAOUIRA. Ein quietschegrüner Leguan läuft über die Straße und rechts steht ein Kamel. Eine Ferienhauskolonie wird ganz nah der Küste errichtet. Ziemlich diskret ist sie. Die Marokkaner haben es fertig gekriegt, an keiner Stelle ihrer Küste die monströsen Touristensilos zuzulassen, die die spanische Mittelmeerküste so völlig verkorkst haben. Immer wieder fabelhafte Ausblicke auf den Atlantik. Der Strand ist aber mit dem WOMO nirgends zu erreichen. Oder doch? Kurz vor der links einmündenden Straße nach Akermoud, ca. 48 km vor ESSAOUIRA, führt rechts eine gute kleine Asphaltstraße über einen Damm zum Fischerdorf BHIBAH auf dem Hügel unmittelbar an der Küste.

Zum Strand und Fischerdorf Bhibah

Wir fahren dort hinunter, denn erstens ist es hier am Meer ohne allen Touristenrummel wunderschön, und zweitens gibt es gleich zwei Möglichkeiten, mit dem Wohnmobil zu übernachten. Anderthalb Kilometer nach dem Abzweig hinunter geht links eine Piste zu einem vorzüglichen Campingplatz, unmittelbar am Strand. Wenn sie trocken ist, kann sie auch von großen WOMOs befahren werden. Sie kann aber auch schon mal etwas schwierig sein – am besten, man steigt kurz aus und entscheidet, ob es geht. Der Platz ist paradiesisch schön.

## (030) WOMO-Campingplatz-Tipp: „Les Résidences de la Plage“, beim Fischerdorf Bhibah

**GPS:** N 31° 47’ 19.6” W 9° 35’ 04.4”
**Zufahrt:** Im Text beschrieben.
**Ausstattung/Lage:** Schwimmbad.

Ist die Zufahrt zu schwierig? Oder möchten Sie sowieso lieber frei stehen? Dann fahren Sie bis zum Ende des Asphalts den Hügel hinauf und erreichen dort das armselige Fischerdorf. Die freundlichen Bewohner erklären uns, hier könnten wir völlig problemlos übernachten.

**(031) WOMO-Stellplatz: „Fischerdorf Bhibah"**

**GPS:** N 31° 47' 52.5" W 9° 34' 57.0" **max. WOMOs:** 2-3
**Zufahrt:** Küstenstraße Safi-Essaouira. Einfahrt rechts, „Camping International Chez Christian" folgen.
**Ausstattung/Lage:** Sehr ruhig, keine VE/im Fischerdorf.

Weiter in Richtung Süden. Langsam kommen wir ins Land der Arganien. Die Arganie ist ein urtümlicher Baum mit pflaumengroßen grünen Früchten, aus deren Kernen ein wertvolles Öl gewonnen wird. Mehr darüber finden Sie in Tour 5, wenn wir eine Arganienkooperative besuchen. Plötzlich geht es steil runter auf das Meer zu. Kirmes! Und hier dann eine weitere vernünftige Ausfahrt in Richtung Meer: Knapp 30 Kilometer vor Essaouira liegt rechts der kleine Ort MOULAY BOUZARQTOUNE. Wir wählen die Schreibweise, die auf dem schlecht leserlichen Wegweiser steht. Die Transkription arabischer Wörter in lateinische Schrift ist nicht geregelt und sieht deshalb auf jeder Karte anders aus. Die komfortable Straße hält schnurgerade auf den schneeweißen Marabout des **Heiligen Bouzarqtoune** zu. Sie sollten ihm unbedingt die Ehre ihres Besuches erweisen, denn im Gegensatz zu vielen religiösen Stätten Marokkos, schließt der freundliche Wärter, der hier auch wohnt, uns Ungläubigen die Grabstätte auf und wir können den mit einem grünen Tuch bedeckten Sarkophag in der kunstvoll ausgestatteten Kapelle in Ruhe betrachten. Den Teppich vor dem Grab betreten wir nicht. Ein kleines Trinkgeld ist angemessen. Draußen kontrastieren Blumen mit dem strahlenden Weiß des Gemäuers – was für ein stim-

Marabout des Heiligen Bouzarqtoune

mungsvoller Ort! Wenn Sie vor dem Marabout links fahren, finden Sie vor dem Café und ein Stück weiter Richtung Sandstrand etliche sehr schöne Stellplätze. Der Strand ist riesig und sauber, aber: hier weht ein beständiger starker Wind, der den Ort zum besten Surfplatz Marokkos macht. Wir besuchen den Ortsvorsteher, um ihn wegen der Sicherheit unserer Leser zu befragen. Er hat bei Tage gar keine Bedenken. Die Nacht über sei aber schon mal geklaut worden. Der junge Österreicher, den wir an seinem WOMO treffen, hat das auch gehört, kommt aber schon seit vielen Jahren her und hatte nie ein Problem. Er denkt wie wir: Spanien oder Südfrankreich sind ungleich gefährlicher als Marokko. Meist stehen noch andere WOMOs hier. Da hätten wir keine Bedenken.

**(032) WOMO-Stellplatz: „Moulay Bouzarqtoune“**

**GPS:** N 31° 38' 34.3" W 9° 40' 35.8"
**max. WOMOs:** 5-8
**Zufahrt:** Küstenstrasse Safi – Essaouira. Ortschild rechts folgen.
**Ausstattung/Lage:** kein Schatten, meist windig, Cafés. Keine VE/im Ort, am Strand.

Noch 27 km bis ESSAOUIRA! Wir fahren durch freundliche, ungewöhnlich grüne Hügellandschaft, stoßen auf die Nationalstraße, die von MARRAKECH kommt, und folgen an der Ortseinfahrt von ESSAOUIRA der Beschilderung „Centre Ville“ immer geradeaus. Wir fahren die Strandpromenade hinunter, die etwas nach links verschwenkt, und sehen links unmittelbar vor dem Zentrum auf einem Parkplatz schon einige WOMOs stehen.

**(033) WOMO-Stellplatz: „Am Zentrum“ in Essaouira**

**GPS:** N 31° 30' 38.0" W 9° 46' 18.6" **max. WOMOs:** 6-7
**Zufahrt:** Im Text beschrieben.
**Ausstattung/Lage:** Kostenpflichtig. Keine VE/im Zentrum.

Dieser Parkplatz ist aber dermaßen eng und stark frequentiert, dass wir die Flucht ergreifen. Vielleicht haben Sie mehr Glück oder auch bessere Nerven. Das Parken und Übernachten ist in Essaouira im Vergleich zu früher schwieriger geworden. Die einst so verträumte Stadt ist zu einem Highlight des Massentourismus aufgepopt. Schön ist sie immer noch, aber ihr Dornröschencharme ist weitgehend dahin.

Wir können Ihnen immerhin einen bequemen Stellplatz in

Die Altstadt von Essaouira

fußläufiger Entfernung empfehlen, daneben gleich drei Campingplätze im Radius von etwa 20 km. Kurz vor dem Ortseingang, ein paar hundert Meter in Richtung Agadir, liegt rechts ein Parkplatz, auf dem WOMOs geduldet werden.

### (034) WOMO-Stellplatz: Parkplatz an der Straße nach Agadir in Essaouira

**GPS:** N 31° 29' 44.3" W 9° 45' 49.7" **max. WOMOs:** 25
**Zufahrt:** Im Text beschrieben
**Ausstattung/Lage:** Kostenpflichtig. Keine VE/Stadtrand. An stark befahrener Straße.

Wenn Sie dieselbe Straße noch ein paar hundert Meter weiter fahren, liegt links (Zufahrt über den Kreisverkehr) ein kleiner Campingplatz, leicht zu finden, da er unmittelbar neben einen Leuchtturm liegt. Umwerfend schön ist er nicht, aber praktisch, denn mit dem Taxi sind Sie schnell in der Stadt.

### (035) WOMO-Campingplatz-Tipp: „Camping Sidi Magdoul" in Essaouira

**GPS:** N 31° 29' 29.9" W 9° 45' 48.1"
**Zufahrt:** Im Text beschrieben.
**Ausstattung/Lage:** Ortsrand. Recht ruhig.

Essaouira ist seit den 20 Jahren, die wir in Marokko reisen, immer einer unsere Lieblinge gewesen und jedes Mal, wenn wir herkommen, sind wir gespannt, was sich verändert hat. Sie war damals eine verschlafene Schöne, die von ihrer großen Vergangenheit träumte. Die paar Besucher verloren sich zwischen den Einheimischen, die sich um die Fremden nicht groß scherten. Eine tatkräftige Stadtregierung hat daran aber gründlich gerührt. ESSAOUIRA ist zu einem Touristenmagneten geworden und das natürlich nicht ohne Grund, denn die Stadt ist eine der schönsten und eigenartigsten Marokkos. Bemerkenswert ist schon das Klima: im Winter ist es hier kaum mal unter 15 Grad und im Sommer kaum mal über 25. Ein riesiger Strand erstreckt sich kilometerweit nach Süden und eignet sich für jede Art von Wasservergnügen, aber auch für ausgedehnte Spaziergänge.

Schon gehört.....?

Das eigentliche Juwel aber ist die von einer Stadtmauer umwehrte, vollständig erhaltene **Medina**. Es wird Ihnen auffallen, dass die Straßen, anders als in fast allen alten arabischen Städten, parallel und rechtwinklig zueinander verlaufen. Das liegt daran, dass 1760 einer der Sultane aus der noch heute herrschenden Familie die an sich schon sehr alte Stadt praktisch neu erbauen ließ. Er beauftragte damit einen französischen Gefangenen und der schaffte den Spagat aus Rationalität und Vitalität, den wir heute noch genießen. Das Leben aber ist ganz und gar arabisch in ESSAOUIRA, und das in seiner schönsten Form: quirliges Treiben, das Sie unbehelligt genießen können. Der Touristenansturm konzentriert sich auf das Gebiet um Hafen und den Platz **„Moulay el Hassan“** (links

Platz Moulay el Hassan

aus Richtung der Strandpromenade), während rechts, auf der Avenue Mohammed Zerktouni und ihren Seitenstraßen bis hin zum **Bab Doukkala** (Bab = Tor) die Einheimischen meist in der Mehrheit sind. Dort auch finden Sie, manches ein bisschen verborgen in der zweiten Reihe, Gewürz- und Fischmarkt und alles, was arabische Souks eben ausmacht. Wie

sauber aber öde ist dagegen unser Supermarkt! Unbedingt sehenswert ist auch der gar nicht museale Hafen, dessen Gebäude fast alle noch aus dem 18. Jahrhundert stammen. Er ist nach wie vor einer der bedeutendsten Fischereihäfen an der fischreichen marokkanischen Atlantikküste. Auf dem Wege dorthin links eine ganze Reihe von offenen Restaurants, wo Sie vorzüglich frisch gegrillten Fisch essen können. Das ist zwar hübsch, aber aufgepasst: wahrscheinlich wird man Ihnen viel zu viel abknöpfen wollen. Den Preis vorher genau festlegen! Die Kerle sind Schlawiner. Wenn Sie billig Fisch essen wollen, können Sie das sehr originell in einem volkstümlichen Restaurant am vorhin erwähnten Fischmarkt in den Souks tun. Sie kaufen dort einfach Fisch beim Händler und lassen sich den für ein paar Dirham im Restaurant grillen: ein Verfahren, dass in Marokko in den

meisten einfachen Restaurants üblich ist. Man kauft sein Fleisch beim Metzger und nimmt es zum Grillen mit ins Restaurant.

Der Hafen von ESSAOUIRA ist nicht nur der sichere Port für viele Dutzend Boote, sondern in seinen Werften werden bis heute auf Jahrhunderte alte Art hölzerne Schiffe gebaut. Das müssen Sie sich ansehen!

Auf dem Rückweg gehen Sie links vom großen Platz die **„Sqala de la Kasba“** hinein, an der Mauer entlang, und besu-

Der Hafen von Essaouira

chen Sie die Bastion mit ihren Kanonen des 16. bis 18. Jahrhunderts. Von hier oben haben Sie auch einen feinen Blick auf die links vorgelagerten Purpurinseln, auf denen in der Antike aus Purpurschnecken kostbarer Farbstoff für die Gewänder der Spitzen der römischen Gesellschaft gewonnen wurde, heute streng geschütztes Naturschutzgebiet. Unter der Sqala finden Sie Läden und teilweise auch noch Werkstätten der zahlreichen Kunstschreiner, die das produzieren, wofür ESSAOUIRA weit über Marokko hinaus bekannt ist: Möbel und hölzerne Gebrauchsgegenstände wie Ta-

Intarsienarbeiten der Kunstschreiner

bletts und Kästchen oder auch Schachbretter aus verschiedenen Hölzern und kunstvoll mit Intarsien geschmückt. Wenn Sie hier nichts Passendes finden: der größte Händler liegt am **Platz Moulay el Hassan**, der auf der dem Hafen abgewandten Seite des großen Platzes anschließt. Dort übrigens liegt auch das „Restaurant Essalam", das, allem Touristenrummel zum Trotz, seit Jahren für die gleichen äußerst moderaten Preise einige einfache aber saubere Menüs anbietet. Wie hat ESSAOUIRA sich entwickelt in den 20 Jahren, die wir es kennen? Stürmisch! Die Stadt ist proper herausgeputzt, überall werden Blümchen gepflanzt und heftig angestrichen, sie wirkt heiter und aktiv und ist schön wie eh und je. Aber uns stört der Touristenrummel.

Reinemachen in der Medina

Suchen Sie jetzt ein lauschiges Plätzchen im Grünen, außerhalb der Stadt, für eine ruhige Nacht? Ein idyllischer Campingplatz ist ganz in der Nähe! Wir verlassen ESSAOUIRA in Richtung MARRAKECH und fahren dazu zurück, wie wir gekommen sind, die Strandpromenade lang und links der Beschilderung „Marrakech" folgend immer nach Osten bis wir, 23 km hinter dem Zentrum von ESSAOUIRA, an der Kreuzung zur nördlich verlaufenden Nationalstraße nach SAFI und CASA in den kleinen Ort OUNARA kommen. Dort liegt, gleich an der Kreuzung rechts, der ausgesprochen hübsche „Camping des Oliviers".

**(036) WOMO-Campingplatz-Tipp:**
**„Camping des Oliviers" in Ounara**

**GPS:** N 31° 31' 56.3" W 9° 32' 49.9"
**Zufahrt:** Im Text beschrieben.
**Ausstattung/Lage:** Hübscher Park, Café.

Hier schlafen Sie ruhiger als mitten in ESSAOUIRA. Selbst der Muezzin der nahen Moschee ruft sein nächtliches „allah-u-akhbar" leiser als anderswo, so dass Sie nicht vor Schreck aus dem Alkoven fallen.

Übrigens hat gleich neben dem Eingang zum Campingplatz der Tischler Ali El Alaioui seine Werkstatt, ein wahrer Meister seines Fachs. Er fertigt auf Bestellung kunstvolle Tische mit Einlegearbeiten im Stil von Essaouira. Aber er produziert eben nicht fabrikmäßig, man kauft ohne Zwischenhandel und das macht sich im Preis und bei der Qualität deutlich bemerkbar. Am besten geht es so: Man bestellt sein gutes Stück, leistet eine Anzahlung und vereinbart den Termin der Fertigstellung. In 10 oder 14 Tagen etwa. Exakt zum vereinbarten Zeitpunkt waren unsere Tischchen fertig – Ali ist absolut seriös.

Stolzer Meister Ali

Falls Sie nicht weiter in den Süden reisen mögen, können Sie von Ounara aus schnurstracks nach Osten bis MARRAKECH fahren. Bis CHICHAOUA wurde die Straße vierspurig ausgebaut und trifft dort auf die neue Autobahn Agadir-Marrakech.

Sollten Sie von Essaouira nach Süden weiterfahren wollen, so können wir in 18 km Entfernung einen vorzüglich unterhaltenen Campingplatz in absolut ruhiger Lage empfehlen. Die Zufahrt ist aus allen Richtungen so gut beschildert, dass man nicht viel falsch machen kann. Fahren Sie Richtung Agadir und biegen dann links auf die N 1 Richtung Casa und Marrakech. Nach wenigen Kilometern geht es rechts über eine kleine Straße für 4 km zum sehr schönen „Camping Le Calme“. Leider schlugen bei der Anfahrt mal wieder Kinder gegen unser Fahrzeug.

**(037) WOMO-Campingplatz-Tipp: „Camping Le Calme“ bei Essaouira**

**GPS:** N 31° 25' 57.6" W 9° 39' 29.5"
**Zufahrt:** Im Text beschrieben.
**Ausstattung/Lage:** Absolut ruhige Lage in einem Arganien-Hain. Außerorts. Schwimmbad. Essen auf Bestellung.

TOUR 4
Atlantik
Hoher Atlas
Antiatlas
Medina
MARRAKECH
054
N9
N8
R203
Tahanaoute
Asni
052
Moulay Brahim
053
Wirgane
051
O. Ourika
4167 m
J. Toubkal
O. Tifnoute
O. Nfiss
Ijoukak
Tin Mal
Idni
049
050
048
2092 m
Tizi-n-Test
047
3080 m
N10
30 km
O. Sous
046
Taroudannt
El Guerdane
045
R201
Chichaoua
A7
R207
N1
Ounara
036
037
035
Essaouira
033
034
Sidi Kaouki
038
Tamanar
Imsouane
039
Tamri
040
Imi Ouaddar
041
Taghazoute
042
043
AGADIR
044
Inezgane
N

# TOUR 4 (ca. 480 km / 4 - 6 Tage)

## Essaouira – Agadir – Taroudannt – Tizi n'Test – Marrakech

| | |
|---|---|
| **Freie Übernachtung:** | Sidi Kaouki, Taroudannt, Pass Tizi n'Test, Idni, Wirgane, Tahanaoute, Marrakech, Agadir |
| **Campingplätze:** | Sidi Kaouki, bei Taghazout, Agadir, Imsouane |
| **Ver- und Entsorgung:** | Campingplätze |
| **Trinkwasserstellen:** | Campingplätze, Tankstellen, Stellplatz „Café La Vallée“ |
| **Besichtigungen:** | Essaouira, Taroudant, Moschee von Tin Mal |

Von der Ortsmitte ESSAOUIRA aus ist unser erstes großes Etappenziel dieser Route, AGADIR, gut ausgeschildert. Falls Sie in OUNARA auf dem Campingplatz übernachtet haben, müssen Sie aber nicht unbedingt bis ESSAOUIRA zurückfahren, um nach AGADIR zu gelangen, sondern es gibt schon vorher einen Abzweig. Beide Straßen führen am neuen Flughafen von ESSAOUIRA vorbei. Was war die Stadt noch vor wenigen Jahren so herrlich verschlafen! Mittlerweile wurde nach Süden eine völlig neue Trabantenstadt **„Essaouira El Jadida“** aus dem Boden gestampft, wo vor wenigen Jahren noch die Ziegen grasten. Bitte achten Sie bald auf den Abzweig rechts nach SIDI KAOUKI. Unsere Tour führt jetzt nämlich für etwa 30 km von der, weiter im Binnenland verlaufenden, Hauptstraße weg und direkt auf die Küste zu. Die Straße ist kaum befahren und nicht nur deshalb wunderschön.

In SIDI KAOUKI kommen wir nun wieder an den Atlantik. Das herrlich gelegene Nest besteht hauptsächlich aus einem hübschen weißen Marabout und einigen Auberges und Restaurants sowie einer Polizeistation. Selbst die halbfertige Ferienanlage, eine der vielen ähnlichen Investitionsruinen, kann dem Charme des Ortes nicht viel anhaben. Ein schönes Plätz-

Der Strand in Sidi Kaouki

chen, um ein oder zwei Tage auszuruhen. Und der riesige Strand, mitten in der Hauptsaison fast völlig leer, macht auch große Lust dazu. Auf dem Parkplatz an der Polizeistation ist das freie Übernachten neuerdings nicht mehr erlaubt. Aber es gibt mehr als gleichwertigen Ersatz: Ein paar hundert Meter an der Küstenstraße entlang auf der linken Seite liegt der noch recht neue Campingplatz „Kaouki Beach", mit dem den Betreibern ein großer Wurf gelungen ist, so schön ist er, so durchdacht und gepflegt, selbst für europäische Verhältnisse wäre er gehobenes Niveau. Gewiss einer der besten in ganz Marokko. Ausgesprochen freundlicher Empfang, In zwei Minuten sind Sie zu Fuß am herrlichen Strand. Der große Rummel hat Sidi Kaouki noch nicht erreicht. Ort und Campingplatz sind erste Wahl!

**(038) WOMO-Campingplatz-Tipp: „Kaouki Beach"**

**GPS:** N 31° 21' 02.2" W 9° 47' 40.7"
**Zufahrt:** in Sidi Kaouki nach der Gendarmerie links der Straße.
**Ausstattung/Lage:** Ruhig. Strandnähe.

Unsere Nebenstraße nach Süden führt uns nun durch hügeliges, einsames Arganienland, immer nur ein oder zwei Kilometer vom Meer entfernt. Schildkröten machen mitten auf der Straße eine Verschnaufpause. Poetisch ist das alles und traumhaft schön. Nach etwa 30 km müssen wir aber wieder auf die Hauptstraße einbiegen und folgen ihr, kurvenreich und küstenfern, durch ein paar größere Marktorte wie „SMIMOU" oder „TAMANAR".

Verkaufsstand am Straßenrand mit köstlichem Arganienöl

Am Straßenrand bieten Bauern **Arganienöl** an, eines der köstlichsten Salatöle und eine wahre Spezialität der Landschaften um AGADIR. Ca. 150 DH für den Liter sind ein guter Preis, vorausgesetzt das Öl ist nicht gepanscht. 90 km nach Essaouira geht rechts ein Sträßchen nach IMSOUANE ab, einem Küstenort mit Campingplatz. Den Abstecher finden wir nicht besonders lohnend: der Ort ist öde und zersiedelt und der Campingplatz kann sich nicht entfernt mit dem Kaouiki Beach messen. Der Platz verfällt nach Landessitte langsam vor sich hin und zum Strand hinunter muss man 20 Minuten laufen. Die Straße nach Imsouane ist noch das Beste: Sie ist abenteuerlich an Felsen hoch über dem Meer entlang angelegt. Falls Sie aber in der Nähe dringend einen Übernachtungsplatz suchen, hier die Angaben:

**(039) WOMO-Campingplatz-Tipp: „Cathedral Point" in Imsouane**

**GPS:** N 30° 50' 48.5" W 9° 49' 18.4"
**Zufahrt:** Im Text beschrieben.
**Ausstattung/Lage:** Ortsrand. Ruhig. 20 Minuten Fußweg zum Strand.

Die Hauptstraße nach AGADIR nähert sich gut 100 km hinter ESSAOUIRA nun endlich wieder dem Meer, indem sie steil von den Hügeln herunter bis auf Uferniveau mäandert. Die erste Ortschaft hier unten ist TAMRI, in ganz Marokko bekannt wegen der vorzüglichen kleinen Bananen, die in der Bucht wachsen und die im Zentrum preiswert verkauft werden. Dann gewinnt die Straße wieder etwas Höhe und ist bis AGADIR gewiss eine der

Die Bananen von Tamri

schönsten dieser Küste.

Bis kurz vor AGADIR gibt es zahllose kleine und beim Ort TAGHAZOUTE auch große Flächen an den Felsabbrüchen direkt über dem Meer, die eigentlich fantastische Stellplätze wären. Das waren sie auch mal. Aber mittlerweile ist das Übernachten hier überall verboten und die Polizei räumt gnadenlos ab. Und selbst wenn sie es nicht täte, würden wir hier nachts nicht mehr stehen bleiben, denn die Hunderte von europäischen Rentnern, die noch bis vor kurzem im milden Klima um AGADIR überwinterten, hatten allerlei Raubgesindel angezogen. Es kam hinzu, dass sich die Stimmung der Einheimischen gegen die Bleichgesichter aus dem Norden wandte, weil wenig Geld in die Gegend floss, wohl aber der Inhalt tausendfach wild entleerter Kassetten. Wer kann es ihnen verübeln? Ein paar Stunden rasten können Sie aber an vielen Stellen. Wir zählen sie nicht alle auf. Am besten sehen Sie selbst, welche Zufahrten Sie Ihrem WOMO zumuten können, denn bei vielen besteht die Gefahr aufzusetzen, wenn Ihr Fahrzeug einen Hängepo hat.

Für „ordentliche“ Übernachtungen samt Entsorgung bieten sich drei Campingplätze an. Begeisterung lösen sie bei uns alle nicht aus, aber man hat keine andere Wahl. Der erste ist der „Atlantica Parc“, etwa 25 km vor AGADIR. Das riesige Areal ist bestens ausgestattet, liegt aber einige hundert Meter vom Strand entfernt landeinwärts und hat schon industriellen Charakter. Die Leute verbreiten die fröhliche Atmosphäre der Erfolgreichen.

### (040) WOMO-Campingplatz-Tipp: „Atlantica Parc“

**GPS:** N 30° 35' 15.8" W 9° 45' 04.2"
**Zufahrt:** im Örtchen Imi Ouaddar, ca. 25 km vor Agadir links der Hauptstraße. Unübersehbar ausgeschildert.

Ein paar Kilometer nach dem „Atlantica Parc“ geht links eine gute Schotterstraße hinauf zum ganz neu angelegten Camping „Terre d'Océan“. Auch XXL-Fahrzeuge schaffen das. Zwei sehr nette Franzosen haben ein riesiges Terrain planiert und dort einen Platz auf gehobenem europäischen Niveau angelegt: jeder Stellplatz hat eigenes Frischwasser, eigenen Entsorgungsgulli und Strom. Es gibt eine Waschmaschine, Internet usw. Das Gelände ist noch ein bisschen kahl, aber es wurden bereits zahlreiche Olivenbäume gepflanzt.

### (041) WOMO-Campingplatz-Tipp: „Terre d'Océan“

**GPS:** N 30° 33' 46.9" W 9° 44' 25.2"
**Zufahrt:** Küstenstraße Essaouira-Agadir links am Hang, nördlich von Taghazoute.

Von den drei Campings vor AGADIR ist uns dieser der sympathischste. Einziger Nachteil: er liegt nicht direkt am Strand, sondern auf der Höhe, bietet aber wunderbare Sicht aufs Meer.

Der nächste Platz, der ebenfalls neue „Atlantica d'Imourane“ hingegen, noch ein paar Kilometer südlich TAGHAZOUTE in Richtung AGADIR auf der rechten Seite, erstreckt sich zwischen Straße und Meer und hat gigantische Ausmaße. Uns ist das alles zu groß, aber super organisiert ist er allemal und erfreut sich offensichtlich bereits großer Beliebtheit. Besonders geeignet für Dickschiffe.

### (042) WOMO-Campingplatz-Tipp: „Atlantica d'Imourane“

**GPS:** N 30° 30' 38.7“ W 9° 40' 53.1“
**Zufahrt:** Küstenstraße von Essaouira nach Agadir rechts, südlich von Taghazoute.

Zunehmender Verkehr und dichtere Besiedlung kündigen nun die Nähe AGADIRS an. Interessant ist auf der rechten Seite ein riesiges ummauertes Gelände, das von Polizei und Militär bewacht wird wie ein Hochsicherheitstrakt. Dort hat ein saudischer Prinz sich seine Datsche geschaffen und genießt, wie hinter vorgehaltener Hand erzählt wird, das liberale Klima Marokkos. Fotografieren ist nicht erlaubt und unsere heimlichen Bilder aus dem fahrenden WOMO sind natürlich nicht so doll. Danach geht es an der nördlichen Peripherie von AGADIR durch einen Industrievorort und schließlich den Berg hinunter in Richtung Hafen von AGADIR, einer der größten Fischereihäfen der Welt, jedenfalls soweit es um Sardinen geht. Gucken Sie später daheim mal auf Ihre Sardinendosen: fast alle kommen von hier. Unten im Hafen kann man an zahlreichen Imbissbuden sehr frischen und leckeren frittierten Fisch essen, für uns einer der wenigen Anziehungspunkte der Stadt. Der Berg auf der Landseite trägt die Reste einer Burg. Sie sind fast das Einzige, was vom alten Agadir nach einem verheerenden Erdbeben am 29. Februar 1960 übrigblieb, dem mehr als ein Drittel der Bevölkerung zum Opfer fiel: 15000 Tote in wenigen Minuten. Man hat die Stadt danach etwas weiter südlich mit viel internationaler Hilfe (Marokko war erst seit 4 Jahren wieder ein unabhängiger Staat!) wieder aufgebaut und zwar mit einer überwiegend erstaunlich gelungenen modernen Architektur. Überhaupt haben die Marokkaner es ja geschafft, bei aller touristischen Nutzung ihrer Küsten, an keiner Stelle die völlige Zerstörung der Landschaft durch ungehemmte Profitgier zuzulassen, wie sie praktisch die gesamte spanische Mittelmeerküste so ungenießbar macht. Falls Sie hier in AGADIR übernachten wollen, bietet sich der „Camping International“ an. Sie können ihn kaum verfehlen, da er gleich beim Ortseingang links von unserer Straße liegt und gut ausgeschildert ist.

### (043) WOMO-Campingplatz-Tipp: „Camping International Agadir“

**GPS:** N 30° 25' 25.9" W 9° 36' 31.3"

**Zufahrt:** Von Norden kommend am Boulevard Mohammed V links.

Er ist ordentlich ausgestattet, hat aber mit dem wirklichen Marokko noch weniger zu tun als die ganze Stadt. Immerhin hat AGADIR einen sehr schönen und gepflegten Strand und auf dem tummelt sich viel hübsches junges Volk, das ja schließlich auch zu den Naturschönheiten zählt.

Bei unserm letzten Besuch wurden übrigens WOMO-Übernachtungen auf dem riesigen Parkplatz gleich auf der Rückseite der Strandpromenade geduldet. Idyllisch ist er gerade nicht, aber es sind nur zwei Minuten zum Strand.

**(044) WOMO-Badeplatz: „Strandpromenade“ in Agadir**

**GPS:** N 30° 25' 06.3" W 9° 36' 18.9" **max. WOMOs:** 5
**Zufahrt:** Richtung Strandpromenade
**Ausstattung/Lage:** Bewacht, kostenpflichtig. Keine VE. Hinter der Strandpromenade. Im Ort. Nachts ruhig.

Wichtig sind auch die zahlreichen medizinischen und technischen Einrichtungen, falls Sie ein Problem haben. Die Adresse eines Autoelektrikers und eines Karosseriebauers z.B. finden Sie im Anhang. Sie sind eben fast in Europa. Genauer: AGADIR ist wesentlich in der Hand von Deutschen eher gemäßigter Einkommensschichten, die sich hier unten auch mal zu den Reichen zählen dürfen. Die meisten trauen sich aus dieser Enklave kaum heraus ins wirkliche Marokko und genießen, was es hier so preiswert und so reichlich gibt: Sonne, Bier und Kuchen.

Reparieren jedes WOMO

AGADIR ist übrigens die einzige marokkanische Stadt mit einem nennenswerten Nachtleben. Und nirgendwo sonst wird Prostitution allerlei Geschlechts so unverhohlen ausgeübt wie hier. Sollten Sie übrigens mal in der Region AGADIR „auf dem Schlauch stehen“ und dringend einen sicheren Stellplatz für die Nacht suchen, Campingplatz ist voll oder Sie haben keine Lust darauf, machen Sie's wie wir: der riesige und nicht mal hässliche Parkplatz am Flughafen ist immer fast leer, bewacht und sehr ruhig. Und: Sie finden ihn jederzeit, da er aus allen Richtungen prima ausgeschildert ist. Die Parkplatzverwaltung, wir haben das recherchiert, hat nichts gegen WOMOS. Die Gebühren sind bescheiden. Und ein Viertel unserer nächsten Etappe Agadir/Taroudannt hätten Sie auch schon hinter sich!

Von AGADIR aus gibt es mehrere Möglichkeiten, um nach TAROUDANNT, unserem nächsten Ziel, zu gelangen. Wir wählen aber die neueste und schnellste. Denn auf den 80

Agadir

Kilometern zwischen den beiden Städten gibt es nicht viel zu sehen. Fahren Sie also von AGADIR nach Süden in Richtung „Aéroport". Das finden Sie, wie gesagt, immer. Sehen Sie unterwegs links die METRO oder schon vorher rechts ab das Schild zum MARJANE? Hier haben Sie mal wieder die Möglichkeit, europäisch einzukaufen, was keineswegs billig ist. Aber man bekommt halt viele vertraute Dinge, von Butter und Speck bis Schappi. Uns gefällt besonders das differenzierte Angebot an marokkanischen Weinen. Sie bekommen nämlich hier richtig gute rote Rebsortenweine aus den Anbaugebieten um Meknes für 50 – 60 DH, weiße auch etwas darunter. Sie müssen keinen Vergleich mit europäischen scheuen, die mindestens doppelt so teuer sind. Falls Sie zwischen METRO und MARJANE die Wahl haben, ist letzterer vorzuziehen. Am Flughafen entlang führt eine funkelnagelneue vierspurige Schnellstrasse bis nach TAROUDANNT. Unbedingt die Geschwindigkeitsbegrenzung am Flughafen einhalten, denn dort wird sehr häufig geblitzt.

Haben Sie vielleicht Lust, ein Weilchen auf einer hübschen Bio-Farm auszuruhen? Die Deutsche Heidemarie Wiedemann hat sich 60 km östlich von AGADIR und 22 km westlich von TAROUDANNT an der N10 ein Ökoparadies mit Namen **„Le Jardin de la Koudya"** geschaffen, in dem WOMOs willkommen sind. Hauptsächlich werden Mandarinen, Apfelsinen und Gemüse angebaut. Im Hofladen gibt es Ökoprodukte zu kaufen. Es ist Platz für 15 -20 WOMOs.

Wie kommt man hin? Sie machen von der Schnellstraße nach TAROUDANNT einen Abstecher von 5 km. Und zwar geht es im Ort EL GUERDANE im Kreisverkehr links ab zur N10 Ouled Teima/Taroudannt. Gleich gegenüber der Einmündung in die Nationalstraße, ein paar Meter nach rechts, liegt das Paradies.

Le Jardin de la Koudya

**(045) WOMO-Campingplatz-Tipp: „Le Jardin de la Koudya"**

**GPS:** N 30° 25' 06.7" W 9° 02' 27.2"
**Zufahrt:** Von der Schnellstraße Agadir/Taroudannt im Ort El Guerdane im Kreisverkehr links. Nach 5 km ist die N10 und gleich auf der anderen Seite der Platz erreicht.

Weiter nach TAROUDANNT können Sie, falls Sie bei Frau Wiedemann auf der Ökofarm genächtigt haben, zurück fahren wie gekommen, oder auch links raus auf der N10 bleiben.

Falls Sie nicht zur Ökofarm wollen, bedenken Sie bitte: in TAROUDANNT (wo wir sehr zentral stehen werden) gibt es keinen Campingplatz, also keine Ent- und Versorgung. Bezirzen Sie vorher mit einem kleinen Trinkgeld (10 DH sind angemessen) einen Tankwart, damit er Sie Wasser fassen lässt. Die Flughafen-Schnellstrasse fahren Sie also immer geradeaus nach TAROUDANNT. Gelegentlich führt sie mitten durch Ortschaften. Aber Sie können sich nicht verfahren. Nach einer Stunde erreichen wir unser Ziel und finden unseren Stellplatz ganz leicht: im Kreisverkehr vor der Stadt fahren wir natürlich nach TAROUDANNT und dann immer geradeaus über den **Oued Sousse**. Dieser Fluss fließt durch das gleichnamige Tal zwischen **Hohem Atlas** und **Antiatlas**, eines der am intensivsten landwirtschaftlich genutzten Gebiete Marokkos. Links taucht dann die Stadtmauer aus Stampflehm auf. Wir fahren noch ein paar hundert Meter weiter den Boulevard mit

Palmen und Orangenbäumen entlang, über eine Kreuzung, und folgen im Kreisverkehr den Schildern „Hotel Palais Salam". Auf dem Parkplatz beim Hotel dürfen WOMOs stehen. Aber er ist oft (mit Franzosen) überfüllt. Folgen Sie dann der Stadtmauer nach links um die Ecke. An dieser Straße stehen meist schon Dutzende anderer WOMOS. Die Gemeinde wird auch Sie noch dulden.

**(046) WOMO-Stellplatz: „An der Stadtmauer" in Taroudannt**

**GPS:** N 30° 28' 33.0" W 8° 52' 20.7" **max. WOMOs:** 50
**Zufahrt:** In Taroudannt außen an der Stadtmauer entlang, im Kreisverkehr Schild „Hotel Salam" folgen und dann links um die Ecke
**Lage/Ausstattung:** Nachts ruhig, keine VE/im Ort.

Die 8 km lange Mauer umgibt die gesamte Medina und ist seit dem 18. Jahrhundert praktisch unverändert. Neuerdings wird sie wieder gut in Stand gehalten. TAROUDANNT ist aber viel älter, ja es ist seit über 1000 Jahren Mittelpunkt des SOUSSE und erlebte seine beste Zeit im 16. Jahrhundert während der Herrschaft der **Saadier-Dynastie**, die hier verwurzelt war, aber dann von MARRAKECH aus als Sultane Marokko regierte. Ein Saadier war es auch, der 1591 Timbuktu eroberte und TAROUDANNT zum Zentrum des Gold-

Im Straßencafé in Taroudannt

und Sklavenhandels machte. Die Stadt war damals, nach MARRAKECH, die zweitwichtigste des Landes. Von alldem ist praktisch nur die Stadtmauer noch sichtbar, bedeutende historische Gebäude gibt es sonst nicht mehr. Und trotzdem sollten Sie sich Zeit für TAROUDANNT nehmen: Sie werden durch sehr authentische Einblicke in eine äußerst lebendige mittelgroße Stadt belohnt und außerdem wird TAROUDANNT immer schöner: die Stadtväter haben im Inneren den Hauptplatz **„Place Assarag"** neu gestaltet und außen an der Mauer wird allenthalben gepflanzt und gegossen. Und trotzdem ist die Stadt alles Andere als ein touristisches Präparat, denn dazu ist sie aus sich heraus viel zu vital. Links vom Hotel Palais Salam führt ein breiter Prachtboulevard auf eine große Doppeltoranlage. Dort gehen wir durch, folgen dann der Beschilderung „Hotel Tiout" und laufen des weiteren immer mit dem größten Menschenstrom und sollten nach einer Viertelstunde an der **„Place Talmeklate"** sein, dem zweiten größeren Platz in TAROUDANNT. Von dort geht es zu einem der zwei Souks der Stadt. Er ist neu und nicht so malerisch wie der historische an

Stadtrundfahrt mit der „Calèche“

der Place Assarag, dafür aber ganz und gar untouristischer Alltag. Von der Place Talmeklate führt die Hauptstrasse der Medina zur **Place Assarag**, dem Mittelpunkt der Stadt, die von Autoverkehr mittlerweile teilweise befreit ist, so dass man rundherum sehr hübsch in den vielen Cafés sitzen kann, um das ununterbrochene Menschengewoge zu beobachten. Die vielen Kutschen sind keineswegs primär für Touristen da, sondern sind ein noch immer viel genutztes Verkehrsmittel der Einheimischen. Aber natürlich werden auch Stadtrundfahrten mit der „Calèche“ angeboten. Am schönsten ist es, wie immer in Marokko, in den späten Nachmittagsstunden gegen Sonnenuntergang. Von der Place Assarag kommt man in die sehr schönen alten **Souks**, die der Stadt, nicht ganz zu unrecht, den Namen „Klein-Marrakech“ eingetragen haben. Aber sie hat doch ihren sehr eigenen Charme, nicht zuletzt dadurch, dass der Tourismus hier nicht so dominiert. Ein wahrer Kontrapunkt zu ESSAOUIRA und AGADIR! Vielleicht geht es Ihnen wie uns bei jedem Besuch von TAROUDANNT: man hat das Wesentliche gesehen und will weiter, trennt sich aber nicht gern. Gleichwohl: wir geben dem Parkwächter sein Scherflein

und fahren im Kreisverkehr, durch den wir hergekommen sind, fast im Vollkreis zurück, Richtung OUARZAZATE und MARRAKECH. Die Straße wird uns zum **Tizi n'Test** führen, einem uralten **Pass über den Hohen Atlas**, der früher wichtigsten Verbindung zwischen TAROUDANNT und MARRAKECH.

Von TAROUDANNT bis MARRAKECH sind es etwa 220 km. Sie sollten die Tour unbedingt morgens starten, damit Sie nicht im Dunkeln auf dem Pass hängen bleiben. Unübersehbar die intensive landwirtschaftliche Nutzung der Region. Früher wurde unter anderem Zuckerrohr angebaut, bis dieser durch südamerikanische Importe verdrängt wurde. Heute sind es hauptsächlich Orangen, die hier in hervorragender Qualität gedeihen. Auf dem europäischen Markt wurden sie ein Opfer der EG-Agrarpolitik. Früher bekam man bei uns in jedem Supermarkt marokkanische Orangen. Nachdem mit EG-Mitteln halb Andalusien in eine einzige Apfelsinenplantage verwandelt wurde, haben die Marokkaner das Nachsehen. Gutes Beispiel für die falschen Signale an die Länder der Dritten Welt: auch wenn du hervorragende Produkte anbietest, hilft dir das gegen den subventionierten EG-Markt nichts. Viel einträglicher ist es, ordentlich zu jammern, wenn irgendein Entwicklungsminister vorbeikommt. Wenn Du dann noch ein bisschen auf die Kolonialismus-Tube drückst, lässt der bestimmt was da. Verpassen Sie vor Ärger über so viel Unsinn nach 50 Kilometern nicht die Straßengabelung, an der es rechts nach OUARZAZATE geht.

Wir aber halten geradeaus nach MARRAKECH, geradewegs auf den **Hohen Atlas** zu, durch ausgedehnte Arganienvorkommen. Nach knapp 10 Kilometern beginnt dann der Aufstieg über eine der schönsten Straßen Marokkos mit grandiosen Ausblicken zurück auf das **Sousse-Tal**. Sie sollten sich Zeit lassen, um den vollen Genuss zu haben. Die Passstrasse ist nicht ganz einfach zu fahren aber es geht auch mit größeren Fahrzeugen durchaus. Bei Regen oder im Win-

ter sollten Sie aber die Finger davon lassen. Wie alle Pässe in Marokko ist der **Tizi n'Test** durch Geröllawinen gefährdet. Es sind etwa 1800 Höhenmeter zu überwinden! Die enormen Anstrengungen, die die Marokkaner beim Straßenbau unternehmen, kommen jetzt endlich auch diesem, lange vernachlässigten Pass zugute: die früher abenteuerliche Straße wurde bei unserm letzten Besuch gerade ausgebaut. Es verkehren übrigens – in halsbrecherischem Tempo – sogar Linienbusse.

Der **Tizi n'Test** stand lange im Schatten seines größeren östlichen Bruders **Tizi n'Tichka**, dabei war er einst die wichtigste Karawanenstraße zwischen Marrakech und der bedeutenden Handelsstadt Taroudannt, die sogar eine Zeit lang Residenz des Sultans war. Wir tuckern langsam in engen Kehren hoch, fast unbehelligt durch den großen Verkehr, der eher den Tichka fährt oder gleich von AGADIR aus über die Autobahn nach MARRAKECH. In den tief eingekerbten Tälern sehen wir einige recht entlegene Berberdörfer, zu denen aber mittlerweile mehr und mehr kleine Asphaltstraßen führen. In solchen Momenten vermissen wir schon mal unseren alten Landrover. Die Straße ist eng in den Berg gekerbt. Stellmöglichkeiten gibt es kaum – aber wir haben doch zwei ganz feine für Sie! Beide wurden an Café/Restaurants angelegt, die den selben, sehr freundlichen Betreibern gehören. Da ist einmal das Café „La Vallée", vor dem wir sogar übernachten dürfen, wie uns versichert wird. Irgendwie sollten wir die Leute aber

Am Pass Tizi n'Test

entschädigen, indem wir einkehren oder ein Trinkgeld hinterlassen – falls überhaupt jemand da ist. Außerhalb der Hochsaison haben wir nämlich meist nur einen total verpennten Hund angetroffen. Es gibt fast waagerechte Stellmöglichkeiten und sogar einen funktionierenden Wasserkran, an dem wir unseren Tank auffüllen. Der Blick hinunter auf die Dörfer und weit ins Land ist grandios.

**(047) WOMO-Stellplatz: „Café La Vallée“**

**GPS:** N 30° 51’ 22.6” W 8° 23’ 18.6”
**max. WOMOs:** 1
**Zufahrt:** Am Pass Tizi n’Test.
**Lage/Ausstattung:** Parkplatz vor Café, außerorts, Panoramablick, Wasserkran.

Hier auf 1650 m Höhe ist es natürlich schön kühl. Und fast immer weht ein bisschen Wind. Traumhaft! Wenn Ihnen die Lage für die Nacht zu einsam ist, empfehlen wir, noch etliche Kehren weiter hoch zu fahren, am „Café Sunset“ und sogar einem Brünnlein vorbei, der alte, niedrige Felsüberhang wurde gottlob weggesprengt. Nach 8 km ist dann das „Hotel Restaurant La Belle Vue“ kurz vor der Passhöhe erreicht, wo wir sehr freundlich begrüßt werden. Es ist leicht an dem ausgedienten Auto zu erkennen, das zum Verkaufsstand wurde.

**(048) WOMO-Stellplatz: „Restaurant La Belle Vue“**

**GPS:** N 30° 51’ 38.2” W 8° 22’ 35.7”
**max. WOMOs:** 2-3
**Zufahrt:** Am Pass Tizi n’Test
**Lage/Ausstattung:** Parkplatz am Restaurant, außerorts, Panoramablick. VE.

Es gibt schon jetzt einige einfache Stellplätze für WOMOS und es sollen sehr bald noch mehr werden. Wasser ist vorhanden, saubere Toiletten auch, allerdings kein Strom – den gibt es hier oben nicht. Sie müssen ihn mitbringen. Bei gutem Wetter, besonders im zeitigen Frühjahr, kann man von der schönen Terrasse bis zum **Antiatlas** hinüberschauen. Es gibt ein preiswertes Menu, man kann aber natürlich auch selber kochen. Nur einkaufen kann man hier oben nichts. Die Betreiber erklären gern die guten Wandermöglichkeiten. Dreistündige Rundwanderungen durch die umliegenden Berberdörfer werden empfohlen. Danach vielleicht doch das Menü? Wenn wir weiterfahren, kommen wir, wenig später, genau auf dem Pass auf 2100 m Höhe an einem „Camping" vorbei. Die jungen Leute dort sind nett, aber der Platz ist eignet sich eher für kleine Fahrzeuge. Freilich: genau auf der Passhöhe zu stehen, ist schon spektakulär! Nach unserer Messung mit dem GPS ist es allerdings kurz danach, an den Telefon-Sendemasten, noch ein paar Meter höher. Aber hier kann man nicht mehr zu beiden Seiten des Atlas hinunter sehen. Sollten Ihnen die eben beschriebenen Plätze immer noch zu nahe an menschlichen Behausungen liegen, so haben wir nach ein paar Kilometern eine dritte Möglichkeit für Sie: einen ganz und gar freien Stellplatz kurz hinter der Passhöhe rechts rein. Sie werden dort etwas abseits der Straße, von Bäumen umgeben, ein einsames Fleckchen antreffen, wo Sie mit etwas Geduld eine fast horizontale Stelle finden und mit kleinen WOMOs gut übernachten können.

**(049) WOMO-Stellplatz: „Hinterm Pass"**

**GPS:** N 30° 54' 04.2" W 8° 19' 32.2" **max. WOMOs:** 2-3
**Zufahrt:** Am Pass Tizi n'Test, hinter Passhöhe rechts.
**Lage:** Außerorts, etwas Schatten. Keine VE/außerorts.

Die Straße schlängelt sich die Nordseite des **Hohen Atlas** hinunter und wir nähern uns dem wohl besten Stellplatz auf unserer Fahrt über den **Tizi n'Test**. Er liegt, gleich hinter einer Schneebarriere, im ersten richtigen Dorf hinter dem Pass (eine winzige Ansiedlung von mehreren Häuschen gibt es schon früher). Das Dorf heißt IDNI und ist sogar auf der Michelin-Karte verzeichnet. Es liegt immerhin noch 1560 m hoch. Unser Stellplatz befindet sich talseitig neben einem verlassenen Restaurant, ist eben und selbst von Dickschiffen problemlos anzufahren. Wir treffen auf ein älteres französisches Ehepaar, das uns begeistert erzählt, es käme seit vielen Jahren mit seinem WOMO für ein, zwei Wochen her. Die Leute seien angenehm, der Platz sei sicher und eigne sich hervorragend für lange Wanderungen von Dorf zu Dorf hier oben in der Bergwelt. Ein alter Herr betreibt nebenan ein kleines Café

### (050) WOMO-Stellplatz: „Idni“

**GPS:** N 30° 54' 52.5" W 8° 17' 23.0" **max. WOMOs:** 2-3
**Zufahrt:** Pass Tizi n'Test im Dorf Idni links bei verlassenem Restaurant.
**Ausstattung/Lage:** Etwas Schatten, keine VE, kein Strom, Café/außerorts.

Langsam wird die Gegend immer grüner und belebter: Walnussbäume, Dorf auf Dorf in einfachster Bauweise. 110 km vor Marrakech (Wegstein) sehen wir am Hang rechts ein interessantes Aufforstungsprojekt, wie sie neuerdings überall gegen die starke Erosion unternommen werden, diesmal aber nicht in Monokultur, sondern in bunter Artenmischung.

Die Moschee von Tin Mal

Kasbahs werden sichtbar, schöne Dörfer: Wir kommen ins Tal von TIN MAL. Von der Stadt, die hier im 12. Jahrhundert um ein Kloster herum gegründet wurde, ist hauptsächlich links die Ruine der Moschee zu sehen. Sie ist heute Museum und darf daher auch von Ungläubigen betreten werden. Der Ort war Ausgangspunkt der **Dynastie der Almohaden**, die mit religiösem Feuereifer ihre Vorgänger vom Throne jagte – ein Mechanismus, der sich in Marokko immer mal wieder abspielte und von dem letzten Endes auch die seit 350 Jahren herrschende heutige Königsfamilie der **Alaouiten** bedroht ist: durch den Fundamentalismus unserer Tage. Es geht nach links eine Asphaltstrasse über den Fluss bis unmittelbar vor der Moschee. Die kurze Anfahrt lohnt unbedingt. Wenn Sie nicht hineinkommen, gehen Sie auf die Bergseite des Gebäudes. Dort ist eine große Öffnung jederzeit einsehbar. Als wir vorfahren, besucht gerade eine Studentengruppe aus Marrakech dieses Denkmal ihrer Geschichte und ist von der lichtdurchfluteten Feierlichkeit der Gewölbe genauso fasziniert wie wir. Es gibt einen kleinen, diskreten Andenkenladen, aber sonst nehmen die Einheimischen kaum Kenntnis von uns Touristen, was die Ausstrahlung dieses magischen Ortes noch steigert.

Von nun an geht's bergab. Wir verlassen die Hochgebirgsregion und kommen durch etliche Orte, z.B. IJOUKAK mit seinem wunderbaren uralten Olivenhain, wo man sogar etwas zu Essen bekommen kann. Murenabgänge verursachen immer wieder erhebliche Straßenschäden, die natürlich an unseren Nerven zerren. Die Fahrt über den **Tizi n'Test** ist lang, zugegeben, aber nehmen Sie sich Zeit und genießen Sie sie! Zum Beispiel, indem Sie am Ort OUIRGANE (auch WIRGANE geschrieben) Halt machen. Da gibt es zwei Möglichkeiten: Sie können am Ortsausgang links rein der Zufahrt zum Stausee **„Barrage de Wirgane"** folgen.

### (051) WOMO-Stellplatz: „Barrage Wirgane"

**GPS:** N 31° 10' 47.3" W 8° 04' 22.3" **max. WOMOs:** 2-3
**Zufahrt:** Pass Tizi n'Test. Im Ort Wirgane links dem Schild „Barrage de Wirgane" folgen.
**Lage:** Parkstreifen an sehr ruhiger Straße, Ortsrand, kein Schatten, Restaurants und Läden im Ort. Keine VE, kein Strom.

Der auf Schildern versprochene Campingplatz existierte nicht, als wir dort waren. Aber es gibt neben der Straße ein paar gute Parkbuchten, von wo aus Sie einen wunderbaren Blick über das Dorf weit ins Tal haben. Die Straße ist Sackgasse. Wenn Sie sie wieder hinaus- und links auf die Hauptstraße zurückfahren, geht nach wenigen Metern rechts vor einem Andenkenladen ein Weg in ein kleines Wäldchen, wo es sich herrlich im Schatten und bei leichtem Lüftchen rasten oder schnarchen lässt. Unser kleiner Zauberwald ist pulvertrocken. Bitte kein Feuer speien!

### (052) WOMO-Rastplatz: „Zauberwald"

**GPS:** N 31° 11' 13.7" W 8° 03' 45.4" **max. WOMOs:** 1-2
**Zufahrt:** Am Pass Tizi n'Test, Ortsausgang Wirgane, rechts in den Waldweg rein.
**Lage:** In einem Nadelwäldchen, schattig. Keine EV, kein Strom.

Etwa 2 km nach WIRGANE sehen Sie ein Hinweisschild zum Restaurant „La Bergerie". Eine 300 m lange Piste führt etwas steil, aber machbar, zum Parkplatz des Restaurants, wo man angenehm die Nacht verbringen darf, wenn man im Restaurant einkehrt.

### (053) WOMO-Stellplatz Restaurant: „La Bergerie"

**GPS:** N 31° 11' 31.7" W 8° 03' 28.1" **max. WOMOs:** 2-3
**Zufahrt:** Am Pass Tizin'Test, hinter Wirgane links.
**Lage:** In einem Park. Keine VE/außerorts.

Wir fahren weiter bergab nach ASNI. Rechts geht eine Straße nach TIMLIL hoch, einem Dörfchen, das direkt unter dem

Der Atlas bei Asni

**Jebel Toubkal, dem mit 4167 m höchsten Berg des Atlas** und ganz Nordafrikas, liegt. Von dort gehen Treckingtouren auf den **Jebel Toubkal** und hoffentlich auch wieder runter. Die Straße ist interessant aber schlecht, besonders nach Regenfällen, und oben ist ein ziemlicher Touristenrummel. Besonders an Wochenenden finden sich hier zahllose Hitzeflüchtlinge aus MARRAKECH. Und als wir mit unserer dicken Berta oben waren, bekamen wir sie kaum wieder gedreht in dem Gewimmel. Besser nicht hochfahren! Der Hauptort ASNI ist für die hitzegeplagten Marrakshi eine beliebte Sommerfrische und viele Wohlhabende haben sich hier ihre Datsche gebaut. Kurz hinter ASNI geht links eine Straße nach MOULAY BRAHIM ab, einem weithin bekannten Wallfahrtsort, dem Kevelaer oder Altötting des Atlas sozusagen. Rund um eine Moschee, in der ein heiliger Mann der Auferstehung harrt

Moschee von Moulay Brahim

und derweil jede Menge „Barraka“ (Segenskraft) ausstrahlt, betreiben zahllose Devotionalienläden und Imbisse den üblichen frommen Rummel. Wir schütteln den überflüssigen Führer ab, gehen einmal um die Moschee herum und nehmen dann Fritten mit Grillspießchen zu uns. Der Zugang zum Heiligen war uns Ungläubigen mal wieder verwehrt, aber vielleicht wirkt das Baraka ja sogar noch in den Fritten. Geschadet haben sie jedenfalls nicht.

28 Kilometer noch bis MARRAKECH. Es geht durch flaches Gelände und bald taucht etwas links in der Ferne das Minarett der **Koutoubia-Moschee** im Zentrum von MARRAKECH vor uns auf, sozusagen der Dom von MARRAKECH. Der Turm ist unübersehbar mit seinem quadratischen Querschnitt und der Laterne obendrauf. Genau da wollen wir hin. Lange haben wir nämlich über geeignete Stellplätze in MARRAKECH gegrübelt. Es gibt zwei richtige Campingplätze, aber beide liegen weit draußen vor der Stadt, so um die 10 km weit an den Ausfallstraßen nach CASABLANCA und nach EL JADIDA. Viel interessanter ist ein großer Parkplatz in unmittelbarer Nähe der Koutoubia-Moschee. Er ist für marokkanische Verhältnisse nicht gerade billig (50 DH für 24 Stunden) aber er ist eigentlich unbezahlbar, denn er liegt verblüffend ruhig mitten im historischen Zentrum und Sie können alle bedeutenden Sehenswürdigkeiten zu Fuß in wenigen Minuten erreichen. Das ist schon äußerst attraktiv! Deswegen werden wir auch höchstwahrscheinlich einige, meist französische, WOMO-Kollegen antreffen. Gottlob kommen wir morgens an, denn nachmittags ist oft alles schon besetzt! Die Parkwächter sind auf

In der Medina von Marrakech

Wohnmobile eingestellt und lassen uns ohne Weiteres über Nacht stehen, auch mehrere Nächte. Der Platz bietet - als Parkplatz - aber keine Ver- oder Entsorgung. Es gibt allerdings eine öffentliche Toilette in unmittelbarer Nähe und Gullis auf dem Platz. Also: noch vor der Einfahrt ins Zentrum Wassertank füllen (gegen ein Trinkgeld an fast jeder Tankstelle) und möglichst Grauwasser und Kassette entleeren. Dann halten wir immer geradeaus auf das historische Zentrum von MARRAKECH zu, kommen auf eine vierspurige Straße und folgen der Beschilderung „Centre Ville" und „Place Jemma el Fnaa". Es hat keinen Sinn, Ihnen hier eine detaillierte Wegbeschreibung zu geben: Sie könnten sie im wilden Getümmel sowieso nicht nachvollziehen. Denn mit dem Auto ins Zentrum von MARRAKECH zu fahren, zumal mit dem WOMO, ist schon eine kleine Herausforderung. Regeln gelten weniger als blitzschnelle Reaktion. Marokkanische Autofahrer hupen gern und häufig. Lassen Sie sich nicht verrückt machen. Im Zweifel fragen Sie die immer sehr touristenfreundlichen Gendarmen. Wir hatten anfangs Angst davor, sind mittlerweile aber häufig zumindest in den größeren Straßen herumgekreuzt und siehe da: es geht ganz gut. Sie fahren also bitte auf die **Koutoubia-Moschee** zu und sehen zu, dass Sie auf den großen, vierspurigen „Boulevard Mohammed V" kommen, der die Altstadt um die Koutoubia und den Platz Jemma el Fnaa mit der Neustadt Gueliz verbindet. Wenn Sie den Boulevard nicht finden, fahren Sie in Richtung **„Djemaa el Fnaa"**. Dieser Hauptplatz ganz in der Nähe der Moschee ist gut aus-

Koutoubia Moschee

Warten auf Kundschaft: Die Kaleschen von Marrakech

geschildert. Der Boulevard führt Sie möglicherweise zunächst in die falsche Richtung (aus der Altstadt heraus), weil Sie „richtig“ herum nicht einfahren dürfen. Aber nach etlichen hundert Metern kommen Sie immer in einen Kreisverkehr und fahren dort den **„Boulevard Mohammed V“** wieder zurück bis kurz vor die Koutoubia-Moschee. Dort finden Sie rechts rein ein Parkplatz-Schild. Angekommen! Die Wächter werden Ihnen einen Stellplatz um die Ecke auf dem L-förmigen Gelände anweisen. Romantisch ist es hier nicht, aber Sie werden sehen: Sie stehen sicher und erstaunlich ruhig mitten im Auge des Taifuns. Gleich an der Rückseite der Koutoubia gibt es eine brauchbare öffentliche Toilette. Und einen hübschen öffentlichen Garten! Einzige Störung wird kurz vor Sonnenaufgang der Muezzin der in Rufweite gelegenen Koutoubia sein, der Sie nachdrücklich daran erinnert, dass Allah so ziemlich der Größte und seine Diener mit Abstand die lautesten sind.

Hier geht´s rein

### (054) WOMO-Stellplatz: „Parkplatz Koutoubia“

**GPS:** N 31° 37’ 26.6” W 7° 59’ 46.2” **max. WOMOs:** 5-8
**Zufahrt:** Öffentlicher Parkplatz an der Hauptmoschee „Koutoubia“, vom „Boulevard Mohammed V“ aus zu erreichen, siehe Text.
**Ausstattung/Lage:** Mitten im Zentrum. Wenige Fußminuten von der Jemaa el Fnaa. Öffentliche Toilette an der Moschee, kein Schatten, Restaurants und alle Einkaufmöglichkeiten, größter Souk des Landes. Keine VE.

Eine kurze Beschreibung der wichtigsten Sehenswürdigkeiten vom MARRAKECH finden Sie zu Beginn von Tour 7. Sie sollten sich für MARRAKECH mindestens zwei Tage Zeit nehmen.

Atlantik
AGADIR
044
043
N8
N10
Inezgane
Biougra
R105
Tifnit
055
N1
Sidi Rbat
056
Sidi Wassay
O. Massa
058
Aglou Plage
057
Souk-Tnine
Tiznit
059
R104
R104
Gourizim
060
Mirleft
S. Mohamed
Ben Abdallah
nach
Tafraoute
067
Leghzira
061
Stadtbild
Sidi Ifni
062
063
Ifrane
066
Mesti
R102
Bouizakarne
N12
N1
064
Abaynou
Fort
Bou-Jerif
Laksabi
Guelmim
065
Einsamer Strand
Plage Blanche
N
N1
30 km
TOUR 5

## TOUR 5 (ca. 260 km / 4 - 6 Tage)

### Agadir – Tiznit – Sidi Ifni – Guelmin – Plage Blanche

| | |
|---|---|
| **Freie Übernachtung:** | Plage Blanche, Ifrane |
| **Campingplätze:** | Tiznit, Sidi Ifni, Abaynou, Aglou |
| **Ver-/Entsorgung:** | Campingplätze |
| **Trinkwasserstellen:** | Campingplätze, Tankstellen |
| **Baden:** | Bewacht in Sidi Ifni. Unbewacht in Tifnit, Mirleft, Leghzira, Plage Blanche und an vielen weiteren Stränden |
| **Besichtigungen:** | Städte Tiznit und Sidi Ifni, Frauenkooperative in Mesti |

Wir verlassen AGADIR (wie immer ohne größeren Abschiedsschmerz) in Richtung Süden und folgen zunächst der Beschilderung „Aéroport", dann „Tiznit, Laayoune".

Die Städte AGADIR, INEZGANE und AIT MELLOUL sind zu einem dichten Siedlungsbrei zusammengewachsen, in dem schätzungsweise eine halbe Million Menschen leben. Der hochmoderne **Flughafen Al Massira** ist der nach Casablanca zweitbedeutendste des Landes, hauptsächlich wegen der vielen internationalen Touristenbomber, die hier täglich einfliegen. In AGADIR sind es besonders viele Deutsche. Kaum an der Flughafenregion vorbei, kommen wir auf die Nationalstraße 1, die größte und wichtigste Verbindungsstraße in den Südwesten des Landes, vor allem aber in die Westsahara, nach LAAYOUNE und weiter bis Mauretanien. Die entsprechend stark befahrene Straße (früher ziemlich schrecklich, mittlerweile aber hervorragend vierspurig ausgebaut bis 24 km vor Tiznit) führt durch brettebenes, intensiv landwirtschaftlich genutztes Gebiet zwischen den westlichen Ausläufern des Antiatlas und dem Atlantik. Interessant ist sie erst mal nicht, aber wir können gleich einen hübschen Abstecher zum Meer machen und es winken wirklich reizvolle Ziele wie Stadt und Region SIDI IFNI, eine unsere Lieblingsgegenden in Marokko.

Wir durchfahren eine paar Orte, die so schöne Namen tragen wie „SIDI BIBI". Ca. 20 km hinter AGADIR kommt der versprochene Abstecher: wir nähern uns einem Kreisverkehr, in dem es links nach TAFRAOUTE und BIOUGRA und rechts nach TIFNIT geht. Wir fahren rechts, weil wir zu dem etwa 10 km entfernten Fischerdorf wollen. Kurz vor unserem Ziel sehen wir rechts ein Ausbildungslager der Armee, passieren einige Eukalyptuspflanzungen und daran, dass die Bäume allesamt landeinwärts gebogen sind, erkennen wir, dass das Meer nicht mehr weit sein kann – und schon sehen wir es vor uns. Es ist später Vormittag und gut ein Dutzend kleiner Fischerboote hält auf die Häuser rechts unten am Meer zu: das ist TIFNIT. Die Asphaltstraße führt neuerdings bis fast vor das Dorf. Und kurz vor ihrem Ende dürfen wir links jetzt frei stehend gegen eine kleine Parkgebühr übernachten. Ein freier Stellplatz, wie er schöner kaum sein könnte!

### (055) WOMO-Badeplatz: „Tifnit“

**GPS:** N 30° 11' 55.4" W 9° 38' 16.6" **max. WOMOs:** 10
**Zufahrt:** Im Text beschrieben.
**Lage/Ausstattung:** Parkgebühr, Ortsrand, 2 Minuten zum Strand, sehr ruhig, keine VE.

Das Nest ist wunderbar verschlafen: es gibt ein kleines Café-Restaurant, ein winziges Krämerlädchen, kein Hotel, und das alles nur ein paar Dutzend Kilometer von AGADIR, dem Zentrum des marokkanischen Massentourismus entfernt! Man sollte Wasser und Lebensmittel mitbringen, bis auf Fisch. Den gibt es nämlich frisch und billig am besten mittags direkt von einem der Boote, oder von einer der kleinen Auslagen daneben. Sollten Sie Ihren eigenen Fang vorziehen: Angeln geht hier prima, am besten von den Felsen aus. Es gibt aber auch reichlich Sandstrand. Einheimische haben sich Höhlen in den Abhang gegraben.

Das Fischerdorf Tifnit

Marokkos Atlantikküste ist äußerst fischreich

Wir fahren zurück zur Nationalstraße nach Süden. Eine große Tafel weist auf die erheblichen Entfernungen bis zu den Städten der Westsahara (Laayoune, Dakhla usw.) hin. Das können Sie sich ersparen.

Die Westsahara ist politisch brisant, sonst aber eintönig und touristisch allenfalls für Durchreisende nach Mauretanien interessant. 1975 sorgte König Hassan II. für einen ausgesprochen „spontanen" Einmarsch von 350000 unbewaffneten Marokkanern mit Koran unter dem Arm und grünen Fahnen des Islam in der Hand, als den Spaniern ihre Kolonie „Spanisch-Sahara" langsam entglitt. Seitdem wird das Land von Marokko als Staatsgebiet angesehen und mehrfach angekündigte Volksabstimmungen immer wieder verschoben, während der Staat mit Arbeitsplätzen und Steuervorteilen Nordmarokkaner anlockt, um sie hier anzusiedeln. Die Reste der Urbevölkerung, der **„Saharoui"** wurden auf diese Weise zur hoffnungslosen Minderheit. Der von der Polisario organisierte Widerstand schwindet nach und nach, weil der marokkanische Staat unendlich viel Geld in die Westsahara pumpt und es Integrationswilligen besser geht als je zuvor, viel besser jedenfalls als denen, die im Flüchtlingslager des nahen algerischen TINDOUF leben. Das Problem ist aber keineswegs erledigt, sondern es ist vor der UNO anhängig und im Lande ist es ein Tabuthema, das offensichtlich ein schlechtes Gewissen macht. Man sollte das wissen, auch wenn wir gar nicht bis in den tiefen Süden wollen. Bis SIDI IFNI oder zur Plage Blanche ist es eh schon recht weit.

Unser nächstes Etappenziel ist erst mal die Stadt TIZNIT. Sollten Sie aber vorher einen komfortablen Campingplatz dem freien Stehen vorziehen, so haben wir eine wirkliche Empfehlung für Sie: 35 km vor Tiznit geht es von der N1 rechts ab in

Richtung SIDI RBAT. Dort hinten am Meer ist unter großzügiger Anwendung von viel Beton ein geräumiger Campingplatz unmittelbar am Strand eingerichtet worden. Er bietet allen üblichen Komfort und ist, obwohl es die 15 km bis zum Ziel um etliche Ecken geht, leicht zu finden, weil die Strecke narrensicher ausgeschildert ist. Ganz so romantisch wie unser Plätzchen beim Fischerdorf Tifnit ist er freilich nicht.

### (056) WOMO-Campingplatz-Tipp: „Camping Sidi Wassay Beach" bei Sidi Rbat

**GPS:** N 30° 03' 19.4" W 9° 41' 17.6"
**Zufahrt:** Im Text beschrieben
**Lage/Ausstattung:** Außerorts, unmittelbar am Strand, sehr ruhig, Restaurant, kleiner Kaufladen.

Zurück zur N1. Etwa 5 km vor TIZNIT taucht langsam die Silhouette der Stadt vor uns auf und langsam wird deutlich, dass Tiznit noch komplett von einer gut gepflegten Mauer aus Stampflehm umgeben ist, ihrer fast einzigen Sehenswürdigkeit. Aber Tiznit bietet einen Einblick in das noch weitgehend authentische Leben einer marokkanischen Kleinstadt, was durchaus reizvoll ist nach der Touristenretorte von AGADIR.

Die Stadtmauer von Tiznit

Wer hier übernachten will, hält am besten im Kreisverkehr am Ortseingang gleich scharf rechts. Es ist dort der nur wenige hundert Meter lange Weg zum städtischen Campingplatz ausgeschildert, der gewiss nicht besonders idyllisch ist, aber sehr praktisch und gepflegt. Man hat hier seine Ruhe und alle Versorgungsmöglichkeiten, am Eingang wacht sogar ein Polizeiposten. Der Platz liegt unmittelbar an der Hauptstraße in die Medina und gleich nebenan befindet sich das städtische Schwimmbad. In Rufweite gibt es gar einen Selbstbedienungs-Supermarkt. Alles sehr angenehm.

**(057) WOMO-Campingplatz-Tipp: Camping Tiznit**

**GPS:** N 29° 41' 39.1" W 9° 43' 35.1"
**Zufahrt:** Am Orteingang Tiznit von Norden kommend, im Kreisel scharf rechts.
**Lage/Ausstattung:** Ruhig. Wenige Minuten Fußweg ins Zentrum.

Wer hier nicht über Nacht bleiben will, fährt beim Kreisverkehr am Ortseingang nicht scharf rechts, sondern halbrechts Richtung „Centre Ville“ und sucht sich außen an der Stadtmauer irgendwo einen Parkplatz. Das ist kein Problem. TIZ-

Silberschmiede im Souk

NIT ist eine quietschlebendige Stadt, besonders am Donnerstag, wenn Markt ist. Die ganze Woche über ist der Souk der Silberschmiede vielleicht von Interesse, auf dem es, nach längerem Handeln versteht sich, hübsche Mitbringsel zu kaufen gibt. Die Schmuck- und Waffenschmiede der Stadt waren einmal berühmt. Alten Schmuck gibt es allerdings kaum noch.

Sollten Sie an der See übernachten wollen, so fahren Sie vom Centre Ville 14 km geradeaus nach AGLOU PLAGE. Dort haben sie den alten, heruntergekommenen Campingplatz zu einem feinen Plätzchen aufgemöbelt. Obwohl er riesig ist, wirkt er durch geschickte Terrassierung und Bepflanzung freundlich und nicht so industriell wie die Großplätze bei Agadir.

## (058) WOMO-Campingplatz-Tipp: „Camping Aglou Plage“

**GPS:** N 29° 48' 13.7" W 9° 49' 39.1"
**Zufahrt:** An der Straße von Tiznit nach Aglou.
**Lage:** Im Ort. Ruhig. Wenige Minuten zum Strand.

Falls Sie in Aglou übernachtet haben, sollten Sie für den Weg nach Sidi Ifni gleich die Küstenstraße wählen, die beim Campingplatz nach Süden abgeht. Sie ist weniger interessant als die Straße durchs Küstengebirge, weist aber auch weit weniger Kurven auf.

Und noch ein Tipp: Der städtische „Camping Tiznit“ ist in der Hochsaison oft überfüllt. Es gibt eine Ausweichmöglichkeit in 1,5 km Entfernung. Dorthin fahren Sie im großen Kreisverkehr beim Ortseingang nach links, Richtung Tafraout. Der Platz „Riad Assllaf“ liegt dann bald auf der rechten Straßenseite. Man läuft fast eine halbe Stunde bis ins Zentrum – ein Notbehelf eben. Das Hauptgebäude auf dem Gelände ist ein großer Festsaal, der hauptsächlich für Hochzeiten genutzt wird. Als solcher steht er auch Ihnen offen, falls Sie Ihr Verhältnis legalisieren wollen.

„So könnte Ihre Hochzeit aussehen“

### (059) WOMO-Campingplatz-Tipp: „Riad Asslaf" bei Tiznit

**GPS:** N 29° 41' 47.8" W 9° 42' 37.7"
**Zufahrt:** Am Ortsrand. An der Straße Tiznit - Tafrout.
**Lage:** 2 km Fußweg ins Zentrum oder Taxi. Ruhig.

Die Straße nach Sidi Ifni durchs Küstengebirge geht in Tiznit von der Ringstraße an der Stadtmauer nach links (Südwesten) ab. Die Kreuzung ist durch Ampel geregelt. Das Schild „SIDI IFNI" ist klein und leicht zu übersehen. Besser erkennbar ist „Province" mit einem tempelartigen Signet, denn TIZNIT ist Provinzhauptstadt und die Provinzialverwaltung befindet sich an der Straße nach SIDI IFNI. Wir fahren durch zunächst flaches Gelände auf eine Hügelkette zu und hier wird die Landschaft reizvoller. Die Straße schlängelt sich durch eine lange Kette von Hügeln immer in einiger Entfernung vom Atlantik. Eine bestimmt anderthalb Meter lange grüne Schlange schlängelt sich vor uns über den Asphalt.

Die Gegend ist spärlich besiedelt. Für mehr als einige wenige Bauernhöfe reicht das Wasser einfach nicht. Bis SIDI IFNI werden uns nun die drei Grundfarben dieser Landschaft begleiten: der Boden rot, Arganienbäume und Opuntienkakteen grün und der Himmel blau. Und – nicht zu vergessen – bald kommt das Meer in Sicht und das ist meist auch blau. Einige Kilometer von dem Hauptort der Gegend, MIRLEFT, mündet von rechts die Küstenstraße von AGLOU und TIZNIT ein. Wir werden sie später kennen lernen. Die Einmündung der Straße liegt unten in einem Oued. Und wenn Sie den durchfahren und gleich wieder in Richtung MIRLEFT hoch, werden Sie rechts eine kleine Piste finden, die zu einem sehr hübschen Rastplatz auf einer Felszunge über dem Meer führt. Unten ein kleiner Strand und gegenüber ein Fischerdorf.

### (060) WOMO-Badeplatz: Mirleft

**GPS:** N 29° 37' 52.8" W 10° 00' 32.5"
**max. WOMOs:** 2-3
**Zufahrt:** Küstenstraße Tiznit/Sidi Ifni, kurz vor Mirleft rechts kurze Piste. Nur für kleine WOMOs ohne langen Hecküberhang.
**Lage/Ausstattung:** Außerorts, Plateau auf Felsen über dem Meer, kein Schatten, keine VE, Restaurants und Läden in Mirleft.

Sidi Mohamed Ben Abdallah

Der Ort MIRLEFT, auf den Felsen über dem Atlantik gelegen, ist touristisch recht entwickelt: es gibt eine Surfschule und einen Surfshop z.B. und einen Campingplatz gibt es auch. Hierher wallfahrteten Ende der 60er Jahre Tausende von Hippies und allenthalben kifften junge Menschen aus den Industrienationen. Heute ist es ruhiger. Noch ruhiger ist der Wallfahrtsort SIDI MOHAMED BEN ABDALLAH gleich hinter MIRLEFT. Ein schöner Marabout und ein hübscher kleiner Strand laden Sie vielleicht zu einem kurzen Abstecher ein. Aber halten Sie sich nicht zu lange auf, denn die Hauptattraktion der Gegend kommt erst noch: exakt 10 km vor SIDI IFNI, etwa 200 m hinter dem entsprechenden Kilometerstein auf der rechten Seite, geht heute eine neue Asphaltstraße nach „**Plage Leghzira, Leghzira Beach**“ ab. Bis vor Kurzem gab

Bungalowpark Leghzira

es dort unten einen feinen freien Stellplatz. Der ist aber einem gigantischen Tourismusprojekt zum Opfer gefallen. Seit Jahren werkeln sie dort an einem riesigen Bungalowpark vom Typ der ewigen Baustelle. Derlei werden Sie in Marokko öfter finden: die erste Hälfte verfällt schon wieder, während die zweite erst halb fertig ist.

Auf jeden Fall aber sollten Sie bei Tage ein paar Stunden für LEGHZIRA einplanen, denn die Küste hier ist einzigartig. Unterhalb der Hotels verläuft ein schöner Sandstrand. Rechts davon riesige rote Felsen, die teilweise von oben heruntergekullert sind. Wenn Sie dort hinübergehen, können Sie Bucht nach Bucht abwandern und sich völlig ungestört niederlassen und den wenigen Anglern zusehen.

Das große Naturwunder sind aber die drei Felstore auf der linken Seite. Von den Restaurants aus sehen Sie sie nicht, sie müssen schon ein gutes Stück den Strand entlang laufen. Für

Die Felstore von Leghzira

diesen Ausflug sollten Sie bei gemütlichem Tempo insgesamt anderthalb Stunden einplanen. Das Meer hat in Jahrtausenden riesige Löcher aus dem lockeren Steinkonglomerat gewaschen. So sind zwei große natürliche Bögen entstanden. Der erste sieht noch recht kompakt aus. Der zweite allerdings ist von atemberaubender Statik und wir laufen jedes Mal ziemlich schnell durch. Sehen Sie sich den meerseitigen schmalen Fuß der Brücke an und bedenken Sie die Tausende von Tonnen, die auf diesem bröckeligen Material lasten. Und das Meer nagt pausenlos. Wie lange kann das noch gut gehen? Ein paar hundert Meter weiter ist gerade ein dritter Bogen im Entstehen begriffen. Das Ganze ist so außerordentlich eindrucksvoll, dass nicht mal der Müll stört, den einheimische Besucher hier nach Landessitte zu hinterlassen pflegen. Nach einer ordentlichen Springflut ist der weg.

Der Stellplatz LEGHZIRA ist ein ausgeträumter Traum, aber vielleicht erkennen die Verantwortlichen ja irgendwann, dass der Wohnmobiltourismus in Marokko rapider wächst als die Auslastung der Hotels. So lange wollen wir aber nicht warten und so fahren wir zurück zur Hauptstraße und dort nach rechts die 10 km bis SIDI IFNI. Das muss uns nicht grämen, denn die Stadt ist reizvoll und ihre drei Campingplätze liegen direkt am Strand. Die Straße führt durch kaum besiedeltes und nur spärlich von Euphorbien, einem hohlen Kaktus, bewachsenes Gebiet. Mehr war wegen des Wassermangels bisher nicht drin. Erst kürzlich wurde eine Wasserleitung gelegt. Hoffentlich führt das leichtere Leben jetzt nicht zur weiteren unkontrollierten Zersiedlung dieser wunderbaren Landschaft. Die bisher nur wenigen, kubisch geformten Häuser mit ihren blauen Fenstern sind von strenger Schönheit wie bestes Bauhaus. So schön kann einfachste Architektur sein, wenn kein Architekt sich austobt.

Wir erreichen den Stadtrand von SIDI IFNI. Die Häuser vor uns gehören aber noch nicht zum Ortskern. Der beginnt erst, nachdem wir zum Flusseinschnitt hinuntergefahren sind und auf der anderen Seite wieder hinauf. Wir bleiben aber erst mal unten und biegen rechts ab in Richtung „Plage" und den Campingpätzen. Der erste ist rechter Hand der „Camping Sidi Ifni". Er bietet keinen direkten Blick aufs Meer, weil er von einer hohen Mauer umgeben ist, die uns irgendwie beruhigt. Die freundlichen Betreiber öffnen ein Türchen und schon sind wir, Schwupps, am Strand.

Sidi Ifni

**(061) WOMO-Campingplatz-Tipp: „Camping Sidi Ifni"**

**GPS:** N 29° 23' 06.4" W 10° 10' 23.9"
**Zufahrt:** Vor Auffahrt zur Altstadt rechts Richtung „Plage". Ruhig. Am Strand. Ortsrand.

Rechts geht es zu ähnlichen Felsformationen wie in LEGHZIRA, aber ohne Bögen. Lange Spaziergänge von Bucht zu Bucht sind absolut lohnend. Links zieht sich der Strand unter der Stadt entlang. Dort liegt, in Rufweite vom „Camping Sidi Ifni", der „Camping el Barco". Er ist einfach, doch ordentlich ausgestattet, glänzt aber natürlich mit seiner unschlagbaren Lage. Leider haben wir einmal beobachten müssen, dass halbwüchsige Knaben Steine von der Ballustrade hoch über dem Platz auf die Wohnmobile hinunter warfen.

**(062) WOMO-Campingplatz-Tipp: „Camping El Barco" in Sidi Ifni**

**GPS:** N 29° 23' 02.3" W 10° 10' 27.7"
**Zufahrt:** Vor Auffahrt zur Altstadt rechts Richtung „Plage". Am Strand. Ortsrand. Ruhig.

Sollten diese beiden Campingplätze überfüllt sein, bietet sich neuerdings ein dritter Platz rechts gleich hinter der Brücke, noch vor der Abbiegung in Richtung „Plage“ an, der „Camping Solymar:

**(063) WOMO-Campingplatz-Tipp:**
**„Solymar“ in Sidi Ifni**

**GPS:** N 29° 23' 02.9" W 10° 10' 16.0"
**Zufahrt:** Vor der Auffahrt zur Altstadt gleich hinter der Brücke rechts. Ortsrand. Ruhig.

Eine breite, südeuropäisch anmutende Treppe führt zur Altstadt hoch. „Südeuropäisch“ hat seine Richtigkeit, denn SIDI IFNI war bis 1969 in spanischer Hand und wenn Sie die Treppe hochgehen, kommen Sie ins spanische Viertel. Besonders der runde Park mit den Kolonialbauten in eigenartigem Art-nouveau-Stil darum herum mutet absolut nicht arabisch an. Die ganze Stadt ist irgendwie surreal und dabei anziehend, so weiß und blau wie sie ist. Und ihre höflichen und sehr zivilisierten Bewohner tragen das Ihre dazu bei, dass diese friedliche Kleinstadt einer unserer Lieblingsorte in Marokko ist. Spuren der spanischen Vergangenheit übrigens allenthalben, unter anderem auf den Straßenschildern. Und die älteren Einwohner sprechen als Fremdsprache eher Spanisch als Französisch. Die paar Touristen verlaufen sich und man kann es mit der Abwechslung Strand drunten und urbanes Leben droben gut ein paar Tage hier aushalten. Gehen Sie abends zur Blauen Stunde um den Sonnenuntergang mal in die Stadt und mischen Sie sich unter die promenierenden Einheimischen. Tout SIDI IFNI ist auf den Beinen! Und versäumen Sie nicht das kleine Marktviertel mit dem Fischmarkt und den preiswerten kleinen Restaurants. Alles am schönsten zur Blauen Stunde.

Zur Blauen Stunde am Meer

Wollen Sie weiterfahren? Oder einen interessanten Ausflug machen? Von SIDI IFNI ist es kaum mehr als eine halbe

Stunde, 24 km, zum Ort MESTI, der an der Straße nach GUELMIM liegt, im weiteren Verlauf unserer Tour 5. Sie sollten dort die „**Cooperative Tafyoucht**" besuchen. 42 Frauen haben sich hier im Oktober 2000 zu einer Genossenschaft zusammengefunden, die hauptsächlich **Arganienöl**, aber auch einige andere **Arganienprodukte** herstellt, unterstützt von der Kanadischen Botschaft und einigen internationalen Organisationen. Wer den mühseligen Prozess der Ölgewinnung aus der Arganienfrucht einmal gesehen hat, wird verstehen, dass das Öl nicht ganz billig sein kann. Die starken Preis-

Landfrauen stellen Arganienöl her

steigerungen der letzten Jahre kommen hoffentlich den Frauen zugute. Die Früchte der Arganie ähneln denen des Mandelbaumes: im grünen Fruchtfleisch sitzen harte Kerne, die Stück für Stück einzeln aufgeschlagen werden müssen, und darin wiederum die weichen inneren Kerne, das Ziel der Begierde. Aus ihnen wird das Öl kaltgepresst, das von unvergleichlich nussigem Wohlgeschmack ist. Die Frauen hier schwören auf seine kosmetische Wirkung, es sei ein wahrer Jungbrunnen für die Haut. Der Autor hat es ausprobiert und (nur er selbst) fand sich schlagartig betörend. Noch jeden aber hat das Arganienöl im unserem Salat über-

zeugt. Wir mischen es ungefähr 1:1 mit geschmacksneutralem Öl und tröpfeln unsere Arganien-Vinaigrette etwa auf einen Feldsalat – hinreißend! Von jedem Besuch in der Gegend bringen wir ein paar Fläschchen mit, für uns selbst und als begehrtes Mitbringsel. Und im fernen Deutschland genießen wir dann das Gefühl, etwas für die tollen Landfrauen in Mesti getan zu haben, die sich mit ihrer untergeordneten Rolle im ländlichen Marokko nicht abfinden wollen. Arganienöl gibt es übrigens auch deutlich billiger bei Händlern und manchmal am Straßenrand. Da können Sie Glück haben, oft ist es aber mit gewöhnlichen Ölen gestreckt.

Falls Sie Interesse an den Produkten einer weiteren Frauencooperative haben: kurz vor MESTI (aus Richtung SIDI IFNI) geht es rechts, 13 km weit nach SBOUYA. Dort hat die **Kaktuscooperative „Aknari"** ihren Sitz und die knapp halbstündige Fahrt dorthin lohnt nicht allein wegen der schönen Landschaft mit ihrem Meer von Kakteen, sondern insbesondere wegen der ungewöhnlichen Produkte, die die dortigen Landfrauen aus den Früchten und den Gliedern der Opuntien herstellen, einer Kaktee, die im 16. Jahrhundert aus Mexiko nach Nordafrika eingeführt wurde. Aus den Kaktusfeigen näm-

Opuntien

lich machen sie eine Marmelade und aus den „Blättern" ein Gemüse, dem allerlei gesundheitliche Wirkung nachgesagt und vielleicht ja auch nachgewiesen wird. Außerdem gibt es eine feine Dattelkonfitüre, die wir sonst in Marokko noch nirgends bekommen haben – warum eigentlich? Falls Sie die junge und energische Chefin Kaltoum Hammadi antreffen, grüßen Sie von dem Journalisten aus Deutschland mit dem Wohnmobil (heißt in Marokko „Caravan"). Frau Hammadi war ganz versessen darauf, mal einen „Caravan" von innen zu sehen und war schwer beeindruckt. Und wir von ihr. Auch diese Frauenkooperative wird von internationalen Einrichtungen unterstützt, am großzügigsten übrigens von der japanischen Botschaft, wie Autorin Riehl-Takada sofort herausfand.

Produkte der Kaktuscooperative

Wir fahren zurück zur Hauptstraße TIZNIT-GUELMIM, um einen Karton Marmelade schwerer. Und nun heißt es, sich entscheiden: fahren wir Tour 5 bis zum Ende, machen zunächst einen Abstecher zum Thermalbad von ABAYNOU und fahren dann von der Garnisonsstadt GUELMIM noch gut 60 Kilometer zur „Plage Blanche"?

Die recht lange Fahrt lohnt sich absolut, wenn Sie sich für eine außerordentlich schöne, einsame Sandküste interessieren und genügend Zeit haben. Andernfalls fahren Sie einfach zurück über SIDI IFNI nach TIZNIT, von wo uns Tour 6 in die aufregenden Gebirge des Antiatlas führt.

Oder doch zur Plage Blanche, dem weißen Strand? Dann fahren Sie auf der Hauptstraße rechts ab in Richtung Guelmim. Kurz vor dieser absolut nichtssagenden Militärstadt, die im Zuge der Saharapolitik an Volumen gewonnen hat und deren Besuch Sie sich schenken können, geht links eine kleine Straße zum Dorf ABAYNOU. Dort versorgt eine 40 Grad warme Thermalquelle ein Frauen- und ein Männerbad. Abends nach 19.00 Uhr kann das Männerbad auch gemischt genutzt werden. Aber natürlich nicht von Muselmann und Muselfrau, sondern nur von Ungläubigen. Es gibt Einzelbadewannen und jeweils ein mittelgroßes Schwimmbecken mit angenehm warmem Wasser, das nach nichts schmeckt oder riecht. Im Winter ist das vor allem für ältere Herrschaften sicher angenehm.

Dem Bad werden Wirkungen gegen mancherlei Zipperlein nachgesagt. Damit steht es vermutlich so wie mit europäischen Bädern auch: sie helfen ganz toll, wenn man erstens daran glaubt und zweitens nichts hat. Immerhin ist es billig. Es wird auch eine Massage angeboten. Mit Arganienöl! Vielleicht stellt sich erst nach längerem Aufenthalt die rechte Wirkung ein. Zu dem Zweck kann man gleich vor dem Männerbad für mehrere Tage sein WOMO auf einen ordentlich ausgestatteten Platz stellen.

### (064) WOMO-Campingplatz-Tipp: Thermalbad Abaynou

**GPS:** N 29° 05' 46.7" W 10° 01' 03.6"
**Zufahrt:** Straße Sidi Ifni/Guelmim. Kurz vor Guelmim kleine Seitenstraße links, gut ausgeschildert, nach Abaynou.
**Lage:** Ruhig. Im Dorf.

Porentief gepflegt fahren wir zurück zur Hauptstraße und weiter in Richtung GUELMIM. Früher gab es hier einen großen Kamelmarkt, weil der Ort an bedeutenden Karawanenstraßen lag. Davon ist aber nichts übrig und wenn Ihnen irgendein Schlawiner, angeblich gerade mit seiner Karawane aus der Wüste gekommen, garantiert echten alten Touareg-Schmuck anbietet, glauben Sie ihm kein Wort.

Gleich vor der Ortseinfahrt hinter einem Torbogen geht es rechts nach LAKSABI und zur PLAGE BLANCHE. Die Fahrt dauert eine gute Stunde (60 km). Dort gibt es weder Treibstoff noch Wasser noch was zu Essen. Also sich vorher eindecken! Am Ort LAKSABI halten wir uns rechts Richtung „Plage Blanche". Verfahren danach unmöglich, denn es gibt nur die eine, überraschend gute Asphaltstraße. Sie führt durch einsames Gelände, quert den **Oued Assaka**, der durch seine perfekten natürlichen Felsstufen beeindruckt. Irgendwann zweigt rechts

Felsstufen im Oued Assaka

eine Piste zum **Fort Bou Jerif** mit seinem reizvollen Camping ab – ein schönes Ziel für Allradfahrer. Die 9 km Piste ersparen wir unserem WOMO und fahren weiter durch die Einsamkeit, in der uns allenfalls gelegentlich Nomaden mit ihren Ziegen und Schafen begegnen und garantiert nach Zigaretten fragen. Wo sollen sie die auch her kriegen? Hier wohnt ja keiner. Sendemasten und Radargeräte der Marine Royale tauchen vor uns auf und die Straße endet hier am Ende der Welt, vor der Plage Blanche. Wir fahren die paar Meter Piste links bis zu

Nomade mit seinen Schafen

einem riesigen natürlichen Plateau, stellen dort das WOMO ab und werfen einen ersten Blick hinunter auf den mehrere hundert Meter breiten Strand, von dem die **Plage Blanche** ihren Namen hat. Bei unseren ersten Besuchen vor etwa 15 Jahren war der Strand wirklich weiß. In den letzten Jahren war er es nicht mehr, vielmehr ist er überall von dunklem Material

Plage Blanche

verfärbt. Granulierte Ölrückstände? Meist stehen schon ein paar andere WOMOs hier. Ein Posten der „Forces auxiliaires“, einer Militäreinheit, ist gleich nebenan. Die sehr freundlichen Beamten erklären, dass sie rund um die Uhr um unsere Sicherheit besorgt und für uns ansprechbar seien.

Dieser Platz ist unseres Erachtens einer der besten freien Stellplätze an der gesamten marokkanischen Atlantikküste. Seit Jahren ist die Rede von einem touristischen Projekt, bis jetzt ist aber gottlob nichts daraus geworden.

**(065) WOMO-Badeplatz: „Plage Blanche“**

**GPS:** N 28° 57’ 50.7” W 10° 36’ 06.2” **max. WOMOs:** 3-5
**Zufahrt:** Straße Sidi Ifni/Guelmim. An der Orteinfahrt rechts der Straße nach Laksabi und zur Plage Blanche folgen bis Ende des Asphalts, im Text näher beschrieben.
**Ausstattung/Lage:** Café, Militärposten, außerorts, kurzer Fußweg zum Strand.
Keinerlei Versorgungsmöglichkeiten. Alles mitbringen! Kein Schatten. Keine VE.

Die ganze außerordentliche Schönheit dieser Gegend erschließt sich aber erst, wenn man hinunter ans Meer geht, links um die versickernde Flussmündung herum oder rechts, immer den Strand entlang. Ein paar Angler verlaufen sich hier, ein paar Fischer, aber sonst nichts als Weite und Einsamkeit. Wer die lange Anfahrt nicht scheut, wird durch reichlich Natur pur belohnt. Wir hätten große Lust, hier ein oder zwei Tage stehen zu bleiben, hier am Ende der Zeit. Tun wir aber nicht, weil wir dem Verleger versprochen haben, das Manuskript pünktlich abzuliefern. Also tuckern wir zurück nach TIZNIT. Das kann man von GUELMIM aus über die schöne Strecke, die wir gekommen sind, oder über die schnellere Nationalstraße 1. Falls Sie über SIDI IFNI zurückfahren möchten, sollten Sie hinter MIRLEFT zur Abwechslung die Abzweigung nach links die Küste entlang nehmen.

Ein Tipp noch für Leser, die sich für prähistorische Gravuren interessieren: von Guelmim aus können Sie nach Osten über BOUIZAKARNE und dann die Nationalstraße 12 nach FOUM EL HASSN gelangen, wo es die wohl schönsten vorgeschichtlichen Tierdarstellungen Marokkos in reicher Zahl gibt. Eine lange Tour von etwa 120 km, aber für speziell Interessierte absolut lohnend. Und falls Sie sich einmal entschieden haben, diese Strecke südlich des **Antiatlas** zu fahren, sollten Sie überlegen, ob es nicht sinnvoll ist, von ihr aus nördlich nach TAFRAOUTE abzubiegen bis auf unsere Tour 6. Das war bis vor nicht langer Zeit nur über Pisten möglich. Mittlerweile gibt es aber ordentliche asphaltierte Straßen. Zum Beispiel geht 12 km östlich von BOUIZAKARNE im Ort TIMOULAYE eine empfehlenswerte Tour über IFRANE DE L'ANTIATLAS nach Norden hoch.

Die Straße führt vorbei an einigen schönen Bergoasen, deren größte IFRANE ist. Kurz nach dem Torbogen an der Ortseinfahrt finden Sie rechter Hand neben der Mairie (Bürgermeisterei) einen großen Platz, der sich bestens für die Nacht eignet, zumal wir vom freundlichen Bürgermeister ausdrücklich dazu eingeladen werden: „Hier können Sie einen Monat bleiben und sind vollkommen sicher". Neben dem Platz befindet sich eine Entbindungsstation, die natürlich auch Ihnen offen steht, falls es mal eilig sein sollte.

**(066) WOMO-Stellplatz:**
**„Beim Bürgermeister" in Ifrane de l'Antiatlas**

**GPS:** N 29° 12' 53.2" W 9° 29' 41.1" **max. WOMOs:** 2-3
**Zufahrt:** Straße von Timoulaye nach Tafraoute, in Ifrane nach Ortseingang rechts.
**Ausstattung/Lage:** Im Ort und doch ruhig. Keine VE.

IFRANE ist ein sympathisches Städtchen, in dem es sogar einiges zu sehen gibt, eine Synagoge zum Beispiel. Das Schönste aber ist die wundervolle Landschaft, die zu Wanderungen einlädt.

Hinter IFRANE phantastische Berglandschaft, freundlich grüßende Hirten: ein Stück ursprüngliches und noch so gar nicht kommerzialisiertes Marokko. Ca. 14 km nach IFRANE tun wir auf der linken Straßenseite einen feinen Stellplatz auf. Auf der rechten ein Pferch, in den Viehnomaden nachts die Tiere treiben. Welche Ruhe hier im Gebirge!

**(067) WOMO-Stellplatz: „Am Viehpferch"**

**GPS:** N 29° 17' 17.2" W 9° 26' 30.7" **max. WOMOs:** 2-3
**Zufahrt:** 14 km hinter Ifrane links der Straße.
**Ausstattung/Lage:** Außerorts, einsam, kein Schatten. Keine VE.

Die Bergoase Ifrane

Es gibt querende Straßen, wir fahren immer geradeaus in Richtung TAFRAOUTE. Die Plateaus hier liegen über 1000 m hoch.

Gut 48 km nach IFRANE geht es links ab nach TIZNIT und rechts nach Tafraoute. Hier biegen wir nach rechts in die Straße von Tiznit hoch nach Tafraoute und damit auf unsere Tour 6.

So weit unser Abstecher von der Straße südlich des **Antiatlas** hinauf nach Tafraoute im Gebirge. Sollten Sie ihn verschmähen und von der Plage Blanche gleich nach Tiznit zurück fahren wollen, so haben wir noch einen heißen Tipp, wenn Ihr Fahrzeug mittlerweile auch so dreckig ist wie unseres; jedes Mal, wenn wir aus dem roten Staub der Küste bei SIDI IFNI kommen, und wenn wir das Bedürfnis haben, mal wieder zu sehen, wie unser WOMO in Originalfarbe aussieht: 3 km nördlich von Tiznit an der Nationalstraße 1 nach AGADIR liegt auf der Küstenseite eine Petromin-Tankstelle mit „Lavage“ (Autowäsche). Dort arbeitet Abdellah Akbass, der netteste Typ, den wir auf diesem Fachgebiet kennen gelernt haben. Er und seine Kollegen werden sich rührend um Sie kümmern. Grüßen Sie ihn bitte von uns. Wir versäumen nie, ihn zu besuchen, wenn wir in der Gegend sind.

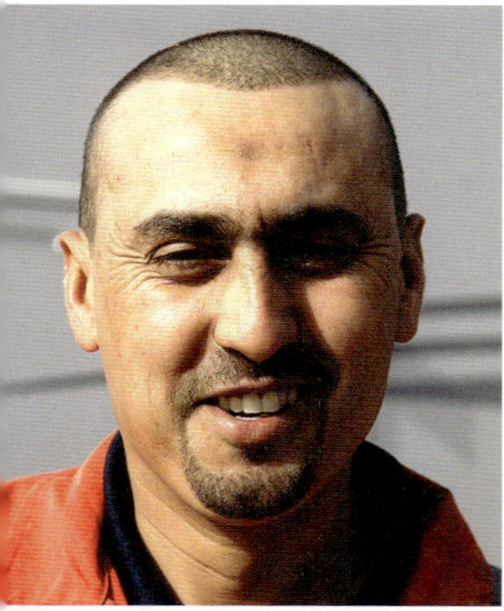

## TOUR 6 (ca. 250 km / 2 - 4 Tage)

### Tiznit – Tafraoute – Ait Baha – Taroudannt

| | |
|---|---|
| **Freie Übernachtung:** | zwischen Tafraoute und Agadir |
| **Campingplätze:** | Tafraoute |
| **Ver- und Entsorgung:** | Campingplatz Tafraoute |
| **Trinkwasserstellen:** | Campingplatz, Tankstellen |
| **Besichtigung:** | Agadir Tizourgane |

Auch wenn Sie nicht die Absicht haben, die südliche Atlantikküste bis SIDI IFNI und **Plage Blanche** (Tour 5) hinab zu fahren, sollten Sie Tour 6 unbedingt in Erwägung ziehen. Denn die Gebirgsgegend um TAFRAOUTE ist außerordentlich schön und der Einstieg bei TIZNIT ist ja von AGADIR nur 78 km entfernt. Die dortigen höchst seltsamen Felsformationen und auch die herrlichen Bergdörfer gehören zu den bedeutendsten Sehenswürdigkeiten Marokkos. Die Gegend eignet sich sehr für Wanderungen. In TIZNIT nehmen wir im großen Kreisverkehr an der Einfahrt zur Stadt die Ausfahrt in Richtung TAFRAOUTE, die leider ausgerechnet hier schlecht beschildert ist. Sie geht genau gegenüber „Centre Ville“ heraus. Es steht fast immer ein Gendarm mitten im Getümmel und den kann man im Vorbeifahren fragen. 107 km sind es bis TAFRAOUTE, an sich ja kein großes Ding, aber diese 107 km haben es in sich.

Erst mal geht es 20 km durch reizloses, fast flaches Land. Dann folgt die Straße einem meist ausgetrockneten Oued, wo wir in einem Talkessel einen großen Rastplatz vorfinden, der auch für Dickschiffe gut anzusteuern ist.

### (068) WOMO-Stellplatz: „Am Oued“

**GPS:** N 29° 36' 59.1" W 9° 29' 11.8" **max. WOMOs:** 3-4
**Zufahrt:** Direkt an der Straße nach Tafraoute ca. 25 km hinter Tiznit rechts.
**Ausstattung/Lage:** Außerorts, kein Schatten. Keine VE.

Überraschend sind die gepflegten Neubauten in dieser ländlichen Gegend. Mit ein paar Ziegen wird niemand reich. Es muss sich um anderswo verdientes Geld handeln. 40 km nach TIZNIT sollten Sie mit uns den Abstecher nach rechts zur **„Zaouia Sidi Ahmed Oumoussa“** machen. Dieser den Menschen hier heilige Ort (im Spätsommer gibt es eine große Wallfahrt) liegt in 10 km

Das Dorf Sidi Ahmed Oumoussa

Zaouia Sidi Ahmed Oumoussa

Entfernung über schlechte Teerstraße, lohnt aber unbedingt den Besuch, einmal wegen der wunderbaren Architektur des Marabout, aber auch wegen der überaus freundlichen Menschen dort. Die Straße geht zunächst durch öde Gegend, doch auf einmal taucht eine überraschend große Oase vor uns auf. Touristen haben wir, mitten in der Hochsaison, keine getroffen. Der als heilig verehrte **Sidi Ahmed Oumoussa** lebte im 16. Jahrhundert und entstammte der Familie der **Idrissiden**, die über MOULAY IDRISS (siehe Tour 2) zu den Nachkommen des Propheten gehört. Der Clan beherrschte die Gegend bis Ende des 19. Jahrhunderts. Wunderbar der strahlend weiße Bau auf quadratischem Grundriss, der von den leuchtend grünen Ziegeln eines Pyramiddaches bekrönt wird – grün ist

Wächter in der Zaouia

Wandkeramik an der Zaouia

die Farbe des Propheten und des Islam. Mit der Abschirmung gegen Ungläubige nimmt man es hier nicht ganz so streng: wir dürfen den heiligen Bezirk durchaus betreten. Lediglich vor dem Eingang zum eigentlichen Grabbau müssen wir Halt machen. Die Türe ist aber offen und wir dürfen sogar hinein fotografieren. Dem freundlichen Wächter und den anwesenden Einheimischen tut es offensichtlich leid, dass sie uns nicht einlassen dürfen. Ein Jüngling in blauer Djellabah nähert sich mit strahlendem Lächeln und schenkt uns – einfach so – eine Handvoll antiker Münzen, die er wohl gefunden hat. Die Idrissidenfamilie lebt noch immer im Ort und so stellen wir uns vor, dass dieser Junge, dessen unverdorbener Charme noch das steinerne Herz zu erweichen vermöchte, ein später Nachkomme des Propheten ist. Hafid heißt er, das haben wir immerhin herausgefunden, obwohl er kein Wort Französisch spricht.

Dieser Ort ist ein feines Stück ursprüngliches Marokko. Ach, wie fern ist AGADIR! Zurück auf die Hauptstraße und nach rechts in Richtung TAFRAOUTE. Im Marktort TIGHMI kann man hübsche Keramik kaufen. Hinter TIGHMI steigt die Straße nun steil an, von gut 500 bis auf 1200 m. Die Blicke zurück ins Tal werden immer dramatischer. Wir kommen näher an die Terrassen heran, die die Menschen gewiss in Jahrhunder-

Terrassenkulturen im Antiatlas

ten geschaffen haben, denn das kann das Werk einer Generation nicht sein, so dünn ist die Besiedlung.

Vor uns taucht das Felsennest des „Hotel Kerdous“ auf, das dort auf immerhin 1226 m Höhe am Pass liegt. Auf dem guten Parkplatz dürfen WOMOS über Tag gerne stehen, übernachten ist aber amtlich verboten, wie uns der nette Typ im Café erklärt. Ein paar Stunden stehen bleiben und in eines der umliegenden Dörfer in dieser fantastischen Berglandschaft wandern, sei kein Problem. Zum Schlafen geht es dann eben nach TAFRAOUTE, wo uns gleich drei Campings erwarten.

### (069) WOMO-Rastplatz: „Hotel Kerdous“

**GPS:** N 29° 32' 55.6" W 9° 20' 21.4" **max. WOMOs:** 3-4
**Zufahrt:** An der Hauptstraße nach Tafraoute rechts Parkplatz am Hotel auf Passhöhe.
**Lage:** Restaurant und Café, Wandermöglichkeiten, kein Schatten, Übernachtung nicht erlaubt.

Bergdorf im Antiatlas

Mandelblüte im Februar

Wenig später teilt sich im Ort JEMAA IDA OUSSEMLAL die Straße. Man kann links über TAHALA fahren oder geradeaus über IZERBI. Wir nehmen die linke Variante, weil sie kürzer und auch schöner ist. Sie wird im Sommer 2014 gerade ausgebaut. Auf den Terrassen wachsen Mandelbäume, die im Februar blühen. Dann wird in TAFRAOUTE ein Mandelblütenfest gefeiert. Kleine Dörfer kleben an den Hängen oder thronen auf Anhöhen. Ihr festungsartiger Charakter weist darauf hin, dass die Leute nicht allezeit nur lieb zueinander waren. Hin und wieder riesige neue Villen, die Fürstensitzen gleichen. Die Menschen dieser Gegend sind dafür bekannt, dass sie in jungen und mittleren Jahren erfolgreich als Kaufleute durch die halbe Welt ziehen. Im Alter bauen sie sich dann, zu Reichtum gekommen, im Heimatdorf einen gigantischen Ruhesitz.

Zu Reichtum gekommen

Wir fahren jetzt erst mal zum Ort TAFRAOUTE, wo es, wie erwähnt, gleich drei Campingplätze gibt. Grandios gelegen sind sie alle.

Kurz vor der Ortseinfahrt TAFROUTE liegt rechts der sehr ordentliche „Camping Tazka“.

**(070) WOMO-Campingplatz-Tipp:**
**„Camping Tazka“, Tafraoute**

**GPS:** N 29° 42' 56.5" W 8° 59' 11.7"
**Zufahrt:** Vor dem Ortseingang von Tafraoute rechts.
Ruhig. Ortsrand. Zum Zentrum mittlerer Fußweg.

Wenige Meter danach kommt noch ein weiterer neuer Campingplatz, der

**(071) WOMO-Campingplatz-Tipp: „Camping Granit Rose“**

**GPS:** N 29° 43' 02.2" W 8° 59' 05.4"
**Zufahrt:** vor Ortseingang Tafraoute rechts.
Ruhig. Ortsrand. Zum Zentrum Fußweg.

„Unser“ Platz ist immer der „Les 3 Palmiers“ weil er gleich am Rande des Zentrums und doch sehr ruhig liegt. Er verfügt über alle Ver- und Entsorgungsmöglichkeiten. Wenn der alte, ummauerte Platz voll ist, kann man auch links davon (und zwar viel schöner) verstreut in schönem Gelände außerhalb stehen. Und zwar in traumhafter Umgebung. Vor Sonnenaufgang, gegen 4 Uhr, beginnt von einem der Minarette ein ausgesucht musikalischer Muezzin die Nachtausgabe seines Programms. Mor-

Felslandschaft bei Tafraoute

gens kommt ein Opa und sagt, er sei der „Gardien“ - der Nachtwächter. 10 DH sollten Sie ihm geben.

**(072) WOMO-Campingplatz-Tipp:**
**„Les 3 Palmiers“ Tafraoute**

**GPS:** N 29° 43' 18.3" W 8° 58' 46.4"
**Zufahrt:** Im Ortszentrum von Tafraoute den Schildern folgen.

Das Klima hier oben, in 1000 m Höhe, ist angenehm. Der Ort TAFRAOUTE selber, Verwaltungs- und Geschäftsmittelpunkt der Region, verfügt über keine besonderen Sehenswürdigkeiten. Aber die Gegend mit ihren fantastischen, bizarren Felsen ist wahrlich eine Reise wert. Sie sollten Rundfahrten oder auch Wanderungen in die umliegenden Täler unternehmen, wo die Berber vom Stamm der Ammeln ihre schwalbennestartigen Dörfer an die Hänge gebaut haben. Vielleicht interessieren Sie sich auch für die **„Roches peints“**. Ein belgischer Künstler hat vor etlichen Jahren in einem Talkessel oberhalb des Zentrums von TAFRAOUTE eine Reihe teils riesiger Felsen bunt angemalt wie Ostereier. Seiner Selbstverwirklichung war das gewiss zuträglich. Uns stört die Hybris, mit der sich hier einer über die Natur hermacht. Aber gottlob holt diese sich ihr Recht zurück: die Farben verblassen, denn eitel ist alles Menschenwerk. Wenn Sie mit dem Wagen hin wollen, fahren sie die obere Straße Richtung TIZNIT und etwa 500 m hinter dem Abzweig nach links (Richtung TASSRIRT), den sie nicht nehmen, geht dann rechts eine Piste rein. Von der Einfahrt läuft man ca. 30 Minuten durch die fantastische Landschaft von TAFRAOUTE.

Die„Roches peints“, bunt bemalte Felsen

Wenn Sie die langen Fahrten über haben und ein paar Tage Ruhe wollen, so ist TAFRAOUTE genau das Richtige. Wir trafen lustige, bejahrte WOMO-Freunde aus dem Elsass, die schon seit 4 Monaten in Marokko waren. Besonders lange hätten sie es in TAFRAOUTE ausgehalten. Aber irgendwann müssen wir doch weiter. Es gibt drei ordentliche Straßenverbindung mit der Welt da unten: die, die wir gekommen sind, dann die Straße nach AGADIR und schließlich noch eine über IGHREM. Wir nehmen die nach AGADIR und folgen dazu in der Ortsmitte der entsprechenden Beschilderung.

Übrigens gibt es 3 km hinter dem Ortsausgang noch einmal eine Art Camping, nämlich das „Hotel Restaurant L'Arganier".

### (073) WOMO-Campingplatz-Tipp: „Hotel L'Arganier" in Tafraoute

**GPS:** N 29° 45' 20.1" W 8° 57' 42.2"
**Zufahrt:** 3 km hinter Tafraoute links an der Straße.

Die Straße führt uns erst etliche Kilometer durch das riesige **Tal der Ammeln** mit seinen Schwalbennest-Dörfern und steigt dann steil an. Auf 1500 m Höhe wird ein großer Talkessel erreicht und dann geht es noch einmal eine Stufe höher. Und oben am Kesselrand ist links ein kleiner Laden mit einer feinen Plattform, wo wir gut stehen und rasten können. Vielleicht ein 2. Frühstück mit Fernblick?

### (074) WOMO-Stellplatz: „Über dem Kessel"

**GPS:** N 29° 43' 49.8" W 8° 50' 30.7" **max. WOMOs:** 2-3
**Zufahrt:** An der Straße von Tafraoute nach Agadir. Über den Talkessel hinter Tafraoute.
**Ausstattung/Lage:** Parkplatz neben einem kleinen Laden, außerorts, kein Schatten. Keine VE.

Eine der zahlreichen Speicherburgen im Antiatlas

Die Straße gabelt sich nun: links unsere Tour, Richtung AGADIR und TAROUDANNT. Rechts die dritte Möglichkeit über IGHREM. Wer den berühmten **Agadir von Tasguent** besuchen will, muss Richtung IGHREM fahren. Wir sind nämlich im Land der Agadire und der Name der Stadt erinnert daran, dass sie wohl auch einmal einen besessen haben muss. Agadire sind die Speicherburgen hier im **Antiatlas**, in denen über Jahrhunderte Urkunden, aber auch Vorräte wie z.B. Aussaatgetreide aufbewahrt wurden. Zudem dienten sie in Krisenzeiten als Zuflucht für die Bevölkerung. Auf der Strecke hinunter nach AGADIR werden Sie auf Anhöhen über beinah jedem Dorf die fast fensterlosen Steinbauten sehen. Die meisten sind so kühn erbaut wie unsere Burgen am Rhein. Fast alle verfallen derzeit, weil sie ausgedient haben. Aber zwei von ihnen sind noch richtig gut erhalten: einmal der über 1000 Jahre alte **Agadir von Tasguent**, in dessen Nähe man eben über die Straße nach IGHREM gelangt. Doch danach sind noch 5 km Piste zu fahren, die für das WOMO eine Tortur sind. Wir haben es einmal gemacht. Aber nur einmal. Ganz anders der Agadir von Tizourgane. Er liegt unmittelbar an unserer Route und ist über einen kurzen Fußweg zu erreichen. Doch davon später! Erst mal kurven wir gemütlich die hier noch recht bequeme Straße gen AGADIR. Etliche Kilometer weiter die Straße hinunter,

Agadir von Tizourgane

nicht lange nach dem Abzweig zum Ort IDA OUGNIDIF, sehen Sie dann zwei Speicherburgen gleichzeitig. Die rechte ist ziemlich verfallen, aber die linke, die dort auf einem Felskegel thront, ist fabelhaft erhalten. Es handelt sich um den schon versprochenen **Agadir Tizourgane aus dem 13. Jahrhundert**, der kreisförmig von Wohnhäusern umgeben ist. Ein prächtiger Anblick! Man hat den Touristen neuerdings durch eine Rampe den Aufstieg erleichtert, was unseres Erachtens den wehrhaften Charakter ziemlich stört. Sie werden verstehen, was wir meinen, wenn Sie später, der Straße folgend, auf die andere, ganz originale Seite der Burg blicken. Freilich kommt man jetzt leicht hinauf und kann nach einem Rundgang dort einen Tee

Ein Dorf der Atlasberber

Straße kaum breiter als das Wohnmobil

trinken. Auf halber Höhe des Kegels wurde gar ein Parkplatz angelegt. Instinktiv fährt kaum ein Tourist dort hinauf und das wohl nicht nur, weil die kleine Piste sehr steil ist. Weiter geht es Richtung AGADIR. Immer wieder Dörfer, die extrem ausgesetzt an die steilen Felswände gebaut sind. Bestimmt nicht wegen der schönen Aussicht. Manchmal sehen sie wie tibetische Klöster aus. Die Straße wird enger und man muss schon sehr aufpassen, dass man sich von den fantastischen Anblicken nicht zu sehr ablenken lässt: zwei Sekunden gepennt und Sie sind schneller unten als beabsichtigt. Die Straße wird gerade zweispurig ausgebaut – eines der zahllosen grandiosen Straßenbauprojekte Marokkos – aber zum Schnarchen ist sie dennoch nicht. Bei starkem Regen würden wir sie, wie alle Bergstraßen hierzulande, wegen der starken Erosion nicht fahren. Wir haben Tour 6 mit Bedacht von TIZNIT den Berg hinauf und nach AGADIR wieder hinunter geführt, weil Sie so fast immer auf der Bergseite fahren, was viel leichter zu verkraften ist. Aber lassen Sie sich nicht verrückt machen: mit ein bisschen Aufmerksamkeit kommen Sie heil hinunter. Zum Entspannen haben wir, kurz nach dem Kilometerstein „Biougra 55 km“ auf 1050 m Höhe noch einen schönen Rastplatz mit formidablem Rundumblick für Sie. Bitte passende Ausfahrt vorher er-

Palme mit nassen Füßen

kunden. Mit großen Fahrzeugen will das überlegt sein. Denn wenn Sie auf der Straße wenden müssen, dann gnade Ihnen Allah!

### (075) WOMO-Stellplatz: „Rundumblick“

**GPS:** N 29° 59' 26.5" W 9° 02' 01.0" **max. WOMOs:** 2-3
**Zufahrt:** An der Straße von Tafraoute nach Agadir links, kurz nach Kilometerstein „Biougra 55 km“.
**Ausstattung/Lage:** Außerorts, schräg, kein Schatten. Keine VE.

Ziegen im Argenienbaum

Manchmal sieht man auf der weiteren Abfahrt Ziegen, die in die Arganienbäume geklettert sind, um sie abzuweiden. Einen komischen Geschmack haben sie, die Ziegen. Wir haben die grünen Arganienfrüchte mal probiert: gallebitter! Weiter unten kommen wir an einen Stausee. Er muss noch recht neu sein, denn es bietet sich der absurde Anblick von noch nicht ganz abgestorbenen Palmen, die nur noch mit dem Schopf aus dem Wasser ragen. Lange kann das nicht gut gehen, denn an sich sind Dattelpalmen nicht eigentlich Wasserpflanzen.

Auf AIT BAHA zu wird die Landschaft dann langsam harmloser – wir kommen aus dem Gebirge heraus. Dieser erste größere Ort nach TAFRAOUTE ist uninteressant. An der Straßengabelung über dem Ort halten wir uns rechts. Links geht es ins Zentrum. Hinter AIT BAHA dann noch einmal eine Geländestufe und bald haben wir den **Antiatlas** hinter uns und erreichen die **Sousse-Ebene**, jenes fruchtbare Riesental zwischen Antiatlas und Hohem Atlas. Im Ort IMI-MQOURN kann man geradeaus über BIOUGRA nach AGADIR fahren, was sich dann empfiehlt, wenn man über die Schnellstraße flott nach MARRAKECH und vielleicht weiter nach Norden will.

Falls Sie die Zeit haben, empfehlen wir, rechts in Richtung „TAROUDANNT, OULAD TEIMA“ abzubiegen. Sie erreichen dann, durch reizlose Landschaft, aber auf kürzestem Wege, die neue Schnellstraße nach TAROUDANNT und stoßen damit auf Tour 4.

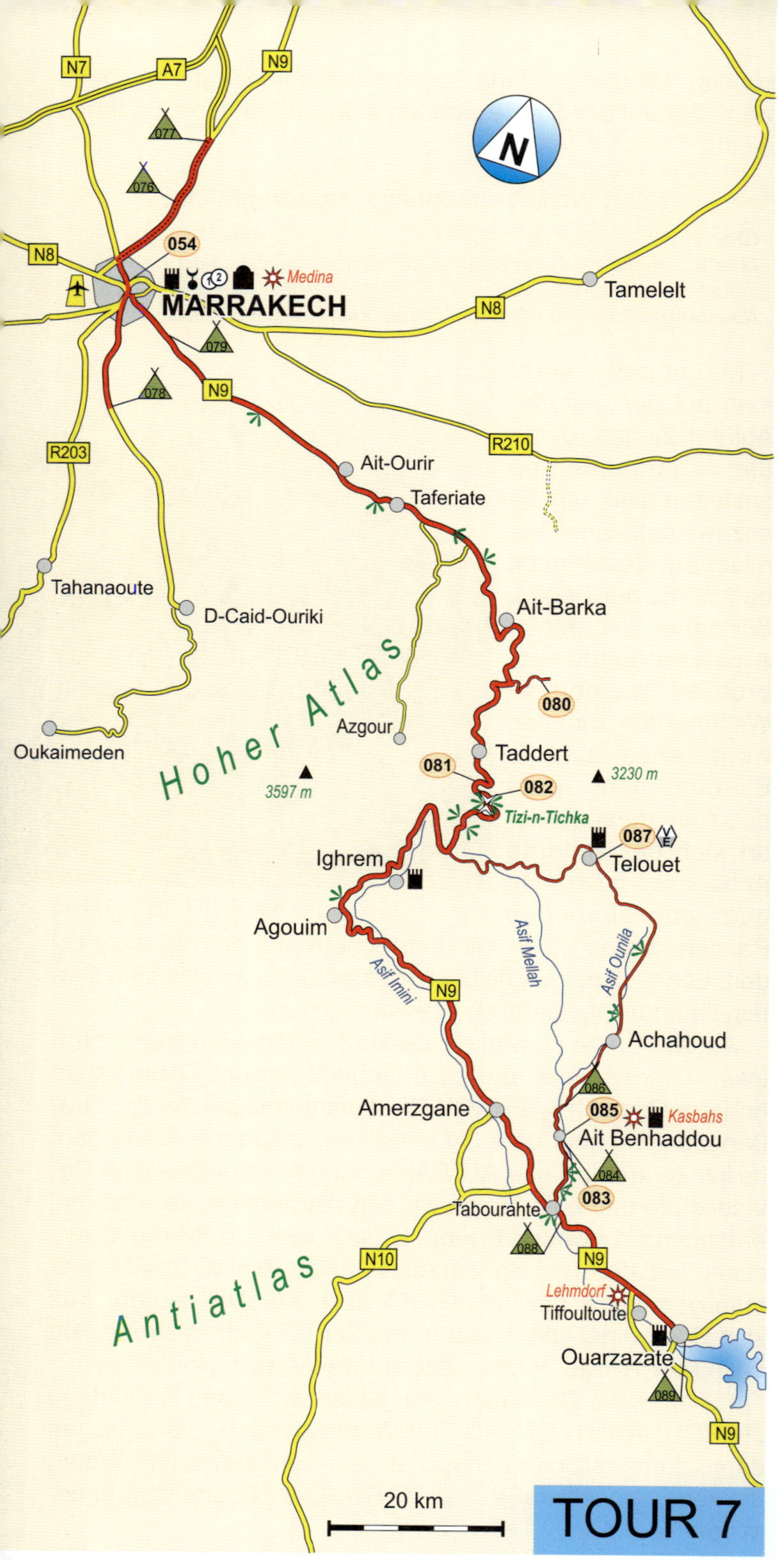
N7
A7
N9
077
076
N8
054
Medina
MARRAKECH
079
078
N9
R203
N8
Tamelelt
R210
Ait-Ourir
Taferiate
Tahanaoute
D-Caid-Ouriki
Ait-Barka
Hoher Atlas
080
Azgour
Oukaimeden
Taddert
081
082
3597 m
3230 m
Tizi-n-Tichka
087
Ighrem
Telouet
Agouim
Asif Mellah
Asif Ounila
Asif Imini
N9
Achahoud
086
Amerzgane
085
Kasbahs
Ait Benhaddou
084
083
Tabourahte
088
N10
N9
Antiatlas
Lehmdorf
Tiffoultoute
Ouarzazate
089
N9
20 km
TOUR 7

## TOUR 7 (ca. 205 + 45 km / 1 - 3Tage)

### Marrakech – Tizi n'Tichka – Ait Benhaddou – Ouarzazate + Abstecher nach Telouet

| | |
|---|---|
| **Freie Übernachtung:** | Tischka-Nebenstrasse, Tischka-Pass, Ait Benhaddou, Telouet |
| **Campingplätze:** | Marrakech, Ait Benhaddou, Ouarzazate |
| **Ver-/Entsorgung:** | Campingplätze, Tankstellen |
| **Trinkwasserstellen:** | Campingplätze, Tankstellen |
| **Besichtigungen:** | Marrakech, Ait Benhaddou, Ouarzazate |

MARRAKECH, diese neben FES geschichtlich bedeutendste Stadt des Landes, ist seit Jahrzehnten ein Sehnsuchtsziel zivilisationsmüder Nordländer auf ihren Traumpfaden in den Süden, erlebt aber in den letzten Jahren einen Boom ohnegleichen. Massentourismus wie snobistischer Jetset treten sich gegenseitig auf die Füße. Als Perle der Wüste wird sie von durchgereisten Journalisten gern beschrieben – ein ziemlicher Quatsch, denn zwischen Marrakech und der Sahara liegt ein riesiger Gebirgsriegel und selbst südlich des Atlas ist man erst mal noch eine ganze Weile nicht in der Wüste.

Koutoubia-Moschee

Die Stadt im Rahmen dieses Führers angemessen zu beschreiben, ist ganz unmöglich. Wir brauchten das halbe Buch dafür. Wer sich intensiver mit der Geschichte und den zahllosen Sehenswürdigkeiten der „Metropole des Südens" befassen möchte, ist mit dem „Baedeker Marokko" gut bedient. Wir greifen nur einige wenige Höhepunkte heraus, die Sie unbedingt sehen sollten.

Zum Ende von Tour 4 hatten wir bereits die Zufahrt zu unserem Lieblings-Stellplatz mitten in der Stadt, in unmittelbarer Nähe der **Koutoubia-Moschee** beschrieben. Es handelt sich um einen bewachten Parkplatz, von dem aus die meisten bedeutenden Sehenswürdigkeiten in wenigen Minuten zu Fuß erreichbar sind. Hier, weil's praktisch ist, noch einmal seine Daten:

### (054) WOMO-Stellplatz: „Parkplatz Koutoubia"

**GPS:** N 31° 37' 26.6" W 7° 59' 46.2" **max. WOMOs:** 5-8
**Zufahrt:** Öffentlicher Parkplatz an der Hauptmoschee „Koutoubia", vom „Boulevard Mohammed V" aus zu erreichen, siehe Text.
**Ausstattung/Lage:** Mitten im Zentrum. Wenige Fußminuten von der Jemaa el Fnaa, kein Schatten, öffentliche Toilette an der Moschee, Restaurants und Einkaufsmöglichkeiten, größter Souk des Landes. Keine VE.

Gegen ein vernünftiges Trinkgeld entleeren die Parkwächter manchmal sogar die Kassette. Spätestens gegen Mittag ist der Platz aber voll. Für diesen Fall, oder wenn es Ihnen zu heiß ist hier mitten in der Stadt, können wir Ihnen drei Ausweichmöglichkeiten anbieten, Campingplätze, die etwa 11 bzw. 14 km außerhalb liegen.

Nehmen Sie für die beiden ersten die durchweg gut ausgeschilderte Straße in Richtung Autobahn CASABLANCA. Um zum ersten, nicht ganz leicht zu findenden Platz zu gelangen, müssen Sie immer stur Autobahn CASABLANCA um Kreisverkehre etc. herum fahren und in 11 km Entfernung von der Koutoubia-Moschee nach links abbiegen. Dann zunächst der Ausschilderung zum „Club Sangho" folgen, in dessen Nähe der „Relais de Marrakech" liegt. Am Ende geht es ein paar hundert Meter über Piste.

### (076) WOMO-Campingplatz-Tipp: „Le Relais de Marrakech"

**GPS:** N 31° 42' 26.8" W 7° 59' 19.3"
**Zufahrt:** Von der Straße nach Casablanca (Nationalstraße und Autobahnzufahrt) links abbiegen, wie im Text beschrieben.
**Ausstattung/Lage:** Ruhig, gepflegt, am Stadtrand.

Der Platz ist recht neu und liegt sehr ruhig, aber man findet ihn nicht auf Anhieb.

Nicht ganz so ruhig, aber viel leichter anzufahren und deshalb für „Marrakech-Anfänger" vorzuziehen, ist der zweite Platz „Camping Caravaning El Firdaous". Sie folgen der Straße nach Casablanca noch ein paar Kilometer weiter und dann liegt er unmittelbar an der Ausfallstraße auf der linken Seite. Die Einfahrt befindet sich in der Nähe der CMH-Tankstelle, auf der selben Straßenseite wie diese.

**(077) WOMO-Campingplatz-Tipp: „Camping Caravaning El Firdaous“**

**GPS:** N 31° 43' 08.1“ W 7° 58' 55.3“
**Zufahrt:** An der Straße nach Casablanca (Nationalstraße und Autobahnzufahrt), wie im Text beschrieben.

Beide Plätze bieten alle Ver- und Entsorgungsmöglichkeiten und auch Restaurants. Von beiden werden für wenig Geld Zubringerdienste mitten ins Zentrum von Marrakech organisiert.

Ein weiterer sehr guter Platz wurde an der Straße nach OURIKA, 11 km südlich des Zentrums von Marrakech eingerichtet: Die Richtung Ourika ist ab Marrakech gut ausgeschildert. Straßengeräusche sind hörbar, aber der Platz ist so schön und wohlorganisiert, dass man sie gern überhört. Das überaus freundliche Personal ruft bei Bedarf einen fähigen Automechaniker herbei.

**(078) WOMO-Campingplatz-Tipp: „Ourika-Camp“ bei Marrakech**

**GPS:** N 31° 31' 36.8" W 7° 57' 33.1"
**Zufahrt:** An der Straße zum Ourika-Tal links.
**Ausstattung/Lage:** Restaurant, Schwimmbad. Busse ins Zentrum.

Schlangenbeschwörer auf der Jemaa el Fnaa

MARRAKECH war in den fast tausend Jahren seiner Geschichte gleich mehrmals Regierungssitz verschiedener Dynastien und es war immer das Zentrum des berberischen Marokko, im Gegensatz zur arabisch geprägten Schwester FES. Es war Endpunkt der Karawanen, die von Timbuktu oder sonst aus der Wüste kamen. Und monatelange Märsche durch Wüsteneinöden und Gebirge fanden hier endlich ihr Ziel im urbanen Gewimmel von Souks und allerlei Gauklern, Schlangenbeschwörern und Geschichtenerzählern rund um den Platz **„Jemaa el Fnaa“**. Der Platz ist bis heute eine Reise wert, auch wenn die Karawanen längst die Gestalt

Abends auf der Jemaa el Fnaa

von Touristenbussen angenommen haben. Von unserem tollen Parkplatz an der **Koutoubia-Moschee** ist er nur ein paar Schritte entfernt. Sie müssen ihn unbedingt einmal bei Einbruch der Dunkelheit besuchen. Da werden plötzlich viele Dutzend Imbissbuden heran gekarrt und Einheimische wie Touristen mischen sich beim Genuss von gekochten Schafsköpfen oder auch weniger exotischen Delikatessen. An einem Nachmittag sollten Sie sich etwa zwei Stunden für den Besuch der **Souks** nehmen, den größten des Landes. Sie beginnen gleich am Rande der **Jemaa el Fnaa**. In den Hauptgassen gibt es erst mal jede Menge Touristenkrempel vom Schlage „Airport Art". Aber trauen Sie sich getrost in kleine Nebenwege hinein. Es wird Ihnen nichts geschehen und Sie finden auch immer wieder aus dem Labyrinth heraus. Sie werden dort wahrscheinlich noch etwas von der alten Einheit von hand-

werklicher Produktion und Verkauf mitbekommen, wie es sie ja auch bei uns vor der Industriellen Revolution einmal gegeben hat. Kleine Verhaltensregel: man wird Sie beim Bummel durch den Souk unentwegt ansprechen, um Sie zum Kauf zu animieren. Wie sagte unsere Oma? Gar nicht ignorieren! So machen es die Einheimischen auch. Falls Sie etwas kaufen wollen: natürlich sind die zuerst genannten Preise in der Regel viel zu hoch. Bieten Sie erst mal ein Drittel dessen, was der Händler verlangt. Danach gehen Sie ein bisschen höher. Und wenn er dann nicht will, dampfen Sie einfach ab zu seinem Kollegen. Das wirkt Wunder!

Längs durch die Souks (fragen Sie sich durch) gelangt man gut zu einem der schönsten Gebäude in MARRAKECH: der **„Medersa Ben Youssouf“**, einer Koranschule aus dem 16. Jahrhundert. Der Innenhof mit seinem Wasserbecken, den Zedernholz-Schnitzereien, Keramikwänden und Stuckarbeiten ist unbeschreiblich schön. Am Eingang zum Innenhof gehen rechts und links Treppen zu den Zellen der Studenten hoch, die Sie sich auch ansehen sollten. Die Medersa war bis in die 60er Jahre in Betrieb und ist seitdem Museum, sonst dürften

Grün ist die Farbe des Propheten

In der Medersa Ben Youssouf

wir Ungläubige sie auch gar nicht betreten. Wenn Sie aus den Souks wieder zur Jemaa el Fnaa zurückkommen, geht es genau in der entgegengesetzten Richtung zum Palastviertel, wo der König bis heute häufig wohnt. Auch die Mellah befindet sich hier, das alte Judenviertel (heute von Juden praktisch nicht mehr bewohnt), sowie der einst bedeutende, heute völlig kaputte El Badi-Palast. Das alles müssen Sie nicht unbedingt sehen, aber Sie sollten die **Saadier-Gräber** nicht auslassen und sich deshalb nach den **„Tombeaux Saadiens“** durchfragen. Die Saadier waren die letzte Dynastie vor der noch heute herrschenden Alaouiten-Familie. Von ihrer hohen Kultur zeugt ihre **Nekropole**, die nur

Saadier-Gräber

durch ein unscheinbares Türchen zugänglich ist. Der ganze äußerst stimmungsvolle Komplex war jahrhundertelang zugemauert und praktisch vergessen. Wenn Sie einmal in diesem Stadtviertel sind, sollten Sie sich auch noch eben die paar Me-

ter zum „**Bab Agnaou**" durchfragen, einem der schönsten Tore der Stadt, vom Ende des 12. Jahrhunderts.

Was gäbe es nicht noch alles zu sehen in Marrakech! Man brauchte eine Woche, um einigermaßen durchzukommen. Beim nächsten Mal! Gleich neben unserem so praktischen Park- und Rückzugsplatz müssen Sie aber unbedingt noch einen Blick auf die **Koutoubia-Moschee** werfen. Am schönsten erhalten ist ihr Minarett vom Ende des 12. Jahrhunderts. Kennern wird sofort die enge stilistische Verwandtschaft zum Hassanturm in RABAT und zum ehemaligen Minarett der Giralda in Sevilla auffallen. Die Moschee bot 25000 Gläubigen Platz und war damit die größte im ganzen Maghreb. Und wir mit unserm WOMO gleich nebenan! Allah sei Dank.

Koutoubia-Moschee

Wahrscheinlich aber geht es Ihnen wie uns: so erstaunlich ruhig unser Stellplatz mitten in MARRAKECH auch ist, nach zwei oder drei Tagen zieht es uns raus aus der Großstadt. Vor uns liegt schließlich eine der schönsten Landschaftstouren Marokkos:

Wir durchqueren den **Hohen Atlas** in südlicher Richtung über seinen bedeutendsten Pass, den **Tizi n'Tichka**. Das Atlas-Gebirge ist bei guter Sicht scheinbar zum Greifen nahe und erhebt sich tatsächlich beinah unvermittelt nur etwa 60 Kilometer südlich der **Haouz-Ebene**, in der MARRAKECH liegt. Besonders im Frühjahr bieten die schneebedeckten Gipfelregionen mit ihren immerhin 10 Viertausendern einen fantastischen Anblick. Wir verlassen also unseren kuscheligen Parkplatz an der Koutoubia-Moschee links heraus, wie wir gekommen sind, und fahren dann auch nach links auf den großen **Boulevard Mohammed V.** Achten Sie nach einigen hundert Metern bitte rechts auf die Beschilderung „Fes, Ouarzazate".

Blick auf das Atlas-Gebirge

Auf dem Weg nach OUARZAZATE, unserem Ziel südlich des Atlas, müssen wir nämlich zunächst der Beschilderung nach FES folgen. Oft sind aber beide Orte angegeben. Geradeaus geht es nach CASABLANCA, da fahren wir nicht hin, sondern unsere Richtung ist rechts, der Süden. Seien Sie unbesorgt, wenn Sie die erste Abbiegung nicht erwischt haben: auch die nächsten großen Straßen rechts herunter führen alle irgendwie in Richtung FES. Bleiben Sie in der Regel auf der linken Fahrspur, sonst hängen Sie sehr bald hinter parkenden Autos fest. Wenn die Leute hupen, nicht aus der Ruhe bringen lassen. Sie lieben das einfach. Sie werden dann bald die große Ausfallstraße nach FES erreichen, die zunächst noch um die Stadtmauer herum verläuft, und es geht langsam übersichtlicher zu. Rechts ein Metro-Großmarkt (wo in Marokko auch Privatkunden rein dürfen), letzte Gelegenheit europäisch einzukaufen, z.B. die hervorragenden marokkanischen Rotweine. Die Sache hat noch einen Vorteil: der Markt ist gut gekühlt. In der Frischwarenabteilung ist es sogar dermaßen kalt, dass Thermomäntel ausgeliehen werden. Wenn die Temperaturen draußen im Sommer über 40 Grad steigen, ist ein halbstündiger Metro-Spaziergang schon ein sehr eigenes Vergnügen. Angeschlossen ist auch eine Tankstelle.

Hier oder doch sehr bald sollten Sie tanken und Wasser nachfüllen, da es in den nächsten Stunden, oben im Gebirge, dazu keine Gelegenheit mehr gibt. Und wo wir dann übernachten wollen, droben auf der Alm, da gibt's zwar einerseits „koa Sünd', aber andererseits auch nichts zum Frühstück. Also vorher einkaufen! Kurz nach der Metro im Kreisverkehr rechts ab in Richtung OUARZAZATE. Schon hier weist ein Schild auf einen offiziellen Stellplatz „Camping Car Maroc", zu dem es ein paar Kilometer weiter links hinein geht. Alles klar ausgeschildert. Es folgt eine 2,5 km lange Zufahrt zu einem allerdings sehr komfortablen Platz in großer Ruhe. Ein Schnäppchen ist er nicht gerade, hat aber alles, was das Camperherz begehrt. Er liegt ein bisschen aus der Welt, aber dafür aber auch nicht im sommerlichen Smog von Marrakech.

**(079) WOMO-Campingplatz-Tipp: „Camping Car Maroc"**

**GPS:** N 31° 36' 49.3" W 7° 53' 25.3"
**Zufahrt:** An der Straße Marrakech/Ouarzazate links, 2,5 km Piste.
**Ausstattung/Lage:** Ruhig, Komfortabel. Außerhalb von Marrakech.

Von nun an können Sie nichts mehr falsch machen: es geht immer geradeaus (was Sie bitte, angesichts der unzähligen Serpentinen nicht wörtlich nehmen) etwa 200 km bis OUARZAZATE. Und, wenn Sie wollen, ungefähr doppelt so weit bis in die Wüste. Die Gegend ist jetzt intensiv landwirtschaftlich genutzt, bis auf die Atlashänge hinauf. Im Ort AIT OURIR nehmen wir rechts die Umgehung um den Ortskern. Bitte fahren Sie durch die Atlasdörfer, besonders wenn Markttag ist, extrem vorsichtig, denn die Bäuerlein, die hier teils aus entlegenen Nestern kommen, haben manchmal noch nie in einem Auto gesessen und verhalten sich kaum verkehrsgerechter als ihre Ziegen. Hinter AIT OURIR geht es nun langsam durch üppiges Grün ins Gebirge. Rechts ein dichter Wald, in dem es sogar Wildschweine gibt, fast wie daheim! So ein Wald ist kostbar im abgeholzten und regenarmen Marokko. Machen Sie es also bitte wie die Wildschweine: außerhalb des Autos wird nicht geraucht noch sonst wie Feuer gespieen. Mineralienhändler am Straßenrand werden uns von nun an begleiten bis auf die Südseite des Atlas. Die wunderbaren Farben ihrer Bergkristalle sind in der Regel der chemischen Industrie verdankt. Und dass auch mit den Fossilien irgendwas nicht stimmt, werden Sie spätestens dann bemerken, wenn Sie den dritten Ammoniten mit exakt den gleichen Merkmalen in der Hand halten. Bemerkenswert ist immerhin die Kühnheit, mit der Ihnen die Verkäufer vors Auto springen: keine Sorge, die haben jahrelang geübt.

An der Nordseite des Atlas-Gebirges

Erde und Felsen werden jetzt tiefrot, was mit dem üppigen Grün der Atlas-Nordseite einen unerhörten komplementären Farbkontrast ergibt. Erdfarben auch die ersten Berberdörfer, die wabengleich an die Hänge geschmiegt sind und deren Bewohner in mühseliger Arbeit die Terrassen bewirtschaften. Wasser immerhin gibt es hier genug. Das wird sich auf der Südseite dann schlagartig ändern. Rechts der Straße gibt es sogar eine Quelle, an der viele Einheimische anhalten, um Wasser mitzunehmen. Bestimmt ist sie wundertätig, denn Wunder gibt es in Berberland überall. Neulich tat sich im Süden, am Rande der Wüste eine Quelle auf und alle Alten mussten hin und genasen dort auf wundersame Weise von allerlei Zipperlein. Wir natürlich auch hin, mit einer Berberoma aus unserer Nachbarschaft, und tranken das Zeug. Es hat scheußlich geschmeckt: irgendwie wie der Abguss von Salzheringen. Mittlerweile ist die Quelle aber wieder aus der Mode gekommen und der Dorfdoktor muss die Konkurrenz nicht mehr fürchten.

Wundervolle Blicke links hinunter ins Tal. Die Fahrerei ist aber nicht ganz ungefährlich und der Verkehr lebhaft, viele Busse und LKW, sowie ziemlich flotte Fahrzeuge der Touristikunternehmen. Deshalb fahren Sie zum Gucken und Genießen bitte gelegentlich in die Parkbuchten am Straßenrand. Die Dörfer dort tief unten kann man oft erst auf den zweiten Blick ausmachen, weil sie sich farblich von Felsen und Boden nicht unterscheiden. Das Rot der Erde färbt übrigens sehr intensiv. Wenn Sie sich bei Feuchtigkeit draufsetzen, sehen Sie popomäßig wie ein Pavian aus. Lust auf einen Abstecher dort hinunter? Das ist seit

einiger Zeit auch für WOMO-Fahrer gut möglich, weil ungefähr 75 km hinter Marrakech links hinunter eine alte Piste nach „IGHY und AIT HKIM“ geteert wurde. Sie führt gut 18 km bis zu einem Pass auf fast 1800 m Höhe und geht dann als Piste weiter. Diese 18 km brauchbarer Straße, im Frühjahr von Murenabgängen nur wenig beschädigt, führen in traumhaft schöne Bergwelt mit intakten Dörfern und freundlichen Menschen, denen man anmerkt, dass sie noch

nicht vom Massentourismus korrumpiert sind. Ein ganz authentisches Stück Marokko. Herrliche Wanderungen von Dorf zu Dorf sind möglich. Auf halber Strecke rechts eine Ölmühle, die in absolut mittelalterlicher Weise betrieben wird. Oben am Pass gibt es keinen richtigen Stellplatz, aber man kann ohne weiteres am Straßenrand stehen bleiben. Ziemlich zu Anfang des Abstechers, 4 km nach dem Abzweig von der Hauptstraße, gibt es aber an der tiefsten Stelle des Ausflugs rechts ein feines schattiges Plätzchen, an dem man rasten oder übernachten kann.

### (080) WOMO-Stellplatz: „Tischka-Nebenstraße“

**GPS:** N 31° 27' 06.5" W 7° 23' 07.5" **max. WOMOs:** 4-5
**Zufahrt:** Tischka-Passstraße in Richtung Süden. Ca. 75 km hinter Marrakech links den Schildern „Ighy, Ait Hkim“ folgen. Nach 4 km auf der Talsohle rechts.
**Ausstattung/Lage:** Außerorts, schattig. Keine VE.

Wir fahren zurück auf die Hauptstraße zum **Tischka-Pass** in Richtung OUARZAZATE. Die Straße führt zeitweise wieder abwärts, aber das wird sich bald umkehren. Ungefähr zwei Stunden nach Marrakech ist das Dorf TADDERT erreicht. Murenabgänge zeigen, wie stark die Gegend erosionsgefährdet ist. Hier wie überall im Atlas gilt: bei stärkeren Regenfällen fahren Sie lieber nicht. In Taddert und besser noch im nächsten Straßendorf kann man gut essen. Es gibt natürlich Tajine, aber wir versäumen nie, uns etwas würziges Lammfleisch von den hier aufgewachsenen Tieren grillen zu lassen. Am besten macht man es wie die Leute hier auch: man lässt sich vom Metzger etwa 300 Gramm pro Person zurechtschneiden, die dann gleich nebenan vom Wirt zubereitet werden. Das Fleisch kostet etwa 70 DH pro Kilo. Der Wirt nimmt 10 bis 15 DH fürs Grillen. Dazu Salat und Brot und ein Tee: köstlich!

Mittagspause am Pass

An der Baumgrenze

Hinter den Dörfern geht es steil auf den Pass. Der nächste Ort ist 68 km entfernt. Zunächst ist es noch sehr grün. Nussbäume z.B. wachsen hier. Das WOMO ächzt in vielen steilen Kehren auf eine riesige Felsnase hinauf bis über die Baumgrenze. Wenn Sie mögen, haben wir jetzt, auf 2070 m Höhe, auch einen schönen Aussichtsplatz für Sie. Der Blick geht hinüber auf die Almen jenseits des dramatischen Einschnitts mit seinen Wasserfällen. Gewaltig!

**(081) WOMO-Stellplatz: „Tichka Süd"**

**GPS:** N 31° 18' 54.6" W 7° 22' 34.1", 2070 m, **max. WOMOs:** 2
**Zufahrt:** Am Pass Tizi n'Tichka über einer Schlucht. Parkstreifen am Rand der vielbefahrenen Passstraße.
**Ausstattung/Lage:** Außerorts, kein Schatten. Keine VE.

Wir kommen auf ein Hochplateau, das noch nicht ganz auf der Passhöhe liegt. Links ein „Refuge", also eine Schutzhütte. Rechts ein Café. Nach wenigen hundert Metern sind wir auf „unserer" Alm mit dem versprochenen feinen Stellplatz auf der linken Seite. Er ist eben und kiesbedeckt, von der Straße ein wenig entfernt, es gibt ein Bächlein und oben auf den Dreieinhalbtausendern liegt im Frühsommer noch Schnee. Hier stehen wir wahrlich gut! Eine kleine Wanderung bietet sich an. In der Nacht fahren kaum mehr Autos vorbei und wir schlafen wunderbar ruhig und kühl auf 2090 m Höhe. So weit unser Tipp in Sachen Alm. Für die Sünd' müssen Sie schon selber sorgen.

**(082) WOMO-Stellplatz: „Tichka-Alm"**

**GPS:** N 31° 18' 12.4" W 7° 22' 18.0"; 2090 m, **max. WOMOs:** 2-3
**Zufahrt:** Am Pass Tizi n'Tichka. Kurz vor Passhöhe links.
**Ausstattung/Lage:** Hochplateau an einem Bach, kein Schatten, aber wegen der Höhe kühl. Keine VE/außerorts.

Am nächsten Morgen steigen wir noch einmal ein paar Meter aufwärts bis auf 2224 m. Von nun an geht's bergab. Einige Steinhütten von Viehnomaden weisen darauf hin, dass dieses Gebiet keineswegs menschenleer ist. Nach einigen Kilome-

Kasbah vor Ighrem

tern geht links eine Straße nach TELOUET ab. Sie ist neuerdings bis hinab nach AIT BENHADDOU geteert. Wir beschreiben diese Straße als Abstecher von Tour 7 (von unten her) aus Richtung AIT BENHADDOU. Wir fahren erst mal weiter bergab durch IGHREM, wo hervorragendes Obst angebaut wird. Besonderen Ruf genießen die hiesigen Äpfel.

Immer weiter abwärts, vorbei an einigen roten Dörfern. Achten Sie bitte auf die hübschen, überschlanken, mit farbigen Fayencen geschmückten Minarette, die sich drei dieser Dörfer leisteten. Einige Kasbahs auf der rechten Seite lassen erahnen, dass wir uns der so genannten **„Straße der Kasbahs“** nähern, die von OUARZAZATE in zwei Richtungen ihren Ausgang nimmt. Mehr und mehr Tamarisken wachsen hier, ein feinfiedriger Baum, der von hier bis runter in die Wüste häufig vorkommt und offenbar extrem wenig Wasser braucht. Wo Tamarisken leben, sind die Palmen nicht weit. Und in der Tat: wir nähern uns langsam der Wüste. Denn südlich des Atlas ist Vorwüstenland. Es wird denn auch deutlich wärmer.

20 km vor OUARZAZATE zweigt im Ort TABOURAHTE eine Straße nach links, Richtung AIT BENHADDOU ab. Vielleicht sind Sie jetzt nach der langen Fahrt über den Atlas zu müde und Sie wollen erst mal in OUARZAZATE ganz zivilisiert ausspannen? Dann kommen Sie später wieder her. Oder Sie sind noch ganz fit? Auf jeden Fall müssen sie AIT BENHADDOU sehen. Am besten, indem Sie einen Abstecher bis hinauf nach Telouet dranhängen und dort übernachten. Eine großartige Tour! Es

An der Straße nach Ait Benhaddou

sind nur 9 km bis AIT BENHADDOU. Die Straße führt uns am Unterlauf der Flüsse **Asif Mellah** und **Asif Ounila**, die sich kurz hinter AIT BENHADDOU vereinen, hinauf. Im Oued, dem Flussbett, wachsen Palmen, aber außerhalb des Oued ist vegetationsloses Wüstenvorland. Nach 4 Kilometern sehen wir rechts höchst eigenartige Felsschichtungen. Kurz danach gibt es rechts auf einer Anhöhe über dem Fluss ein feines Stellplätzchen, auf dem man auch frei übernachten kann.

**(083) WOMO-Stellplatz: „Ait Benhaddou"**

**GPS:** N 31° 00' 44.7" W 7° 06' 07.3" **max. WOMOs:** 2-3
**Zufahrt:** An der Straße nach Ait Benhaddou, 4 km nach Abzweig von der Hauptstraße auf der rechten Seite.
**Ausstattung/Lage:** Felsplateau über einem Fluss, außerorts, kein Schatten, keine VE/außerorts.

Ait Benhaddou

Wenig später nähern wir uns dem ersten Höhepunkt des Abstechers. Kurz vorher geht rechts eine kleine Piste ein paar Meter weit auf einen Aussichtshügel, vor den Schildern „Tamdakht 7 km" und dem 60-km-Tempolimit. Lassen Sie dort das WOMO stehen und gehen Sie die paar Meter zu Fuß hinauf.

Welch ein Anblick! AIT BENHADDOU steht seit 1987 auf der UNESCO-Liste des Weltkulturerbes, und das sehr zu recht. Das Ensemble aus sechs Kasbahs, die sich dort über einem Flusslauf eng ineinander verschachtelt den Felsen hinaufziehen, ist für jeden Freund der Architektur ein Höhepunkt einer Marokkoreise. Am Schild **„Complexe touristique, La Kasbah Ait Benhaddou"** fahren wir rein und stellen das Fahrzeug ab. Zwischen dem „Hotel La Kasbah" und der „Auberge Café Re-

Auf dem Muli durch die Furt

staurant Bilal" geht der Fußweg hinunter zum Fluss und hinüber ins Dorf. Wenn der Fluss viel Wasser führt, müssen Sie sich auf dem Maultier übersetzen lassen. Das ist aber selten der Fall. Schütteln Sie die Jungs ab, die sich als Führer verdingen wollen, Sie brauchen keinen. Dass an den Zugängen zum Dorf pro Person 10 DH erhoben werden, finden wir dagegen in Ordnung.

Am besten kommt man frühmorgens her, bevor die Busse anrollen. Dann hat man auch das beste Fotografierlicht. Lassen Sie sich Zeit für einen gemütlichen Bummel. Dergleichen werden Sie so schnell nicht wieder sehen. Es sei denn im Film! Denn hier wird häufig gedreht. Eine der bekanntesten Produktionen war „Sodom und Gomorrha" von Orson Welles. In Wirklichkeit geht es aber eher gemäßigt zu. Wir fanden sogar die Verkäufer in den Touristenshops relativ unaufdringlich. Beim Anblick dieses wunderbaren Dorfes, das gottlob nur

zur Hälfte verfallen ist, bekommt man ein Gefühl dafür, welch dramatischer Kulturverlust in den letzten Jahren dadurch eingetreten ist, dass man fast alle Lehmburgen der so genannten „Straße der Kasbahs" östlich und südlich von OUARZAZATE hat weit stärker verfallen lassen. Doch davon später. Möchten Sie an einem stillen Plätzchen mit Blick auf AIT BENHADDOU einen Tee trinken? Laufen Sie auf der Asphaltstraße ein Stückchen bis kurz vor der Moschee. Rechts neben der Post dort geht eine Gasse ins Dorf. Die gehen Sie durch bis zur Abbruchkante des Oued und finden dort ein hübsches kleines Terrassencafé mit idealem Blick auf das antike Dorf. Haben Sie Lust, ein bisschen länger in der Gegend zu bleiben? Dann fahren Sie ein paar Kilometer der Asphaltstraße entlang und lassen Sie den Touristenrummel hinter sich. Die Restaurants hier werden Ihnen eine Übernachtung nicht verweigern, wenn Sie dort essen. Es gibt direkt in AIT BENHADDOU auch einen Campingplatz, den „Camping Kasbah du Jardin". Er liegt kurz hinter dem „Haupteingang" zum Dorf auf der rechten Seite, ist preiswert, einfach, hat aber alles, was man braucht.

**(084) WOMO-Campingplatz-Tipp:**
**„Camping Kasbah du Jardin"**

**GPS:** N 31° 02' 49.5" W 7° 08' 05.5"
**Zufahrt:** Im Ort Ait Benhaddou rechts an der Hauptstraße.

Es ist auch möglich, auf dem großen Parkplatz beim Hauptzugang zum Dorf AIT BENHADDOU zu übernachten. Dort zahlen Sie lediglich die Parkgebühr:

**(085) WOMO-Stellplatz: „Großer Parkplatz"**

**GPS:** N 31° 02' 32.9" W 7° 07' 46.1" **max. WOMOS:** 10
**Zufahrt:** An der Hauptstraße in Ait Benhaddou rechts.
**Ausstattung/Lage:** Bewachter Parkplatz, tags viel Verkehr, nachts ruhig. Keine VE/im Ort.

Viel schöner aber ist der Platz bei der „Auberge Defat Kasbah" 3 km hinter AIT BENHADDOU, unmittelbar vor der Brücke über den **Oued El Maleh**. Alles ist sehr sauber dort und es gibt sogar einen hübschen kleinen Pool. Die jungen Leute sind nett und sehr bemüht, sprechen auch ein bisschen Deutsch. Nachteil: Fahrzeuge über 3 m Höhe können die viel zu niedrige Toreinfahrt nicht passieren.

**(086) WOMO-Campingplatz-Tipp: „Defat Kasbah"**

**GPS:** N 31° 04' 17.2" W 7° 08' 29.5"
**Zufahrt:** Asphaltstraße 3 km nördlich von Ait Benhaddou.
Niedrige Einfahrt: max. 3 m.

Am Asif Ounila

Von hier sind feine Wanderungen möglich, z.B. zur nahen, leider ziemlich ruinösen **Kasbah Tamdakht**. Früher endete dort, ein paar Kilometer hinter der Brücke, die Teerstraße. Neuerdings ist sie aber bis hinauf nach Telouet ausgebaut und von Fahrzeugen jeder Größe zu bewältigen. Wir versprechen Ihnen eine der schönsten Strecken Marokkos.

Die Fahrt entlang des tief eingeschnittenen Flusstals ist grandios. Die Gegend war früher so abgelegen und bettelarm, dass sich die Bewohner keine Neubauten leisten konnten. So blieb die ursprüngliche Lehmarchitektur der Berber weitgehend er-

Auf dem Weg nach Telouet

halten und fiel nicht, wie etwa im Draa-Tal, zu Gunsten trostloser Betonbauten fast vollständig einem fragwürdigen Fortschrittsbegriff zum Opfer. Man kann nur hoffen, dass dies so bleibt und die Menschen den Wert ihrer großartigen Architekturtradition erkennen. Am ehesten wird das gelingen, wenn sie damit Geld verdienen, d.h. durch Tourismus.

Fünf Kilometer sind es von der Brücke an bis hinauf nach Telouet. Gleich am Ortseingang geht rechts die Zufahrt hinauf zu einem feinen Stellplatz neben einem Café. Stellplatz und Café gehören zur „Auberge Telouet", der großen neuerbauten „Kasbah" auf der gegenüberliegenden Straßenseite. Freundliche Leute.

**(087) WOMO-Stellplatz: Telouet**
**„An der Auberge Telouet"**

**GPS:** N 31° 17' 24.6" W 7° 14' 10.5" **max. WOMOS:** 3-4
**Zufahrt:** Im Text beschrieben.
**Ausstattung/Lage:** Strom, VE, Ruhig, Ortsrand.

TELOUET liegt wunderschön auf ca. 1800 m Höhe. Besonders hübsch ist es im zeitigen Frühjahr, wenn vor den noch schneebedeckten Gipfeln des Hochgebirges die Obstbäume blühen.

Man kann hier oben gut zwei oder drei Tage mit Wandern und Ausruhen verbringen. Berühmt ist der Ort als Stammsitz des Adelsclans der **Glaoui**. Gegenspieler der Alaouiten, der

Frühling in Telouet

In der Kasbah der Glaoui

Sultans- und späteren Königsfamilie. Die Burg verfiel zusehends, seit die Familie sie nach der Unabhängigkeit Marokkos 1956 verlassen musste, weil sie aufs falsche Pferd gesetzt und mit den Franzosen paktiert hatten. Die **Kasbah** gehört aber nach wie vor den Glaoui und sie kümmern sich neuerdings auch wieder um den Erhalt wenigstens der prachtvollen Wohnräume des riesigen Komplexes. Das Eintrittsgeld von 20 DH ist für die Restaurierung bestimmt.

Ab Telouet führt die, nun nicht mehr so gute, aber fahrbare Straße in 20 km bis zur Tischka-Passstraße.

Haben Sie aber vielleicht im Augenblick gar keine Lust auf den beschriebenen Abstecher hinauf nach Telouet und suchen nur ein sicheres Plätzchen für die Nacht? An der Hauptstraße nach OUARZAZATE. etwa 1 km nach dem Abzweig der Straße nach AIT BENHADDOU liegt rechts der Camping „Le Tissa". Er ist einfach, aber sehr geräumig und eignet sich für Fahrzeuge jeder Größe und Höhe. An der von der Straße abgewandten Seite ist es auch ruhig.

**(088) WOMO-Campingplatz-Tipp: „Le Tissa"**

**GPS:** N 30° 58' 31.4" W 7° 05' 51.4"
**Zufahrt:** An der Straße nach Ouarzazate kurz nach dem Abzweig Richtung Ait Benhaddou und dem Oued Maleh rechts.

Die Gegend ist jetzt, etwa 20 km vor OUARZAZATE, fast vegetationslos, wenn man von den Flussläufen einmal absieht. Es ist extrem trocken: meist unter 20% relativer Feuchte. Das führt unter anderem dazu, dass wir selbst bei sehr hohen Temperaturen und entsprechender Transpiration kaum stinken: der Schweiß trocknet im Nu und lässt den Bakterien kaum Zeit. Sie werden feststellen, dass der Anteil der Schwarzen an der Bevölkerung, der im Gebirge praktisch Null war, hier unten stark zunimmt. Es sind die Nachfahren der Sklaven, die bis ins 19. Jahrhundert hauptsächlich aus dem Sudan und aus Mali hierher verschleppt wurden, um in den Oasen zu schuften.

Filmstudios bei Ouarzazate

Das gelblich-weiße wüstenartige Hügelland, das Sie links sehen, war unter Anderem der Grund dafür, dass in den letzten Jahrzehnten um OUARZAZATE eine stark expandierende Filmindustrie entstanden ist. Fast alle großen internationalen Bibel- und Antikenfilme der letzten Zeit sind hier gedreht worden. Denn die „Locations“ von hier bis runter in die Sandwüste sind einfach grandios und an wunderbaren Komparsen ist kein Mangel: Man muss die Leute gar nicht groß umziehen, denn besonders die Älteren sehen praktisch immer so aus, als kämen sie gerade aus einem Bibelfilm. Auf dem „Berbertaxi“, dem Esel, versteht sich. Man muss ihnen nur die Brille wegnehmen. Links der Straße ist kürzlich ein riesiges Studio gebaut worden. Dort stehen meist Dutzende junger Leute herum, weniger wegen der Stars, die hier allerdings ständig unterwegs sind, als weil sie Arbeit suchen. Am Orteingang nach OUARZAZATE hat man ein styroporenes Ägypten oder Babylon stehen lassen. Und dieses Wunderwerk der Illusion dürfen wir – gegen einen Obolus natürlich – besichtigen. Muss nicht sein. OUARZAZATE ist am Kreisverkehr endgültig erreicht, wir fahren geradeaus. Siehe da: es gibt sogar einen kleinen Flughafen, von dem immerhin Direktflüge nach Europa angeboten werden. Er ist hübsch und gemütlich und überhaupt unser Lieblingsairport. Jedes Mal, wenn ein Flugzeug erwartet wird, kommt die Polizei auf dem Moped, um die Sicherheit zu gewährleisten. Und der nette Typ an der Abfertigung begrüßte uns nach dem zweiten Flug wie einen alten Bekannten. Immerhin: an manchen Tagen starten mehrere (kleine) Maschinen!

Wir fahren immer geradeaus „Autres Directions“ durch die Stadt hindurch in Richtung Campingplatz, es sei denn, wir wollen noch einkaufen, was hier ganz gut und hübsch am Souk oder – weniger hübsch – in zwei hässlichen Supermärkten möglich ist. An einer Ampel fahren Sie geradeaus, Richtung „ERRACHIDIA“. Sie kommen am „Croissant Rouge“ vorbei, dem muslimischen Pendant zum Roten Kreuz. Natürlich haben die muslimischen Wohltäter nicht gerade das Logo der Kreuzzüge gewählt. Der rote Halbmond oder eben: das rote Croissant. Vor uns rechts die **Kasbah Taourirt**, die einzige Sehenswürdigkeit des ansonsten eher öden OUARZAZATE. Wir fahren erst mal vorüber, um uns nach der langen Fahrt ein wenig auszuruhen. Wir halten uns rechts, an der Kasbah vorbei, und suchen den Campingplatz am Ortsausgang Richtung ERRACHIDIA auf der rechten Seite. Der liegt zentrumsnah und hat alles, was wir brauchen, sogar ein bisschen Schatten. Nette Leute.

**(089) WOMO-Campingplatz-Tipp:**
**„Camping Ouarzazate“**

**GPS:** N 30° 55' 24.4" W 6° 53' 12.2"
**Zufahrt:** Vom Zentrum Ouarzazate an der Straße nach Errachidia.

OUARZAZATE ist eigentlich ein völlig nichtssagendes Nest wie alle diese Neugründungen des 20. Jahrhunderts. Die Franzosen haben es 1928 als Garnison für die Fremdenlegion errichtet. Allerdings existierte da schon die **Kasbah Taourirt**, ein riesiger Burgenkomplex aus Stampflehm, den die mächtige Adelsfamilie der Glaoui bewohnte. Von unserem Camping-

Kasbah Taourirt

platz ist diese einzige Sehenswürdigkeit von OUARZAZATE in 20 Minuten zu Fuß zu erreichen. Wir sind ja daran vorbeigekommen. Ein Teil der Kasbah ist zu besichtigen. Mehr oder weniger aufdringlich werden sich Führer anbieten. Sie sind völlig überflüssig. Denn so imposant die Kasbah von außen ist – es ist eigentlich nichts drin. Nichts als leere, allerdings gut restaurierte Räume. Einige sind mit Fayencen oder mit bemalten Zedernholzdecken versehen. Lebendig allerdings ist das noch immer von einigen hundert Menschen bewohnte Dorf, das immer schon zur Burg gehörte, der Ksar. Links vom Eingang zur Kasbah führt ein Sträßchen hin. Es gibt dort keine großartigen Bauten zu bewundern. Aber das Örtchen lebt und hat nichts von präparatartigem Denkmal. Welch seltsamer Kontrast zur sterilen Modernität der Provinzhauptstadt OUARZAZATE, deren hohen Bekanntheitsgrad wir (abgesehen von TAOURIRT) immer ebenso unverständlich fanden wie den des 160 km südlich gelegenen ZAGORA. Aber die touristische Imagepflege geht eigene Wege. Lust auf einen Ausflug in die nähere Umgebung? Das Dörfchen TIFFOULTOUTE ist nur ein Dutzend Kilometer entfernt. Fahren Sie die Straße nach MARRAKECH bis zu den Filmstudios zurück und biegen dort nach links ab und folgen der Beschilderung nach TIFFOULTOUTE. Nehmen Sie die Brücke über den **Fluss Ouarzazate** und werfen Sie von der anderen Seite einen Blick auf das weitgehend verfallene Dorf, das sich, wie AIT BENHADDOU, einen Hügel über dem Fluss hochzieht. Nur ist hier eben praktisch alles kaputt. Doch die einstige Schönheit des Ortes lässt sich noch erahnen.

Tiffoultoute

## TOUR 8 (ca. 100 km / 1 - 2 Tage)

### Ouarzazate – Assermo – Demnate

| | |
|---|---|
| **Freie Übernachtung:** | mehrere zwischen Assermo und Demnate |
| **Campingplätze:** | Ouarzazate |
| **Ver-/Entsorgung:** | Campingplätze |
| **Trinkwasser:** | Campingplätze, Tankstellen |
| **Besichtigen:** | Dorf Toufghine |

Tour 8 beschreibt den schwierigsten der Pässe über den Hohen Atlas. Er ist außerordentlich schön, aber nach Regenfällen immer auch irgendwo so gestört, dass er besser nur mit geländegängigen Fahrzeugen befahren werden sollte. WOMOs mit langem Hecküberhang drohen aufzusetzen. Zudem sind einige Steigungen so heftig, dass sie mit Vorderradantrieb Probleme machen können.

Wir verlassen OUARZAZATE in Richtung ERRACHIDIA. Bitte spätestens am Ortsausgang tanken, denn wir werden von allen Pässen über den Atlas, die überhaupt asphaltiert sind, den einsamsten fahren. Zwischen OUARZAZATE auf der Südseite und DEMNATE auf der Nordseite des Gebirges gibt es keine Tankstelle! Aber dafür haben wir eben den Pass fast für uns alleine. Bei unserer letzten Durchquerung sind uns auf der gesamten, etwa 4 Stunden dauernden Fahrt (plus Pausen) keine 3 Autos entgegengekommen. Überholt hat uns überhaupt keiner.

Blick auf den Hohen Atlas

Hinter OUARZAZATE sehen wir links den **Hohen Atlas** und rechts in der Ferne das **Sahro-Gebirge**. Wo die Flussläufe aus dem Atlas kommen, können Sie häufig Beschädigungen der Straße erkennen. Wenn es oben mal ordentlich regnet, läuft das Wasser über die Oberfläche ab, weil es keinen Humus-Schwamm gibt. So können sich knochentrockene Oueds, Flussbetten, in Minutenschnelle in reißende und durchaus gefährliche Gewässer verwandeln, auch wenn Sie vom Regen oben im Gebirge gar nichts mitbekommen haben. Also nie in Oueds parken oder gar übernachten! Man sagt, in der Wüste ertränken mehr Menschen als dass sie verdursten.

Etwa 14 km hinter OUARZAZATE, gleich hinter der Brücke über einen Oued, dessen Verlauf wir aufwärts folgen werden, geht es links ab in Richtung DEMNATE (gut ausgeschildert). Das ist unser Pass. Die Straße folgt mit einigem Abstand im Wesentlichen dem Lauf des Flusses, der sich tief in das fast ebene Atlasvorland gefräst hat. Dies ist eine Landschaftsstruktur, wie wir sie südlich des Atlas häufig finden, im **Ziztal** zum Beispiel oder im **Tal des Draa**. Diese sind aber üppig grün. Das Tal dort links von uns dagegen ist fast verödet unter der Trockenheit der letzten Jahre und man sieht es den Palmen auch an. Gemüse- und Obstkulturen, wie in den anderen beiden Tälern, sind offensichtlich nicht möglich. Auch die Dörfer dort unten wirken öde. Auf der linken Seite taucht so etwas wie eine Fabrik auf, die sich bei näherem Hinsehen aber als nicht abgeräumte Filmkulisse irgendeiner Antikenklamotte erweist. Um OUARZAZATE herum werden eben jede Menge Filme gedreht.

Filmkulissen bei Ouarzazate

Nach gut 20 Kilometern sind wir glücklich am Fuße des Gebirges angekommen. Es wird grüner, denn der **Atlas** hat allenthalben feuchte Füße. Etliche kaputte Kasbahs zeugen, wie überall, von der Gleichgültigkeit der Menschen gegenüber ihrem großen architektonischen Erbe. Gibt es niemanden, der sie überzeugt, welche auch touristischen Chancen damit vertan werden? Die Straße schraubt sich langsam das

Ruinen verfallener Kasbahs

Gebirge hoch. Immer wieder gehen Pisten zu einsamen Bergdörfern ab. Die vielen Kehren erlauben großartige Blicke weit zurück ins Land bis hinüber zum **Sahro-Gebirge**, das zum **Antiatlas** gehört. Und bald kommen wir zu einem feinen Stellplatz für Picknick oder Übernachtung in herrlicher Einsamkeit:

ein nahezu ebenes kiesbedecktes Plateau auf immerhin 1863 m Höhe. Hierher haben wir uns mal geflüchtet, als unten in OUARZAZATE ein Sandsturm tobte, was gar nicht so selten vorkommt. Ein kühlendes Lüftchen weht hier fast immer und es ist bei Hitze im Tal drunten gut erträglich. Der Platz liegt unmittelbar neben der Straße, aber es kommt ja fast nie ein Auto vorbei. Einmal kommt doch eins. Der Fahrer hält an, dreht die Scheibe runter und fragt, ob wir Hilfe bräuchten. Beruhigend!

### (090) WOMO-Stellplatz: „Assermo“

**GPS:** N 31° 14' 22.0" W 6° 49' 41.8"
**max. WOMOs:** 3-5
**Zufahrt:** Rechts der Straße nach Demnate, gut 25 km nach dem Abzweig von der Nationalstraße.
**Ausstattung/Lage:** Fast ebenes Kiesplateau am Südhang des Atlas. Panoramablick. Außerorts. Kein Schatten, aber meist ein kühles Lüftchen. Keine VE.

Wenig später sollten Sie bei **N 31° 14' 36.1" W 6° 50' 08.3"** kurz anhalten und auf den Felsvorsprung laufen. Der Blick von hier ins Tal ist enorm. Bei der Weiterfahrt taucht plötzlich links unten eines von mehreren Dörfern auf, die noch folgen werden. Es ist so schön hier oben, dass Frau Riehl ständig ihren WOMO-Lenker ermahnen muss: guck auf die Straße! Rechts geht eine Piste zu dem Ort AGDIME ab. Nur 2 km! Wir sind hinein gefahren. Es geht, aber oben drehen ist mit größeren Fahrzeugen schwierig. Unser Vorschlag: das WOMO am Straßenrand stehen lassen und eine kleine Fußwanderung hinauf in das sehr ursprüngliche Berberdorf unternehmen. Wenig später haben wir links der Straße wieder einen schönen freien Stellplatz für Sie. Ein wunderbar kühles Lüftchen weht hier oben, auf 1850 m Höhe. Auf der anderen Seite die steinernen Schlupfhütten von Viehnomaden.

### (091) WOMO-Stellplatz: „Unter Nomaden“

**GPS:** N 31° 18' 11.6" W 6° 53' 55.6" **max. WOMOs:** 2-3
**Zufahrt:** Links der Straße nach Demnate. Gegenüber Hütten der Viehnomaden.
**Ausstattung/Lage:** Einsam auf der Atlas-Südseite, außerorts, kein Schatten. Absolut ruhig. Keine VE.

Berberkinder im Atlas

Der große Reiz dieses Passes ist die Einsamkeit, mit der wir hier die Größe der Natur erleben dürfen. Keinerlei touristische Einrichtungen, kein Café, keine Händler, ja es gibt sogar erst sehr spät ein paar Lädchen, um etwas zu Essen zu kaufen. Eigentlich besteht der Pass übrigens aus zwei Pässen, die fast gleich hoch sind: so etwa 2200 m. Der erste ist jetzt erreicht und danach geht es steil hinab. Spätestens ab hier sollten Sie nur bei gutem Wetter und mit geländegängigem WOMO weiterfahren. Auf der Talsohle angelangt, ist plötzlich Wasser in Hülle und Fülle vorhanden und das Tal ist üppig grün. Nach starken Regenfällen ist die Furt hier unten eine der schwierigsten Stellen von Tour 8. Und dann ein fantastisches Ortsbild: links oben auf den Felsen: das Schwalbennest des Dorfes TOUFGHINE. Die Bewohner leben unter archaischen Bedingungen, selbst wenn mittlerweile die eine oder andere Satellitenschüssel zu sehen ist. Der Strom kommt aus der Solarbatterie – und wenn die leer ist, ist Schluss mit Fernsehen. Kein Neubau stört bislang das wunderbare Ortsbild aus unverputztem Naturstein. Weit und breit einmalig das Dutzend noch intakter und genutzter **Mühlen**, die von einem kräftig fließenden Bach getrieben werden. Die Leute von TOUFGHINE haben uns verspro-

Freunde in Toufghine

Toufghine

chen, einen kleinen Stellplatz einzurichten. Vor Redaktionsschluss für dieses Buch war er aber nicht fertig, so dass wir noch keine Empfehlung aussprechen können. Schön wär's, denn die Gegend ist traumhaft. Weiter geht es in Richtung DEMNATE. Dazu queren wir zunächst den Fluss über eine funkelnagelneue Brücke und fahren dann immer steil in vielen Kehren bergauf. Wenige Kilometer hinter Toufghine am linken Straßenrand ein guter Platz für ein Päuschen.

Mühle in Toufghine

An der Passstraße nach Demnate

### (092) WOMO-Stellplatz: „Hinter Toufghine“

**GPS:** N 31° 26' 47.0" W 6° 53' 53.6" **max. WOMOs:** 1-2
**Zufahrt:** An der Straße von Toufghine nach Demnate links.
**Ausstattung/Lage:** Am Rand der kaum befahrenen Straße hoch durch das Flusstal. Außerorts, kein Schatten, wegen der Höhe aber nie sehr heiß. Keine VE.

Manchmal ist die Straße so steil, dass wir den ersten Gang wählen müssen, aber es geht. Insgesamt ist sie in ordentlichem Zustand, wenn man bedenkt, wie wenige Autos sie nutzen. Das kann sich aber, wie gesagt, nach starkem Regen insbesondere auf den letzten Kilometern vor TOUFGHINE gründlich ändern. Die wichtigsten Verkehrsmittel der einheimischen Berber sind noch immer Pferd und Maultier. Manchmal sind ganze Familien auf mehreren Tieren unterwegs. Kurz nach der südlichen Passhöhe sehen Sie unten rechts der Straße eine halbwegs ebene Plattform, die sich gut als Stellplatz eignet.

### (093) WOMO-Stellplatz: „Hinter dem ersten Pass“

**GPS:** N 31° 32' 25.6" W 6° 57' 52.3" **max. WOMOs:** 3-4
**Zufahrt:** An der Straße nach Demnate, hinter 1. Passhöhe rechts.
**Ausstattung/Lage:** Etwas entfernt von der Straße. Keine VE/außerorts.

Wir haben die nördliche Passhöhe erreicht und finden auf 2205 m Höhe mal wieder ein feines und luftiges Stellplätzchen mit Blick auf ein Dorf unten im Tal.

### (094) WOMO-Stellplatz: „Am zweiten Pass“

**GPS:** N 31° 33' 45.6" W 7° 00' 16.7" **max. WOMOs:** 1-2
**Zufahrt:** An der Straße nach Demnate, auf dem Pass.
**Ausstattunfg/Lage:** Außerorts, wegen der exponierten Lage auf über 2200 m Höhe angenehme Temperaturen auch ohne Schatten. Keine VE.

Wenige Meter später ein ähnlicher Platz. Und dann geht es erneut bergab: wir lassen den **Hohen Atlas** endgültig hinter uns. Auf der Atlas-Nordseite dichte Wälder bis hinunter nach Demnate. Sollten Sie hier nach der langen Bergfahrt einen Stellplatz suchen: im Ort haben wir nichts Vernünftiges gefunden. Kurz vor der Ortseinfahrt aber gibt es links der Straße einen kleinen bewaldeten Hügel, auf dem wir ungestört übernachten konnten. Die kurze Piste geht etwa 100 m vor dem Ortschild „Demnate“ links hoch.

### (095) WOMO-Stellplatz: „Am Ortseingang Demnate“

**GPS:** N 31° 43' 24.1" W 6° 59' 32.2" **max. WOMOs:** 2-3
**Zufahrt:** Vor dem Ortsschild „Demnate“ kleine Piste links auf den bewaldeten Hügel hinauf.
**Ausstattunfg/Lage:** Sehr ruhig, außerorts. Keine VE.

DEMNATE ist regionales Wirtschafts- und Bildungszentrum. Die jungen Leute aus dem Gebirge kommen z.B. her, wenn sie eine weiterführende Schule besuchen wollen und wohnen dann in Internaten oder privat. Die Stadt wird in älteren Führern als hübsch beschrieben, von einer kompletten Stadtmauer umgeben. Wir fanden sie zwar lebendig aber unansehnlich und ziemlich dreckig und die Mauer hat sich wohl irgendwie verflüchtigt. Demnate ist nicht unsympathisch, ansonsten aber keine Reise wert. Doch die Wasserfälle von OUZOUD sind es wohl, die **„Cascades d'Ouzoud“**. Wir fahren durch die Stadt, indem wir der Hauptstraße, über die wir gekommen sind, weiter folgen. Es geht durchs Zentrum, dann bergab über ein Flüsschen immer in Richtung „Azilal“ und „Marrakech“. Nach 10 km links dann die Hauptstraße nach MARRAKECH, rechts nach AZILAL und OUZOUD.

Demnate

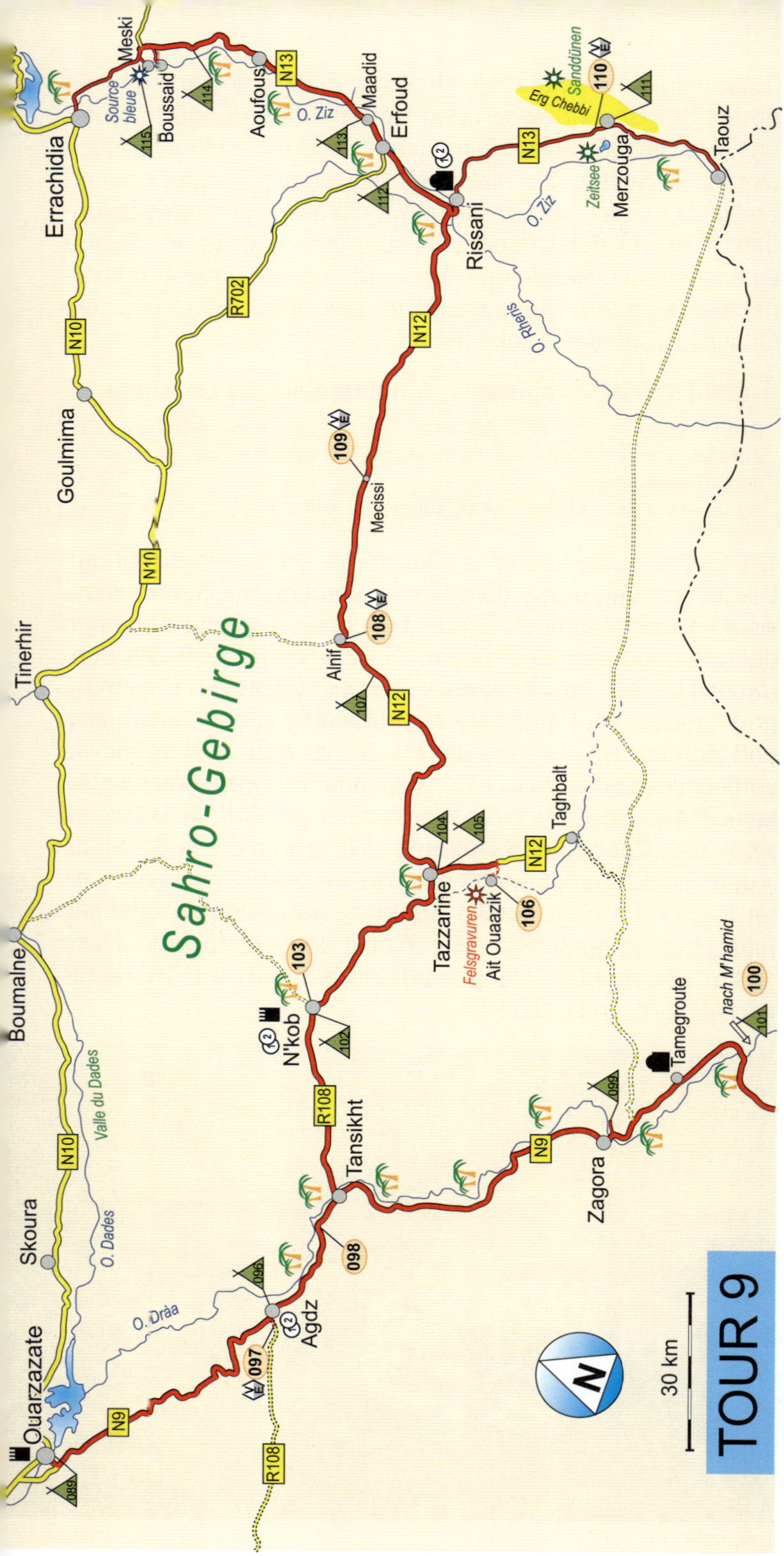
TOUR 9
30 km
N
Sahro-Gebirge
Ouarzazate
N9
089
097
Agdz
O. Drâa
096
098
Skoura
O. Dades
N10
Valle du Dades
Boumalne
R108
Tansikht
R108
N'Kob
102
103
Zagora
N9
099
Tamegroute
nach M'hamid
101
100
Tazzarine
Felsgravuren
Ait Ouaazik
106
104
105
N12
Taghbalt
N12
107
Alnif
108
Tinerhir
N10
Mecissi
109
N12
Goulmima
N10
R702
O. Rheris
Rissani
112
113
O. Ziz
Erfoud
Maadid
Aoufous
N13
114
Boussaid
Source bleue
115
Meski
Errachidia
Merzouga
Zeitsee
N13
Taouz
Erg Chebbi
Sanddünen
110
111

# TOUR 9 (ca. 580 km / 4 - 6 Tage)

## Ouarzazate – Agdz – Tazzarine – Merzouga – Rissani – Errachidia

| | |
|---|---|
| **Freie Übernachtung:** | Agdz, Afra, N'kob, Ait Ouaazik, Alnif, Boussaid |
| **Campingplätze:** | Agdz, Zagora (Abstecher), M'hamid (Abstecher), N'kob, Tazzarine, vor Alnif, Mecissi, Erfoud, Merzouga, Tissirt, Meski |
| **Ver- und Entsorgung:** | Campingplätze |
| **Trinkwasserstellen:** | Campingplätze, Tankstellen |
| **Besichtigungen:** | Agdz, Ait Ouaazik, Rissani |

Diese Tour führt uns nun wirklich in die Wüste. Zwei große Flussoasen spannen ihr grünes Band vom Atlas bis hinunter in die Sahara: der **Oued Ziz** und der **Oued Draa**. Wir werden sie beide sehen. Rechts und links dieser Abläufe aus dem Hochgebirge ist fast vegetationsloses Vorwüstenland. Aber die beiden Flüsse bewässern mehr oder weniger ganzjährig die Urstromtäler, die sie sich in Äonen gegraben haben und versickern dann später in der Sahara. Ein bisschen sieht es aus wie der Nil. Nur dass der genau andersrum fließt. Es wird intensive Landwirtschaft betrieben und zwar in sogenannter Drei-Etagen-Wirtschaft: die oberste Etage bilden die Dattelpalmen, die es gern ganz heiß haben. Darunter stehen Obstbäume im Halbschatten und unter denen wächst Gemüse. Hier ist so viel Sonne, dass es für alle reicht und mehrere Ernten im Jahr möglich sind, wenn nur genug Wasser da ist. Dafür sorgt ein ausgeklügeltes Bewässerungssystem, für das die Araber seit alters her berühmt waren. Dass sie bis 1492 aus Spanien vertrieben wurden, hat die Land-

Im Draa-Tal

wirtschaft dort erst im 20. Jahrhundert langsam verkraftet.

Wir verlassen also OUARZAZATE nach Süden, indem wir im Ortszentrum den Schildern „ZAGORA“ und „AGDZ“ folgen. Wenn nötig, bitte hier tanken, denn die nächste Gelegenheit ist erst nach 80 km wieder in AGDZ! Hinter dem Ort fliegen Schwärme von Plastiktüten durch die Gegend: hinter den Hügeln wird der Müll abgekippt. Aber dann lassen wir die Wegwerfgesellschaft endlich hinter uns und fahren schnurstracks in Richtung Wüste, wobei aber erst noch ein grandioser Bergriegel zu queren ist. Wahrscheinlich werden Sie am Straßenrand Anhalter in malerischer Kleidung sehen. Nicht mitnehmen! Die Jungs verfolgen das gleiche Ziel wie die anderen mit der Autopanne: es sind Schlepper, die Sie in die Teppichläden von AGDZ entführen wollen. Das geht so: einer liegt unterm Auto und schraubt dort schon seit Jahren. Der andere bittet den politisch korrekten Reisenden, er möge ihn bis AGDZ mitnehmen, damit Hilfe geholt werden kann. In AGDZ angekommen, wird der Tourist aus lauter Dankbarkeit erst mal zum Tee bei der dankbaren Familie eingeladen – und landet in einem Teppichladen. Im Erfolgsfall bekommen die Pannenbuben eine Provision von 25 Prozent. Auch hartes Durchgreifen der Polizei kann offenbar nicht verhindern, dass immer wieder an denselben Stellen die Autos zu Bruch gehen. Sollbruchstellen eben.

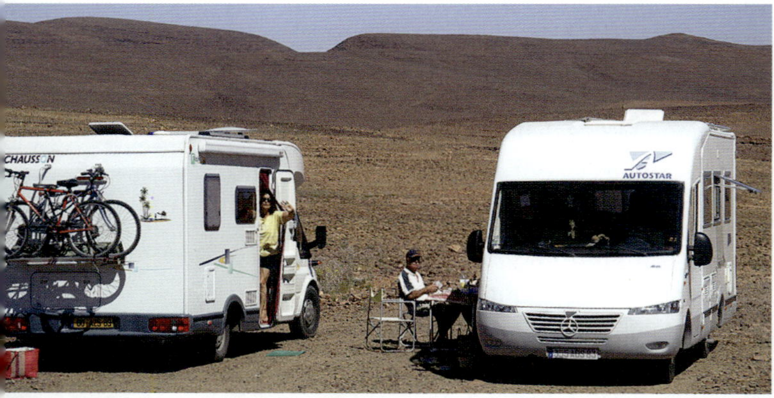


Wir fahren durch knochentrockene Ödnis, gelegentlich gibt es winzige Oasen. Sogar hier noch picknicken Franzosen! Schließlich ist die einzige Ortschaft vor AGDZ erreicht: AIT SAOUN. Dahinter eine Gebirgskette und wenn Sie genau hingucken, sehen Sie auch die Straße hinauf, die wir gleich fahren werden. Eine grandiose Strecke! Sie ist dermaßen aufregend, dass man immer versucht ist, den Blick schweifen zu lassen, statt sich auf das Fahren zu konzentrieren. Halten Sie besser ab und an in einer der Parkbuchten, denn auf der

Canyons vor Agdz

Strecke passieren immer wieder Unfälle. Der Pass geht auf immerhin gut 1700 m Höhe. Und kaum haben Sie den höchsten Punkt passiert, blicken Sie unten auf der anderen Seite in der meist etwas dunstverhangenen Ferne auf das grüne Band des **Draa-Tales** mit seiner Flussoase. Die Straße schlängelt sich diverse dramatische Schluchten entlang dorthin bis nach AGDZ, von wo sie dem Fluss Draa folgt, der sich vom Stausee in OUARZAZATE her durch die Berge gequält hat. Die Urlandschaft hier, wen wundert's, dient immer wieder als Location für alle möglichen Bibel- und Antikenfilme. Berühmte Produktionen sind darunter. Neulich sah man erst mal wieder Brad Pitt tagelang unter der Sonne schmoren und überhaupt: ständig kommen Jesus oder irgendwelche Römer um die Ecke, oder Moses schlägt gegen einen der vielen Felsen und auf wundersame Weise tritt Wasser herfür. Bei uns hat das leider nie geklappt.

Nehmen Sie sich Zeit für diese Tour und blicken Sie auch mal hinab in die tiefen Einschnitte. Unten wachsen manchmal ein paar Palmen und Nomaden sind unterwegs. Schön auch auf der rechten Seite die von den Straßenbauern angeschnittenen Sedimentschichten, eine wahre Chronik der Erdgeschichte. Auf der Sohle des Draa-Tales erreichen wir den Ort AGDZ, ein munteres Städtchen. Es gibt dort seit langem einen Campingplatz im Ort, den der Adelsclan Ait el Caid unmittelbar neben der Kabah Asslim betreibt, die von der Familie noch bewohnt wird. Er heißt „Camping Kasbah La Palmeraie". Sie gelangen über eine reichlich kaputte Straße dorthin, indem Sie im Ortszentrum am zentralen Platz links abbiegen.

### (096) WOMO-Campingplatz-Tipp: „Camping Kasbah La Palmeraie"

**GPS:** N 30° 42' 41.8" W 6° 26' 47.9"
**Zufahrt:** im Ortszentrum Agdz am zentralen Platz links ab, ca. 2 km. Ruhig. Ortsrand. Wunderschön gelegen.

Sollten sie auf dem zentralen Platz selber aussteigen, müssen Sie sich erst mal einiger Schlepper erwehren. Ein schöner Platz ist auch die „Ferme Tanssikht". Um zu ihr zu gelangen, fahren Sie noch vor dem Ortseingang gegenüber der Total-Tankstelle rechts die (kaum befahrene) Straße nach „Bouazzer und Tazenakht" hinein. Nach gut 1 km finden Sie rechts die Einfahrt zur Ferme, einem sehr ruhig gelegenen Bauernhof. Nette Leute. Mit ein bisschen Glück treffen Sie Mohammed, der längere Zeit in der Schweiz gelebt hat und ein lustiges Schwyzerdütsch spricht. Guter Typ.

### (097) WOMO-Stellplatz: „Ferme Tanssikht"

**GPS:** N 30° 40' 59.6" W 6° 28' 22.2" **max. WOMOs:** 2
**Zufahrt:** Straße von Ouarzazate nach Agdz, kurz vor der Ortseinfahrt Agdz rechts rein, Richtung „Bouazzer und Tazenakht". Nach gut 1 km geht rechts die kurze Piste zur Ferme.
**Ausstattung/Lage:** Sehr ruhig an Bauernhof. VE/bei Einzelgebäude.

Zerfallende Lehmarchitektur

Man hat dem **Draa-Tal** das touristische Label **„Straße der Kasbahs"** verpasst. Das mag vor 30 oder 40 Jahren auch noch angebracht gewesen sein, grenzt aber mittlerweile an Etikettenschwindel. Denn leider lassen die Menschen hier ihre wunderbare, althergebrachte Architektur aus Stampflehm weitestgehend verfallen und errichten sich Häuser aus Zementziegeln, die für sie den ersehnten Fortschritt symbolisieren. Im Winter ist es darinnen eiskalt und im Sommer

des Nachts vor Hitze kaum auszuhalten. Ästhetisch sind die Häuser sowieso eine Katastrophe – aber egal: der Fortschritt besteht eben aus „Ciment“. Und einen nennenswerten Denkmalschutz gibt es leider nicht. Wir haben x-mal versucht, den Leuten hier klar zu machen, dass sie ihr touristisches Kapital verspielen, stießen aber immer nur auf taube Ohren. Dass wir selber uns dann in dieser Gegend ein Häuschen in klassischer Lehmbauweise haben bauen lassen, hat immerhin manchen etwas nachdenklich gestimmt: da kommen diese reichen Europäer und bauen wie Oma und Opa! Der außerordentlichen landschaftlichen Schönheit des Tales tut das alles natürlich keinen Abbruch. Falls Sie an einem Donnerstag vorbei kommen: vormittags findet 1 km hinter dem Ort AGDZ in Richtung ZAGORA ein schöner, noch gar nicht touristischer Markt statt (Höhepunkt von 10.00 - 12.30 Uhr), zu dem die Bäuerlein aus entlegenen Dörfern oft Stunden zu Fuß oder Esel unterwegs sind – allesamt super Statisten für den nächsten Bibelfilm. Weiter in Richtung ZAGORA. Vor dem Ortsschild AFRA liegt auf der rechten Seite eine Fläche, auf der häufig WOMOs frei stehen:

Souk in Agdz

**(098) WOMO-Stellplatz: „Afra“**

**GPS:** N 30° 41’ 42.6” W 6° 14’ 32.8” **max. WOMOs:** 5-8
**Zufahrt:** Rechts der Straße nach Zagora, kurz vor dem Schild „Afra“.
**Ausstattung/Lage:** In Straßennähe, kein Schatten. Keine VE/außerorts.

Tour 9 verlässt nun bald das **Draa-Tal** und schwenkt nach Osten in Richtung auf das benachbarte **Ziz-Tal** oder das **„Tafilalet“,** wie die Gegend heißt. Die Landschaft bis hinunter nach M'HAMID ist grandios, aber die Lehmdörfer sind, wie gesagt, weitgehend verfallen und zu Gunsten trostlose Neubauten aufgelassen. Der größte Ort an der Strecke, ZAGORA, ist ein gesichtsloses, modernes Nest mit zahllosen Souvenirläden, nervigen Schleppern und keine Reise wert. Freilich werden von hier aus gute Allrad- und Kameltouren in das Wüstenvorland angeboten. Falls Sie also einen Abstecher von Tour 9 nach Süden machen wollen, hier ein paar Informationen: Das Beste an ZAGORA ist für uns der „Camping Oasis Palmier“, zu dem man in Richtung M'HAMID über den Draa-Fluss fährt und gleich hinter der Brücke für 500 m links hinein Richtung Tazzarine, Der Platz ist hübsch in der Oase gelegen und sehr persönlich geführt von ganz und gar korrekten Leuten. Einer der angenehmsten Campings im Süden Marokkos, sehr zu empfehlen.

**(099) WOMO-Campingplatz-Tipp: „Oasis Palmier“ in Zagora**

**GPS:** N 30° 19' 25.4" W 5° 49' 29.4"

**Zufahrt:** Ortszentrum Zagora in Richtung Süden durchfahren, hinter der Brücke links den Asphalt verlassen, 500 m bis zum Platz.

Interessant für WOMO-Fahrer ist an der Straße nach Süden, die in M'HAMID endet, das Heiligtum von TAMEGROUTE, etwa 19 km hinter ZAGORA, wo Kranke auf Genesung durch „Baraka“, die Segenskraft vor Jahrhunderten verstorbener Heiliger hoffen, insbesondere des Sidi Hammed ben Nasser. Er verstand und beherrschte die Sprache der Tiere, ähnlich wie unser Heiliger Franz von Assisi. Dort wird auch

Keramik aus Tamegroute

schöne grüne Keramik hergestellt. Nach weiteren 7 km in Richtung M'HAMID, 23 km hinter dem Ortsausgang von Zagora, führt links eine kurze, gute Piste zum Hotel „Sahara Sky". Dort hat der Deutsche Fritz Koring vor vielen Jahren etwas wirklich Einzigartiges erbaut: ein Hotel mit einer **astronomischen Beobachtungsstation** auf dem Dach. Ein halbes Dutzend hochwertiger Teleskope darf von den im Hotel logierenden Gästen benutzt werden. Für uns WOMO-Reisende hat er sich ein besonderes Arrangement ausgedacht: Übernachtung auf dem Gelände des Hotels, Abendessen mit 3 Gängen, anschließend bis Mitternacht eine kurze Einführung in die Astronomie und angeleitete Himmelsbeobachtung. Der Preis von 250 DH für Stellplatz, Essen und Nutzung der teuren Geräte scheint uns sehr moderat. Wohlgemerkt: Fritz Koring unterhält keinen WOMO-Stellplatz für jedermann, sondern nur für Nutzer des genannten Arrangements. Interessenten werden gebeten, sich 24 Stunden vor Eintreffen anzumelden.

### (100) WOMO-Stellplatz: „Sahara Sky"

**GPS:** N 30° 14' 11.2" W 5° 36' 33.2" **max. WOMOs:** 3
**Zufahrt:** im Text beschrieben.
**Ausstattung/Lage:** Außerorts. Sehr ruhig. Kostenpflichtig. Keine VE. Toiletten im Hotel.
Telefon und SMS: 00212 661 172866 (deutsch) oder 00212 667 351943 (französisch)

Die früher fürchterliche Straße von Zagora nach M'Hamid wurde 2014 ausgebaut. Es gibt ganz unten, am Ende der Teerstraße kurz vor und in M'HAMID, einige ordentliche Campingplätze. Aber Sie kommen mit dem WOMO an die eigentliche Sandwüste nicht heran. Dazu bedürfte es einer 40 km langen Pistenfahrt mit Geländewagen. Wir sind sie früher mit unserm Landrover oft gefahren. WOMOs haben aber keine Chance.

Anders drüben im TAFILALT. Dort kommen Sie bis an die Dünen heran. Und die Leute am Ende der Welt, kurz vor der algerischen Grenze um M'HAMID, sind ein wenig, na sagen wir seltsam, was die meisten allerdings nicht daran hindert, für alles doppelt so hohe Preise wie in ZAGORA oder der Großstadt zu verlangen. Einen Campingplatz-Tipp können wir für alle Fälle trotzdem geben, weil der Laden seriös ist, von sympathischen Leuten geführt wird, schön in der Oase liegt und durchaus preiswert ist:

### (101) WOMO-Campingplatz-Tipp: „Auberge El Khaima" in M'hamid

**GPS:** N 29° 49' 16.8" W 5° 43' 17.6"
**Zufahrt:** In M'hamid kurz nach der Ortseinfahrt links über die Brücke, dann ausgeschildert.

Aber zurück zu unserer Tour 9: 30 km hinter AGDZ, in TANSIKHT, verlassen wir also das **Draa-Tal**, biegen nach links in Richtung „TAZZARINE“ und folgen einem östlichen Seitental des Draa auf durchweg guter Straße. Das üppige Grün des **Oued Draa** hatte uns schnell vergessen lassen, dass wir uns eigentlich am fast völlig kahlem Wüstenrand bewegen und das Grün des Tales die Ausnahme ist. Das ändert sich nun drastisch: man sieht, wie die Natur und die wenigen hier lebenden Menschen mit der zunehmenden Trockenheit zu kämpfen haben. Gelegentlich finden sich noch grüne

Nomaden im Draa-Tal

Flecken im alten Flussbett, aber unübersehbar sind selbst die Palmen, die an sich bis in große Tiefen wurzeln, hier dürrer. Oft sind Viehnomaden mit ihren Ziegenherden unterwegs, anders ist diese Landschaft auch nicht zu nutzen.

Nach knapp 40 km erreichen wir N'KOB, einen nicht unbedeutenden Marktort, der vor uns auf einer Hügelkette liegt. Das Besondere dieses Städtchens ist von der Straße aus nicht sichtbar: links von ihr nämlich befindet sich der alte Ortsteil mit 45 endlich einmal gut erhaltenen Kasbahs. Ein solches Ensemble sucht in ganz Marokko seinesgleichen. Bevor es den Berg zum Zentrum hoch geht, liegt rechts der Straße, etwa 200 m vor der ZIZ Tankstelle, der hübsche Camping Ouadjou.

**(102) WOMO-Campingplatz-Tipp: „Camping Ouadjou“ in N'Kob**

**GPS:** N 30° 52' 06.9" W 5° 52' 07.1"

**Lage:** 500 m vor Ortzentrum.

Ruhig. Zentrum zu Fuß erreichbar.

Möchten Sie näher am Zentrum frei stehen? Der alte Ortskern liegt auf der Anhöhe vor Ihnen. Wenn Sie die erklommen haben, verlassen Sie die Asphaltstraße an der „Pharmacie N'kob“ nach links, fahren kurz etwas Piste und folgen dann den Schildern **„Kasbah Baha“** und **„Loisir et Culture Baha“**

Kasbah Baha

nach rechts. Sie sehen dann schon ein großes Tor. Auf dem Platz davor stellen Sie Ihr WOMO ab, denn die Kasbah ist zu einem wunderschönen stilvollen Hotel/Restaurant ausgebaut. Sie sollten im herrlichen Garten etwas trinken, vielleicht den ausgezeichneten Kaffee, und die sehr freundlichen Jungs fragen, ob man mal für künftige Besuche das Hotel sehen darf und auf die Dachterrasse steigen. Kamera mitnehmen! Denn von hier oben haben Sie einen traumhaften Blick auf den Ort mit seinen vielen Kasbahs und weit hinaus ins rappeldürre Land. Unter Ihnen – welcher Luxus – ein Swimmingpool. Das Wasser kommt aus einem der drei Brunnen, die zum Hotel gehören. Einer von ihnen ist 173 m tief. Die Schönheit des

Ortes kann nicht darüber hinwegtäuschen, dass Landwirtschaft wegen der Trockenheit der letzten Jahrzehnte hier kaum mehr möglich ist. Die Hotelleute haben ein kleines Museum eingerichtet. Auf dem Platz vor der Kasbah Baha können Sie auch übernachten. Die Menschen hier sind recht zurückhaltend, so dass Sie kaum Probleme haben dürften.

### (103) WOMO-Stellplatz: „Kasbah Baha“ in N'kob

**GPS:** N 30° 52' 32.4" W 5° 51' 45.7" **max. WOMOs:** 2-3
**Zufahrt:** Ortszentrum von N'kob an der Apotheke links rein bis vors Hotel „Kasbah Baha“.
**Ausstattung/Lage:** Im Ort N'kob, Parkplatz am Hotel, kein Schatten, Restaurant, Läden im Ort. Keine VE.

Sollten Sie an einem Sonntag nach N'KOB kommen, versäumen Sie nicht den sehr ursprünglichen Wochenmarkt.

Wir fahren weiter Richtung Osten und nähern uns der **Oase Tazzarine**. Rechts und links der Straße erste kleine Sandanwehungen: die Wüste wandert nordwärts! Die Palmenhaine auf der rechten Seite haben auch hier deutlich mit der Trockenheit zu kämpfen. Man sieht, dass es einmal bewässerte Gärten gegeben hat, doch das ist ziemlich lange her. Nach der Ortseinfahrt kommen wir an eine Kreuzung: links geht die Hauptstraße weiter nach ERFOUD. Die werden wir später nehmen. Wir fahren erst mal rechts in die funkelnagelneue Asphaltstraße nach TAGHBALT, wo Sie einerseits sehr bald ein hübscher Campingplatz erwartet und dann aber die - für unseren Geschmack – Hauptattraktion dieser Gegend, eine bedeutende Fundstelle viele tausend Jahre alter Steingravuren in großartiger Umgebung.

Kurz nach dem Ortsausgang weist auf der rechten Seite ein Schild auf die Pistenzufahrt zum „Camping Amasttou“ nach links. Er eignet sich eher für kleine Fahrzeuge. Fahren Sie vorsichtig um ein paar Ecken immer der guten Beschilderung nach und landen dann auf einem sehr ruhigen und ordentlichen Platz mit allen Versorgungsmöglichkeiten in der Oase. Die jungen Leute bieten Kameltouren an mit Mahlzeiten und allem drum und dran.

**(104) WOMO-Campingplatz-Tipp:**
**„Camping Amasttou“ in Tazzarine**

**GPS:** N 30° 46’ 29.1” W 5° 33’ 44.7”
**Zufahrt:** In Tazzarine die Straße nach Taghbalt nehmen, dann gleich links rein den Schildern folgen.
**Lage:** Am Ortsrand. Sehr ruhig.

Es gibt noch einen anderen, viel größeren Platz in TAZZARINE, dieser ist riesig, kahl und nüchtern, für große Fahrzeuge jedoch besser anzufahren. Er liegt kurz hinter der Einfahrt zum „Amasttou“ auf der linken Seite:

**(105) WOMO-Campingplatz-Tipp:**
**„Village Touristique Bougafer“**

**GPS:** N 30° 46’ 41.7” W 5° 34’ 07.1”
**Zufahrt:** In Tazzarine die Straße nach Taghbalt nehmen. Nach 200 m auf der linken Seite.
**Lage:** Am Ortsrand. Sehr ruhig.

Jetzt aber zu unserer eigentlichen Attraktion, den Gravuren von AIT OUAAZIK. Kein Schild weist uns den Weg. Und das ist auch gut so, denn so hat der große Tourismus diesen magischen Ort noch nicht erreicht und keine klimatisierten Busse entlassen ihre juchzende Fracht. AIT OUAAZIK ist von der Straße nach TAGHBALT aus nur über eine ca. 13 km lange Piste zu erreichen, die aber meistenteils recht gut fahrbar ist. Wir hatten mit unserer nicht gerade geländefreudigen dicken Berta dort nie ein Problem. Man fährt allerdings fein langsam, so ungefähr 15 km/h, und braucht deshalb für die 13 km eine knappe Stunde und ein wenig Geduld, die aber reich belohnt wird: nicht allein durch die wunderbaren Felsgravuren, sondern auch wegen der Möglichkeit, ohne größere Probleme selbst mit dem WOMO mal ein bisschen „Offroad-Feeling“ zu genießen. An der gesamten Strecke gibt es zahlreiche schöne Plätzchen für ein Picknick oder auch für eine freie Übernachtung. (Wenn Sie Pistenfahrten nicht ausstehen können, sehen Sie von diesem Ausflug besser ab!) Wir fahren also von TAZZARINE 7,7 km in Richtung TAGHBALT und sehen dann rechts einen Wasserturm. An dem fahren wir noch vorbei

und dann sehr bald gegenüber der Schule, die links liegt, rechts rein, gleich hinter einem Bauernhaus. Es gibt neuerdings einen Wegweiser „AIT OUAAZIK“. Und nun immer geradeaus die Piste lang durch Hamada (Geröllwüste) und mehrere Oueds auf einen kleinen Gebirgszug zu. Die Piste verschwenkt nach rechts und führt dann in ein Tal, wo es langsam grün wird. Die leichten Sandanwehungen durchfahren wir zügig und kommen dann bald zum Dorf AIT OUAAZIK, einem abgelegenen Lehmweiler saharischer Prägung. Die Piste geht durch den Ort, zunächst an einer Solaranlage vorbei (der Strom betreibt eine Wasserpumpe), dann rechts ein islamischer Friedhof, immer geradeaus, den Ort rechts liegen lassen, auf ein rosa mehrstöckiges Haus zu, das die Baubehörde nie hätte genehmigen dürfen. Aber es gibt hier keine Baubehörde und so dürfen allenthalben Marokkaner, die in Europa arbeiten, den Daheimgebliebenen vorführen, dass sie es zu was gebracht haben. Vor dem dicken rosa Kasten ein kleines rötliches Gebäude und vor diesem fahren wir rechts rein, fahren an der Schule vorbei und sehen dann vor uns etwas links einen Hügel mit einer Hütte darauf. Und das genau ist unser Ziel! Die Hütte nämlich beherbergt den Wärter, den die Regierung eingesetzt hat, nachdem ein erheblicher Teil der einmaligen Funde hier verschwand und anschließend im internationalen Kunsthandel wieder auftauchte. Suchen Sie sich vor dem Hügel einen Stellplatz, es gibt dort einige ziemlich waagerechte Plateaus, und laufen Sie besser zu

Fuß hinauf, denn die letzten Meter gehen über Stock und Stein. Und der Platz eignet sich prima für eine freie Übernachtung oder ein Picknick. Die Kinder sind hier nicht so schlimm wie anderswo.

**(106) WOMO- Stellplatz: „Ait Ouaazik“**

**GPS:** N 30° 41’ 01.4” W 5° 38’ 26.9” **max. WOMOs:** 2-3
**Zufahrt:** Wie im Text beschrieben.
**Ausstattung/Lage:** Ortsrand auf freiem Feld, kein Schatten. Keine VE

Also zu Fuß den Hügel rauf und erst mal dem freundlichen Wärter oder seinen Söhnen Guten Tag sagen. Die Herren haben ein Fernglas, haben Sie meist schon längst kommen sehen und das Teewasser aufgesetzt. Wenn sie gerade nicht auf Posten waren, kommen sie garantiert per Mofa oder Fahrrad angedüst, denn erstens ist das ihre Pflicht und zweitens wird ein Trinkgeld ab 20 DH erwartet. Wenn der Tee gut ist, dürfen es auch 30 sein. Das ist gut angelegtes Geld, denn die Wächter machen Sie bei einem kleinen Rundgang auf zahllose Felsbilder aufmerksam, die Sie sonst so leicht nicht gefunden hätten: Giraffen, Elefanten, Affen, Rindviecher, Strauße und anderes Steppengetier sowie viele abstrakte Symbole werden Sie sehen. Möglicherweise dienten alle diese Darstellungen (lassen Sie sich auch den zweiten Hügel gleich dahinter zeigen) vor etwa 8000 Jahren einem Jagdzauber, als es hier noch nicht so trocken war. Man kann sich gut vorstellen, dass das Gelände unter dem Hügel sumpfig und wildreich war und wie das Wasser in das Tal, durch das

Felsenbilder in Ait Ouaazik

wir gekommen sind, abfloss. Hier oben muss ein magischer Platz gewesen sein, einige Tumuli (kaum erforschte Grabhügel) weisen darauf hin, und etwas von der Magie dieses abgeschiedenen Ortes teilt sich uns auch ohne Giraffen, Rhinozerosse und Elefanten mit, wenn wir uns ein wenig Zeit lassen, vielleicht ja über Nacht. Die Kinder von Ait Ouaazik sind neugierig, aber nicht fordernd und die Erwachsenen freundlich.

Bei der Rückfahrt wie wir gekommen sind, treffen wir auf junge Leute und halten für ein Schwätzchen kurz an: frische, offene Gesichter, die gar nicht ärgerlich aussehen, weil wir keine Zigaretten für sie haben: gerade das Rauchen drangegeben. Wirklich! Die Pistentour nach OUAAZIK ist eine schöne Gelegenheit, sich einmal für ein paar Stunden von den Asphaltstraßen zu entfernen, ohne dass es dem WOMO gar zu weh tut. Zurück über die Straße nach TAZZARINE, denn nach TAGHBALT weiter zu fahren lohnt nicht. Zwar ist die Straße gut und neu, aber TAGHBALT ist ein trostloses Nest und die Fahrt macht uns nicht klüger. Zurück in TAZZARINE geht es rechts auf die Hauptstraße in Richtung ERFOUD. Viel Gegend in Marokko, aber man kann nichts damit anfangen, weil sie extrem trocken ist. Jedes Sträuchlein wird zum Ereignis, wo Allah nur Steine wachsen lässt. Etwa 14 km vor dem Ort ALNIF liegt links das „Hotel Restaurant Kasbah Météorite“ mit Stellplätzen für WOMOs:

**(107) WOMO-Campingplatz-Tipp:**
**„Hotel Restaurant Kasbah Météorite“**

**GPS:** N 31° 01’ 43.5” W 5° 15’ 55.1”
**Zufahrt:** 14 km vor Alnif auf der linken Seite.
**Lage:** Ruhig. Einsam.

Mitten im Straßendorf ALNIF ist uns das „Café Restaurant Palmiers“ aufgefallen, weil es so sauber und einladend aussah. Wir haben dort nett gegessen, zuvorkommend bedient von zwei Brüdern, die uns auch gleich – kostenlos versteht sich – einen Stellplatz neben ihrem Restaurant angeboten haben. Nicht irrsinnig romantisch, aber behütet. Die sehr aktive Familie will den Platz hübscher gestalten, weil sie WOMOs etwas bieten will. Dann mal los!

### (108) WOMO-Stellplatz: Restaurant „Palmiers" in Alnif

**GPS:** N 31° 06' 55.7" W 5° 09' 55.7" **max. WOMOs:** 2-3
**Zufahrt:** An der Straße Tazzarine – Merzouga im Ort Alnif neben dem Restaurant „Palmiers" rechts.
**Ausstattung/Lage:** Restaurantparkplatz im Ort, kein Schatten, Läden im Ort. VE.

Hinter ALNIF in Richtung Osten wird die Landschaft langsam interessanter, gebirgiger und wild gefaltet, was daher rührt,

dass Afrika gegen Europa drückt – und das eben nicht nur im migrativen Sinne. Nach einer halben Stunde kommt uns das erste Auto entgegen. Suchen Sie nun einen Stellplatz für eine ruhige Nacht? In Mecissi ist das Gelände um das „Gîte Azurite" zu empfehlen. Die sympathische und sehr aufmerksame Besitzerfamilie pflanzt gerade Bäume. Es gibt Wasser und Strom. Der Besitzer, Moulay Mbarek, interessiert sich für die reichhaltigen Vorkommen von Fossilien und Mineralien in dieser Gegend und kennt sich bestens damit aus. Ansonsten ist Mecissi aber ein gottverlassenes Wüstennest. Oder? Moulay Mbarek weiß eine Menge über die interessanten Traditionen der hier lebenden Berber zu erzählen. Seine Anrede „Moulay" bedeutet etwa „Durchlaucht", er gehört nämlich zur uralten Adelssippe der Idrissiden, einer der ersten Familien des Landes, und ist damit ein Nachkomme von Moulay Idriss, dem

Begründer der ersten marokkanischen Herrscherdynastie. Von entfernten Verwandten war schon in Tour 2 und Tour 6 die Rede. Vor allem aber ist er ein äußerst herzlicher, lieber Mensch, der um seine vornehme Herkunft nicht viel Tamtam macht.

### (109) WOMO-Stellplatz: „Gîte Azurite“ in Mecissi

**GPS:** N 31° 13' 17.3" W 4° 49' 18.0" **max. WOMOs:** 3-5
**Zufahrt:** Zentrum Mecissi links Richtung „Auberge Azurite“ kurze Piste fahren. Ummauertes Gelände am Restaurant.
**Ausstattung/Lage:** Ortsnähe, Bäume noch klein, wenig Schatten. VE.

Weiter durch fast vegetationslose Hochebenen. Wir befinden uns immerhin auf über 800 m Höhe. Die Nordwanderung der Wüste ist unübersehbar: die Sahara streckt ihre sandige Zunge heraus. Unterwegs Nomaden, die tatsächlich das ganze Jahr mit ihren Herden in großen, fast schwarzen Ziegenhaarzelten unterwegs sind. Wir haben Menschen kennengelernt und mit ihnen gelebt, die noch nie in einem festen Haus geschlafen haben. Hin und wieder Schulen, allein auf weiter Flur, so dass man sich fragt, was die da sollen. Es sind Schulen für Nomadenkinder. Der marokkanische Staat unternimmt, ungeachtet leerer Kassen, bewundernswerte Anstrengungen zur Alphabetisierung insbesondere der Landbevölkerung, die noch immer zu mehr als der Hälfte nicht lesen kann. Die Landschaft hier gleicht den Bildern vom Mars.

Ein paar Kilometer bevor wir in die **Flussoase Tafilalt** kommen, treten links und rechts der Straße schiefergraue Schichten schräg aus dem Boden hervor. Hier beginnen die reichhaltigen Fundstätten von **Meeresfossilien**, für die die Gegend unter Kennern weltberühmt ist. Das sollten Sie sich nicht entgehen lassen. Sie werden mit ein bisschen Glück Trilobiten, Ammoniten, Tintenfische und Muscheln erstaunlich detailreich versteinert finden und vielleicht finden Sie auch ein Stück, das

**Meeresfossilien**

sich zum Mitnehmen eignet, obwohl die Gegend natürlich ihrer Berühmtheit entsprechend abgesammelt ist und die richtig guten Stücke aus dem Felsen gehauen werden müssen. Es gibt noch etliche andere reichhaltige Fundstellen um ERFOUD herum und in ERFOUD und RISSANI werden hervorragende Stücke von Händlern angeboten, glatt geschliffen als Aschenbecher oder Waschbecken, ja bis hin zu schweren Tischplatten. Und dann das Tor zur riesigen **Oase Tafilalt:** KSAR OULED SAAIDAN, das erste Dorf von mehr als 600 Ksour (Plural von Ksar = Dorf) und Kasbahs in der Umgebung von RISSANI. Rissani ist seit Anfang des 19. Jahrhunderts der Hauptort der Region und löste SIJILMASSA ab, eine seit der Antike für ihren Karawanenhandel bekannte Stadt, von der heute nur mehr ein paar kümmerliche Lehmhäufchen übrig sind. Wir sparen uns RISSANI für später auf. Jetzt wollen wir erst mal richtige Wüste sehen! Seit ein paar Jahren ist das auch für WOMOs ohne weiteres möglich (besser als am Ende des Draa-Tals bei M´HAMID), weil eine Asphaltstrasse nach Süden gebaut wurde, die sehr nah an den großen Dünen des **Erg Chebbi** vorbeiführt. Wir fahren also durch RISSANI in Richtung MERZOUGA, kommen dabei am Eingang zum Zentrum durch einen prachtvollen Torbogen (Achtung hohe WOMOs, schön in der Mitte fahren!) den König Hassan II. errichten ließ, um an die Herkunft seiner Dynastie aus dieser Ge-

Triumphbogen von Hassan II. in Rissani

gend zu erinnern, und fahren immer in Richtung MERZOUGA. Manchmal verweht Wüstensand bis über den Asphalt. Da muss man dann beherzt durch. Vor Merzouga kann man die Straße nach links auf einer der vielen, wenige hundert Meter langen und meist guten Pisten direkt auf die Dünen zu verlassen und findet so vielleicht einmal einen freien Stellplatz. Ruhe allerdings findet man so nicht, da man zum Angriffsziel für allerlei große und kleine zweibeinige Moskitos wird. Wir empfehlen, zu einer der vielen Auberges (es gibt mittlerweile etwa 75 davon!) zu fahren, auf deren Terrain man manchmal kostenlos stehen kann, wenn man dort isst. Manche WOMO-Reisende bevorzugen z.B. das „Les Hommes Bleus" wegen des offenen, nicht von einer Mauer gestörten Ausblicks auf die Dünen. Unsere Lieblingseinkehr (nicht zuletzt wegen der hervorragenden Küche) ist die **„Kasbah Mohayoud"**. Früher führte nur eine 2 km lange Rumpelpiste hin. 2014 haben sie, parallel zur Hauptstraße, eine kleine Asphaltstraße an den Dünen entlang gebaut. Sie zweigt, 31 km hinter dem Zentrum von Rissani kurz vor der Tankstelle „Afriquia" links ab und führt nach 3 km durch das Dorf HASSI LABIED (mit einigen kleinen Läden und einem Metzger). Man hält sich dann am Hauptplatz rechts und erreicht nach ca. 1 km unseren

**(110) WOMO-Stellplatz: „Kasbah Mohayut" am Erg Chebbi**

**GPS:** N 31° 07' 52.3" W 4° 01' 02.5"
**max. WOMOs:** 4-5
**Zufahrt:** Straße von Rissani nach Merzouga. Kurz vor Merzouga, 33 km nach Rissani, Piste links rein.
**Ausstattung/Lage:** Ummauerter Hotelparkplatz neben den Dünen. VE.

Die Kasbah Mohayut wurde in den letzten Jahren kontinuierlich ausgebaut, taugt für Fahrzeuge jeder Größe, hat alles, was der Camper braucht, inklusive mehrerer Waschmaschinen, und liegt in äußerst ruhigem Gelände direkt an den Dünen. Sie haben tatsächlich die Wüste neben dem Bett.

Falls Sie die Mauer drumherum erst mal stört: die werden Sie beim nächsten der häufigen Sandstürme sehr zu schätzen lernen. Dann kann sie gar nicht hoch genug sein. Die Temperatur betrug Mitte Mai am Tag erträgliche 35 Grad bei einer

Dünen des Erg Chebbi

Luftfeuchtigkeit von sage und schreibe 13 %. Da brauchen Sie keinen Föhn: einmal ums WOMO rennen reicht. Der Chef spricht sehr gut deutsch und ist so freundlich und hilfsbereit wie seine mitarbeitenden Jungs aus dem nahe gelegenen Dorf, die ständig, malerisch gekleidet in ihre Gandoras, mit ihrem Wüstenbubencharme fragen, ob alles in Ordnung ist.

Unser Spezi Hassan arbeitet schon seit vielen Jahren hier und spricht ebenfalls erstaunlich gut deutsch. Er führt Sie gern durch die Oasengärten und auch zum „Depot Nomade" im benachbarten Dorf, einem gut sortierten und seriösen Kunsthandwerksgeschäft.

Hassan

Man bietet auch Kameltouren für 350 DH (alles inklusive) pro Tag und Person an. Wir konnten, trotz anstrengender Dünenwanderungen, bisher das hervorragende Diner noch nie bewältigen. Es

Karawane...

wird auf Wunsch in einem traumhaft schönen Garten serviert, schön wie das ganze Etablissement, das sein Geld wirklich wert ist. Die Leute sind mehr als korrekt. Ganz in der Nähe des **„Mohayut“** gibt es übrigens einen Zeitsee, d.h. in regenreichen Jahren steht dort Wasser und wenn das länger anhält, siedeln sich Flamingos an. Wo kommen die bloß her?

Eigentlich wollen wir nach Norden, Richtung RISSANI, sind

Zeitsee...

aber neugierig, wie weit die Marokkaner mittlerweile die Straße nach Süden asphaltiert haben. Bis vor Kurzem war näm-

...Dünen an Erg Chebbi

lich zwischen RISSANI und TAOUZ an der Grenze zu Algerien nur schwierige Piste, die ohne Allrad nicht zu bewältigen war. Die Straße ist neuerdings tatsächlich bis TAOUZ geteert. Wir fahren sie aus Neugierde mal ab, fahren kurz in den Ort MERZOUGA hinein, was sich höchstens lohnt, wenn man die Trostlosigkeit eines gottverlassenen Wüstenkaffs erleben will. Kurz hinter der Ortseinfahrt MERZOUGA, links an der Straße nach TAOUZ, liegt die Auberge „Les Portes du Desert" mit einem großen WOMO-Stellplatz, der von Franzosen viel genutzt wird.

Er ist beileibe nicht so schön wie die „Kasbah Mohayout", die kurze Zufahrt ist aber asphaltiert und für jede Art Fahrzeug leicht zu bewältigen.

**(111) WOMO-Campingplatz-Tipp: „Les Portes du Desert"**

**GPS:** N 31° 04' 45.4"W 4° 00' 37.3"
**Zufahrt:** An der Straße von Rissani nach Taouz, kurz nach Abzweig zum Ort Merzouga links.

Kein Photoshop!

Weiter in Richtung TAOUZ: Nichts wie Gegend gibt es hier, aber die Weite und Menschenleere sind natürlich gerade eindrucksvoll. Gelegentlich leichte Sandverwehungen, rechts und links der Straße wird Blei und anderes abgebaut, daher die dicken Lastwagen. TAOUZ dann ist wahrlich das Ende der Welt. Es gibt einige Kilometer von hier vorgeschichtliche Fundstellen, da wir uns aber im Bereich der umstrittenen Grenze zu Algerien befinden, sind sie kaum zu besuchen. Also zurück, wie wir gekommen sind, und zwar bis RISSANI. Ein knappes Stündchen brauchen wir, um aus der fast vegetationslosen Hamada wieder in die **Tafilalt-Oase** zurückzukehren. Sie

Alaouitenpalast...

erhält ihr Wasser aus dem **Fluss Ziz**, der nördlich von ERRACHIDIA aus dem Atlas tritt und die gesamte Flussoase bewässert. Und das ziemlich gleichmäßig übers Jahr, da nach einem verheerenden Hochwasser in den 60er Jahren oberhalb von ERRACHIDIA ein Stausee gebaut wurde, der den früher sehr launischen Fluss reguliert.

Wir passieren einige Dörfer und finden die meisten Palmen in erbärmlichen Zustand, was nicht so sehr an Wassermangel als an einer Pilzkrankheit liegt, die hier seit Jahren grassiert. Wir fahren ins Centre RISSANI und kommen dann sehr bald an einen Abzweig, gut beschildert, der uns links zum **„Mausolee Moulay Ali Cherif“** führt. Masn gelangt damit an die Keimzelle des marokkanischen Königshauses. Moulay Ali

...und Ksar in Rissani

Cherif gilt als der Stammvater der Alaouiten-Familie, die seit Mitte des 17. Jahrhunderts das Land regiert. Moulay Ali Cherif sei der „19. Großvater seiner Majestät, des Königs“, erklärt uns der sehr freundliche Aufseher. Hier liegt er begraben und wird bis heute als frommer Mann verehrt. Erst seit Kurzem kann auch ein nicht-muselmanisches Publikum wenigstens die von wundervollen Arkaden umgebenen Gärten um sein Grab besuchen und auch ein kurzer Blick in die angrenzende Moschee ist möglich. Sie darf aber mal wieder von Ungläubigen nicht betreten werden. In der Nähe der Grabstätte ist übrigens das Ende eines „Circuit Touristique“, einer Rundfahrt auf mehr oder weniger ordentlichen Straßen durch die Dörfer rund um RISSANI. Der Circuit beginnt am Ortseingang vor dem **Triumphbogen von Hassan II.**, durch den wir hergekommen sind. Da die ersten Kilometer aber nicht besonders aufregend sind, raten wir Ihnen, den Circuit rückwärts vom Moulay Ali Cherif aus zu fahren, und zwar nur ein paar Kilometer. Die Einfahrt ist an der letzten Straße unmittelbar vor dem Mausoleumsgelände nach links. Die schönsten Ksour finden Sie hier. Einige von ihnen wurden von den Alaouiten erbaut, um mal den Staatsschatz, mal unliebsame Konkurrenten um die Macht (aus dem eigenen Clan) oder auch Sultanswitwen hier auszulagern. Wir fahren schließlich ins Ortszentrum von RISSANI, das ebenfalls von zwei alaouitischen Bauten beherrscht wird: der Kasbah, in der sich jetzt ein Zentrum für alaouitische Studien befindet, und dem Ksar, ebenfalls vom Ende des 17. Jahrhunderts. Der Ksar ist intakt und bewohnt und ein kurzer Besuch lohnt, um einmal die Vorzüge dieser Wüstenarchitektur zu erfahren: die engen Gassen sind überbaut und bieten sehr effektiven Schutz vor der hier mörderischen Hitze des Sommers. Versäumen Sie nicht, sich die Fossilienschleifereien ganz in der Nähe anzusehen. Links von der Kasbah folgen Sie dem Schild **„Cooperative Sijilmassa des Fossiles“**. In diesem Viertel werden überall Meeresfossilien angeboten, die um ERFOUD und RISSANI in großer Menge gefunden werden, und wenn Sie den Geräuschen von Schleifmaschinen folgen, können Sie den Männern bei ihrer schwierigen Arbeit zusehen. So interessant RISSANI und seine Umgebung auch sind: der Besuch ist anstrengend vor allem wegen der fürchterlichen Kinder, vor denen man sich fortwährend auf der Flucht befindet und so ist man froh, die Stadt endlich nach Norden, Richtung ERFOUD und ERRACHIDIA zu verlassen. Unsere Tour führt uns immer der riesigen **Flussoase Tafilalt** entlang. Manchmal entfernt sich die Straße ein paar Kilometer vom grünen Palmenband, findet aber immer wieder zurück. Ca. 8 km vor ERFOUD ist auf der linken Straßenseite ein neuer

Fossilienschleifer in Rissani

Campingplatz eingerichtet worden, „Tifina“, dessen Ausstattungsniveau das der meisten europäischen Plätze in den Schatten stellt, derzeit vielleicht der komfortabelste Platz in ganz Marokko. Leider ist er noch etwas kahl, aber sie geben sich größte Mühe, ihn rasch zu begrünen. Sie können sogar (gegen Aufpreis) Stellplätze mit eigenem Privatbadezimmer mieten, es gibt Waschmaschinen, eine Behindertentoilette, es ist einfach an alles gedacht.

### (112) WOMO-Campingplatz-Tipp: „Tifina“

**GPS:** N 31° 22' 53.0" W 4° 16' 20.1"
**Zufahrt:** Straße von Rissani nach Erfoud, 8 km vor Erfoud links.
**Lage:** Außerorts, ruhig.

Wir kommen durch ERFOUD, die heutige Hauptstadt des Tafilalt. Sie ist eine französische Gründung von 1917, groß und ziemlich aufgeräumt, aber vollkommen uninteressant. Hinter ERFOUD sehen die Palmen grüner und die Dörfer nicht mehr so ärmlich aus. Fünf Kilometer hinter Erfoud, nach dem Ortsausgang des Dorfes Maadid, liegt links ein weiterer neu eingerichteter, großer und sehr guter Campingplatz, deutlich preiswerter als der vorige:

### (113) WOMO-Campingplatz-Tipp: „Karla“

**GPS:** N 31° 28' 54.1" W 4° 13' 00.5"
**Zufahrt:** Links an der Straße nach Errachidia, 5 km hinter Erfoud. 1 km nach dem Dorf Maadid
**Lage:** Ortsrand. Ruhig.

Die riesigen Luxus-Hotels im Kasbah-Stil entlang der Straße nach Errachidia sind natürlich für Einheimische unerschwinglich. Hier halten sich Europäer oder andere begüterte Touristen die Dritte Welt vom Hals. Plötzlich Preisfrage: wo ist denn nun der Ziz geblieben? Und siehe da: wir überqueren eine kleine Brücke und da ist er wieder. Er führt überraschend viel Wasser. Schließlich, vielleicht 10 km hinter ERFOUD auf der linken Straßenseite ein Springbrunnen! Eine kurze Piste führt zu dieser Merkwürdigkeit, die dadurch entstand, dass Geologen hier gebohrt haben und plötzlich kam, nach dem Prinzip des artesischen Brunnens, Wasser aus dem Boden. Es schmeckt scheußlich nach Salz und Eisen. Schade, dass es kein Öl war.

Das Tal wird enger und immer dichter grün. Nach der Kargheit der Wüste eine wahre Augenweide. Das **Ziz-Tal** ist insgesamt interessanter als die benachbarte **Vallée du Draa**. Die Landschaft ist ähnlich dramatisch, aber die Lehmarchitektur ist weit besser erhalten. Im Draa-Tal ist ja leider fast alles kaputt. Wir kommen in den Ort AOUFOUS, einen wichtigen Marktort für die Menschen der Umgebung. Die Leute hier sind freundlich und beileibe nicht so anstrengend wie in RISSANI. Weiterhin bleiben wir zunächst mit der Straße etwa auf dem Niveau der Talsohle und sehen rechts und links die aufragenden Felsen. Das sind keine Berge, sondern das Gelän-

Die Flussoase des Ziz

de, in das der Ziz sich in Millionen Jahren hineingesägt hat. Die Straße steigt nun steil an und der Blick nach links ins Tal ist wie ein Blick aus dem Flugzeug: ein fabelhaftes Landschaftserlebnis, das seinen Höhepunkt auf einem Aussichtsplateau findet, das man links auf dem Scheitel des Anstiegs errichtet hat. Der Blick zurück ins Tal ist sensationell. Dies wäre ein herrlicher Stell- oder Picknickplatz, wenn nicht alle paar Minuten Touristenbusse ankämen. Fast unterhalb der Plattform aber, gerade am Anfang des Aufstiegs, sehen wir eine kleine Straße von der Hauptstraße in die Oase abzweigen. Dort ist die Zufahrt zum „Camping Tissirt“, den wir gerne

empfehlen, weil er zauberhaft in der Oase gelegen ist, gut geführt von Hassan und seiner Frau, die auch kocht. Es ist erstaunlich kühl durch das dichte Grün und Wasser, das den kleinen Platz umfließt. Wir hören Frösche quaken und Hassan erzählt uns, dass er Gemüse und Obst aus eigenem Garten anbietet und Milch dazu von der eignen Kuh. Und die macht, Allah sei Dank, auch auf Arabisch Muh.

**(114) WOMO-Campingplatz-Tipp:**
**„Camping Tissirt" im Tal des Ziz**

**GPS:** N 31° 47' 05.5" W 4° 13' 49.5"
**Zufahrt:** An der Straße von Erfoud nach Errachidia links im Tal.

Nur ungern trennen wir uns von diesem stimmungsvollen Ort und fahren zurück auf die Hauptstraße und links nach ERRACHIDIA. Im Ort MESKI zweigt eine elend lange Straße nach Osten ab, die über BOUDNIB und BOUARFA zu der an sich wunderschönen **Oase Figuig**, unmittelbar an der algerischen Grenze, führt. Es gibt dort außer etlichen sehr ursprünglichen Lehmdörfern auch heiße Quellen. Dazwischen ist aber Hunderte von Kilometern „Nischt wie Jejend", nur gelegentlich ziehen Nomaden durch. Als uns dort einmal nach drei Stunden Fahrt mit unserm Landrover das erste Auto entgegen kam, haben beide Seiten angehalten und erst mal eine Zigarette zusammen geraucht.

Also halten wir uns an der Kreuzung links in Richtung ERRACHIDIA und AGADIR, fahren dann aber schon bald links ab zur **„Source bleue des Meski"**, der Blauen Quelle. Es geht durch ein Tor rechts den Plattenweg hinab zu diesem eigentlich wunderschönen Platz, schattenreich an einer Quelle gelegen, der einen Campingplatz mit einem Freibad verbindet, das von der Quelle gespeist wird.

## (115) WOMO-Campingplatz-Tipp: „Source Bleue de Meski“

**GPS:** N 31° 51' 24.4" W 4° 16' 59.1"
**Zufahrt:** Straße von Meski nach Errachidia, links ab.

Der Platz hat Stromanschlüsse und auch sonst alles, was der Camper liebt, leidet aber erheblich unter der Zudringlichkeit der Souvenirbranche, die sich am Rande niedergelassen hat. Uns hat ein energisches Wort aber bald Ruhe verschafft, so dass wir die eigentliche Attraktion, ein Schwimmbad mit dem glasklaren Wasser der Quelle, das sogar Fischen (im Schwimmbad!) gut genug ist, sehr wohl genießen konnten. Wir fahren weiter bis ERRACHIDIA und finden die Stadt so aufgeräumt und langweilig wie eh und je. Sie ist ein wichtiges modernes Verwaltungs- und Bildungszentrum, aber für uns eher reizlos. Am aufregendsten fanden wir es, nach langer Zeit mal wieder drei Ampeln zu sehen. Genießen Sie sie, denn die nächsten kommen erst wieder nach 300 km, in OUARZAZATE. Wir überqueren in ERRACHIDIA unseren alten Freund, den **Oued Ziz**, der hier von Norden aus dem Atlas kommt. Eine wichtige Nord-Süd-Straße folgt seinem Gebirgsdurchbruch flussaufwärts über MIDELT und AZROU bis nach FES und MEKNES (Tour 10). Die **Ziz-Schlucht** ist nicht so spektakulär wie ihre westlichen Kolleginnen mit Todhra und Dadès. Trotzdem: Tour 10, die der Straße bis AZROU folgt, bietet großartige Landschaften, die touristisch weit weniger überlaufen sind. Wenn Sie keine großen Pausen machen, ist die Strecke in gut sechs Stunden zu schaffen. Die Straße ist durchweg sehr gut und die Pässe bieten keine besonderen Schwierigkeiten.

An der Blauen Quelle

Nach Westen aber, Richtung TINERHIR und OUARZAZATE, verläuft unsere Tour 11. Wer sie auslässt, muss wissen, dass er auf einige der schönsten landschaftlichen Höhepunkte Marokkos verzichtet.

Ifrane
Azrou
2036 m
Jebel Habri
2104 m
Boulemane
N13
123
Timahdite
Enjil
2455 m
2255 m
122
Bergsee
121
Col du Zad
2049 m
2168 m
1654 m
Itzèr
Boulaljoul
Zaida
120
Boumia
N13
Midelt
119
Lehmdorf
Zebzate
Col Tizi n´Talghaumt
2793 m
1907 m
2397 m
Tattiouine
Ait-Daoud
ou-Moussa
Nazala
3737 m
Jebel Ayachi
Zaouiat
Sidi Hamza
Ait Labbes
N13
118
Rich
Moulay
Ali Cherif
117
116
Gorges du Ziz
N
30 km
Errachidia
TOUR 10

# TOUR 10 (ca. 270 km / 2 - 3 Tage)

## Errachidia – Oued Ziz – Rich – Midelt – Timahdite – Azrou

| | |
|---|---|
| **Freie Übernachtung:** | Moulay Ali Cherif, Rich, Col u Zad, Timahdite |
| **Campingplätze:** | Oued Ziz, Midelt, Timnay |
| **Ver- und Entsorgung:** | Campingplätze |
| **Trinkwasserstellen:** | Campingplätze, Tankstellen |

Am Westrand von ERRACHIDIA biegt nach rechts hoch ins Gebirge die Straße über MIDELT nach MEKNES ab. Nach 270 Kilometern und gut 6 Stunden reiner Fahrzeit erreichen wir in AZROU unsere Tour 13. Die Tour bietet nur einige wenige kulturgeschichtliche Höhepunkte, geht aber über gute Straßen durch schöne, abwechslungsreiche Landschaft und ist keineswegs von Touristen überschwemmt.

Über die Avenue Hassan II, vorbei am Universitätscampus, sind wir schnell aus ERRACHIDIA heraus. Am oberen Stadtrand kommen wir an einem Gaswerk (rechts) vorbei, wo sich mit etwas Glück jemand findet, der Ihre Gasflaschen sachgemäß, d.h. höchstens zu 80 % füllt. Nach 4 km wird rechts das grüne Band des **Oued Ziz** sichtbar, dem wir, oft in einiger Entfernung, für viele Kilometer folgen. Ansonsten ist die Vegetation hier im Wüstenvorland äußerst karg. Insgesamt sind die **„Gorges du Ziz“** (Ziz-Schlucht) nicht so dramatisch wie die westlichen Geschwister, aber auch sie sind wunderschön. Bald

Aufgestaut: Der Oued Ziz

ist der Stausee erreicht, der dem Fluss viel von der zerstörerischen Kraft früherer Zeiten genommen hat. 20 km nach ERRACHIDIA erklimmt die Straße eine erste größere Steilstufe. Grandiose Blicke rechts hinunter in den Oued, wo sich der Ziz in Millionen Jahren durch das lockere Gestein gefräst hat. 28 km hinter ERRACHIDIA erreicht die Straße das Niveau des Flussbettes und weicht ihm für etliche Kilometer nicht von der Seite. Bei Kilometer 38 erreichen wir das „Kasbah Hotel/Camping Jurassique", das wir Ihnen für eine Übernachtung oder auch mehrere wirklich empfehlen können. Der Betreiber Monsieur Zaid ist ein freundlicher und rühriger Mann. Er war Gymnasiallehrer für Französisch und betreibt seit vielen Jahren ein gepflegtes Gasthaus mit hübschen Zimmern. Den WOMO-Boom in Marokko hat er nicht verpennt und richtete sein Gelände, das fantastisch mitten in der Schlucht liegt, mit viel Sachverstand

für uns WOMO-Touristen ein. Alles ist sauber und rundum erfreulich. Die großen Gärten unten im Oued gehören ihm und so kann er seinen Gästen Fleisch, Milch, Obst, Olivenöl und Gemüse aus eigener Produktion superfrisch anbieten, Madame kocht. Eine Alkohollizenz hat er nicht und will sie auch nicht. Sobald Alkohol ausgeschenkt werde, hingen betrunkene Marokkaner herum und störten die Gäste. Es darf aber gern eigenes Bier oder eigener Wein ins Restaurant mitgebracht werden. In der warmen Jahreszeit können Besucher im Pool bestes Bergwasser genießen. Ein eigener Hammam ist im Bau. Zaid organisiert auch Esels- und Maultiertouren in die herrliche Bergwelt der Umgebung. Ein mehrtägiger Aufenthalt wird garantiert nicht langweilig.

### (116) WOMO-Campingplatz-Tipp: „Kasbah Hotel Jurassique“ in der Ziz-Schlucht

**GPS:** N 32° 09' 13.3" W 4° 22' 31.6"

**Zufahrt:** Straße von Errachidia nach Meknes, 38 km hinter Errachidia.

Nach drei Kilometern fahren wir an der engsten Stelle der Schlucht durch den sogenannten „Legionärstunnel“ (offiziell „Tunnel Zaabal“), der etwas bedrohlich aussieht, aber vier Meter hoch ist. Angehörige der französischen Fremdenlegion haben ihn in den 30er Jahren gebohrt. 43 km nach ERRACHIDIA liegt dann links die „Station Thermale Moulay Ali Cherif“ die außer Badeeinrichtungen auch einen freien Stellplatz, am besten etwas entfernt von der Straße hinter dem Bad, bietet.

Es treten hier an mehreren Stellen heiße Quellen, eine unmittelbar drunten am Fluss, zu Tage. Die Hauptquelle hat 53 Grad und wird, Männlein und Weiblein artig getrennt, (Frauen vor- und Männer nachmittags) in den beiden Badehäusern, mit kaltem Wasser herabgekühlt, gegen allerlei Gebresten genutzt - oder auch nur, um mal wieder richtig sauber zu werden. Das Wasser schmeckt leicht salzig und riecht etwas nach Schwefel. Im Sommer ist es hier rappelvoll mit Marokkanern, die sich für ein paar Tage mit Kind und Kegel einmieten. Außerhalb der Feriensaison ist es aber angenehm ruhig. Es gibt einen Tante-Emma-Laden und an der Straße ein kleines Restaurant, in dem wir einfach aber gut gegessen haben. Sehr zu empfehlen sind Wanderungen in der Umgebung, wo wir auf Viehnomaden treffen, die noch nie in einem festen Haus geschlafen haben. Einheimische erzählen uns: selbst wenn man diese Menschen einlädt, übernachten sie lieber neben den Steinhäusern, da sie befürchten, das Dach fiele ihnen auf den Kopf. Die großen Tiere da oben im Fels seien wilde Mufflons, erklärt uns einer der freundlichen Dorfbewohner.

## (117) WOMO-Stellplatz: „Station Thermale Moulay Ali Cherif“

**GPS:** N 32° 10’ 57.3” W 4° 21’ 58.1” **max. WOMOs:** 2-3
Zufahrt: An der Straße von Errachidia nach Meknes, 43 km hinter Errachidia links.
**Ausstattung/Lage:** Kein Schatten, ruhige, asphaltierte Parkfläche, kostenlos. Keine VE/im Ort.

In der Nacht kommt, wie so oft, ein heftiger Wind auf und rüttelt am WOMO. Das ist nicht angenehm, aber unten in der Wüste tobt er sich als Sandsturm aus – und das ist weit ungemütlicher.

Weiter in Richtung MEKNES. Die Straße verläuft mal links, mal rechts des Oued Ziz über eine Hochebene. Unterhalb des Bergzuges links reiht sich Dorf an Dorf am Fluss entlang, der den Menschen hier die Lebensgrundlage bietet. 63 km nach ERRACHIDIA geht links eine Straße zum Ort RICH ab, den Sie nicht auslassen sollten. Recht proper und lebendig ist er immer, besonders interessant aber ist es Montags. Dann ist Souk und noch aus entfernten Bergdörfern kommen die Menschen, um zu handeln und Freunde zu treffen. Reisen Sie möglichst schon am Sonntagabend an, denn am Markttag ist mit dem WOMO kein Durchkommen. Wir haben für diesen Zweck einen prima Stellplatz aufgetan, ruhig, sicher und mitten in der Stadt. Fah-

Einfahrt zum Zentrum von Rich

ren Sie durch den Torbogen vor dem Zentrum und dann nach etwa 200 m, dort wo die goldenen Steinböcke stehen, rechts ab auf den Wasserturm zu. Vorbei an einer Kaserne der „Forces Auxiliaires" und dann gleich links auf den Parkplatz bei der „Protection Civile". Mit den Beamten ist abgesprochen, dass wir dort übernachten dürfen, rund um die Uhr bewacht.

**(118) WOMO-Stellplatz:**
**„An der Protection Civile" in Rich**

**GPS:** N 32° 15' 38.8" W 4° 30' 19.7" **max. WOMOs:** 2-3
**Zufahrt:** Im Text beschrieben.
**Ausstattung/Lage:** Ruhiger Parkplatz im Ort, kostenlos. Keine VE.

Die Leute sind sehr zivilisiert und lassen uns in Ruhe. Von allen Orten hier oben auf den Hochebenen im Atlas ist uns RICH der angenehmste und interessanteste. Man könnte übrigens von hier nach IMILCHIL weiter fahren (Tour 13). Zurück zur Nationalstraße in Richtung MEKNES. Im Hintergrund kommen langsam die bis weit ins Frühjahr schneebedeckten Berge des „**Moyen Atlas**" in den Blick. Die Weite der Land-

Soukgelände in Rich

Moyen Atlas

schaft ist grandios. Marokko hat so viel Platz! Aber wegen Wassermangels ist eben nur ein geringer Teil nutzbar. Die Straßenbauer bedienten sich etwa 76 km nach ERRACHIDIA noch einmal einer Kerbe, die der **Ziz** geschnitten hat. Bald danach geht links eine kleine Straße zum **„Zaouiat Sidi Hamza“** ab.

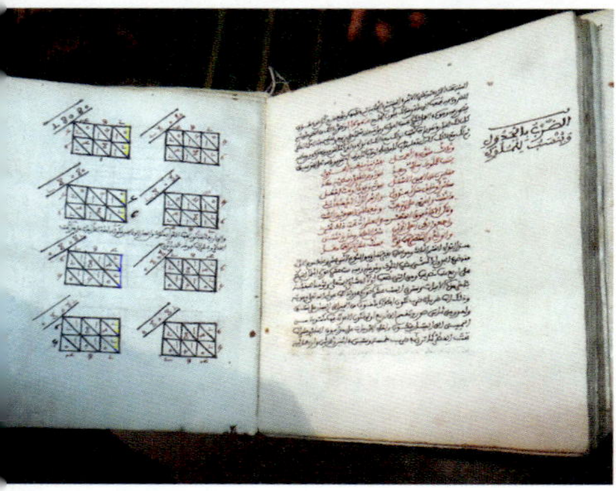

Zaouiat Sidi Hamza

Dort hat eine religiöse Bruderschaft ihren Sitz und es gibt eine bedeutende mittelalterliche Bibliothek. 29 km hinter dem Abzweig nach Rich biegt ein zweiter Abzweig von der Nationalstraße ab in Richtung HAMZA. Letzterer ist durchgehend geteert und wesentlich besser als der

Kasbah vor Alt Labbès

erste. Nach 25 km am Ende des Asphalts in Hamza angekommen, weisen weiße Pfeile an Mauern und Wänden den Weg zur Bibliothek. Meist kommt schon der Gardien angelaufen, sonst fragen Sie nach ihm. Er wird Ihnen einen Einblick in die ganz erstaunliche, 400 Jahre alte Buchsammlung geben, die hauptsächlich wissenschaftliche Abhandlungen zu Mathematik und Astronomie sowie Grammatik enthält. Keineswegs also nur religiöse Traktate. Einmal im Jahr wird hier ein großer Moussem, ein Fest, gefeiert.

Es geht nach all der Kurverei nun eine Reihe von Kilometern schnurgerade aufs Gebirge zu. Gelegentlich sind Felsnasen zu überwinden. Kurz vor dem Ort AIT LABBÈS liegt rechts eine wunderschön erhaltene Kasbah. Die Lehmdörfer an der Straße mit ihrer gelblich-grünen Farbe lassen erahnen, wie alle Siedlungen hier früher wohl ausgesehen haben. Kurz nach AIT LABBÈS geht links die versprochene zweite Straße zur Zaouiat Sidi Hamza ab. Im Ort N'AZALA bieten mehrere zerfallende Kasbahs ein Bild des Jammers. Erde zu Erde, Asche zu Asche. Gut 100 km nach ERRACHIDIA eine erste „Barrière de Neige" (Schneeschranke). Äußerst spärlich besiedelt

Col Tizi n'Talghaumt

sind die Landstriche zwischen den wenigen Dörfern. Es wächst ja auch so gut wie nichts. Dennoch sind Viehnomaden unterwegs. Ab km 111 sind Aufforstungen erkennbar. Das Gebiet hier ist Nationalpark. Links ein Gebäude der Parkverwaltung. Der **„Col Tizi n'Talghaumt"**, unser erster Pass auf dieser Tour, erreicht immerhin 1907 m. Es geht später noch höher, zunächst aber erst mal wieder in Serpentinen hinunter auf die nächste Hochebene. Fantastische Ausblicke weit ins Land wie aus dem Flugzeug. Das Lehmdorf ZEBZATE ist leider auch dem Verfall preisgeben und sieht nur aus der Ferne noch intakt aus. Der Sturm, der uns seit der „Station Thermale" begleitet, nimmt an Heftigkeit zu. Allzu lange werden wir wohl nicht weiter fahren können, da wir fürchten, von der Straße gefegt zu werden. So lange wie der Wind aus Norden, genau von vorn kommt, machen wir erst mal vorsichtig weiter. Rechts biegt eine Straße u.a. nach GUERCIF in Marokkos Wildem Osten ab. Ca. 140 km nach ERRACHIDIA erreichen wir den

Vom Verfall bedroht: Zebzate

Ort MIDELT, ein größeres, aber städtebaulich völlig verkorkstes Nest in allerdings grandioser Umgebung, erbaut auf Hügeln vor dem Gebirge. Angenehm ist der gerade auf Vordermann gebrachte städtische Campingplatz. Er ist recht leicht zu finden: bald nach der Einfahrt ins Zentrum sehen Sie dort, wo rechts das gelbe „Tribunal" liegt, auf der linken Straßenseite ein Schild, das zum „Hotel Ayachi" weist. Dort fahren Sie hoch und folgen dann wiederum bei einer Querstraße links dem Hinweis zum Hotel. Nach ein paar hundert Metern liegt dann links der Campingplatz mit warmen Duschen, Wasser und Strom an jeder Koje usw. Sie haben sich echt Mühe gegeben, die Stadtväter von MIDELT. Und der Clou: durch ein Türchen geht es zum unmittelbar daneben gelegenen Schwimmbad.

**(119) WOMO-Campingplatz-Tipp: „Midelt"**

**GPS:** N 32° 40' 38.9" W 4° 44' 16.0"
Zufahrt: Im Text beschrieben.
**Lage:** Unweit der Zentrums neben dem Schwimmbad, ruhig.

Der gepflegte Platz ist der preiswerteste, den wir in ganz Marokko angetroffen haben. Netter Verwalter.

Der Wind lässt nicht nach. Aber wir wagen noch ein Stückchen. Etwa 20 km nach MIDELT liegt rechts der Straße der

Ksar Timnay

kasbahartige große Komplex des „Ksar Timnay". Hotel und Restaurant sehen nicht so toll aus, schön aber ist der angeschlossene Campingplatz mit geräumigen WOMO-Kojen zwischen hohen Bäumen, deren Schatten in der heißen Jahreszeit bestimmt eine Labsal ist. Heute allerdings biegen sie sich, dass es einem Angst macht.

**(120) WOMO-Campingplatz-Tipp: „Ksar Timnay"**

**GPS:** N 32° 45' 06.1" W 4° 55' 08.8"
**Zufahrt:** An der Straße von Errachidia nach Meknes, 20 km hinter Midelt.
**Lage:** Außerorts in einem Hotelkomplex.

Bisher hat der Sturm uns nicht umgeworfen. Aber die Spur zu halten, ist gar nicht einfach, Kurz vor dem Ort ZAIDA we-

cken ein paar sehr merkwürdige **Felsformationen** unser Interesse. Wie Megalithgräber sehen sie aus, sind aber offensichtlich natürlichen Ursprungs. Beim Aussteigen kriegen wir gegen den Wind die Fahrerhaustüren kaum auf. Im Zentrum von ZAIDA sind wir froh, als wir heil über den Oued gekommen sind. Starke Regenfälle in den Bergen haben den Bach in einen reißenden braunen Strom verwandelt, der jeden Augenblick die Brücke weg zu reißen droht. Die Leute hier sind ziemlich nervig. Kurz nach dem Dorf BOULALJOUL zweigt rechts eine an sich sehr schöne Strecke nach

Regenflut gefährdet die Brücke von Zaida

BOULEMANE und schließlich FÈS ab. Hier hätten wir Sie gern entlang geführt, aber die Straße war bei unseren letzten Besuchen dermaßen schlecht, schmal und auch überspült, dass wir sie Ihrem und unserem WOMO nicht zumuten mögen. Also weiter in Richtung MEKNES, was nun wahrhaftig nicht zweite Wahl ist! Hügellandschaft, Obstkulturen, die Straße kurvt durch Waldgebiet immer höher und zwar deutlich über 2000 m. Beim **„Col du Zad"** sind 2168 m erreicht. Die Straße wäre eigentlich problemlos, ohne Sturm. Ein bisschen sieht es hier aus wie am „Grand Ballon" in den Vogesen. Sollten auch Sie hier einmal in schwere Wetter geraten, so könnte Ihnen wenige Kilometer hinter dem „Col du Zad" die große Parkbucht auf der linken Straßenseite von Nutzen sein. Sie liegt 2140 m hoch und ist weder von Erdrutschen noch Überschwemmungen gefährdet. Dort steht ein Camperkollege offensichtlich schon etwas länger.

Steht schon länger: WOMO am Col du Zad

**(121) WOMO-Stellplatz:**
**„Parkbucht hinter Col du Zad"**

**GPS:** N 33° 02' 40.1" W 5° 03' 10.8" **max. WOMOs:** 5
**Zufahrt:** An der Nationalstraße 13, hinter Col du Zad links.
**Ausstattung/Lage:** Außerorts, kein Schatten. Keine VE.

Bald danach rechts ein wunderschönes Feuchtgebiet, das nach starken Regenfällen überschwemmt ist. Eine Beobachtungskanzel hat man wohl für europäische Birdwatcher

Der See von Sidi Ali

gebaut. Wir haben außer einem Storch aber nichts gewatcht, den Vögeln ist es wohl zu windig.

Etwa 3 km nach einer Auberge (links) geht rechts ein Sträßchen, beschildert „AGUELMANE SIDI ALI“ zu dem wohl verwunschensten Ort dieser ganzen Tour. Ein absolut lohnender Abstecher! Auf gut 2000 m Höhe liegt hier ein Bergsee, eingerahmt von merkwürdigen Felsbrocken. So ungefähr stellen wir uns Loch Ness vor. Das alles soll vulkanischen Ursprungs sein, wie uns der Verwalter des „Atlas Lake Inn“ erklärt, einem Gasthaus direkt am See, das nach 3 km schlechter Straße erreicht

Atlas Lake Inn

ist. Die Franzosen haben das Haus gebaut, lange war es ungenutzt doch nun ist es wieder da, fantastisch gelegen, alles schier unwirklich schön.

Die Stille hier muss ohrenbetäubend sein, wenn der Wind nicht pfeift. Wasser gibt's für WOMO-Reisende, abends auch vom Generator ein wenig Strom. Traumhaft!

**(122) WOMO-Stellplatz: „Atlas Lake Inn“**

**GPS:** N 33° 04' 50.0" W 4° 59' 38.8" **max WOMOs:** 6-7
**Zufahrt:** Nationalstraße 13 hinter „Col du Zad“ rechts, Richtung „Aguelmane Sidi Ali“. 3 km auf schlechter Straße.
**Ausstattung/Lage:** Am Hotel „Atlas Lake Inn“. Keine VE/bei Einzelgeb.

Zur Nationalstraße zurück und weiterhin über Hochebenen. Bald ist ein Dorf erreicht. „Midelt 81 km“ steht rechts auf dem Kilometerstein. Wie bitte? Da hat ein Scherzbold offensichtlich den Stein herumgedreht. Uns ist nach Lachen nicht so recht zumute, denn der Wind wird immer bedrohlicher. Jetzt reicht's uns. Im Ort TIMAHDITE suchen wir uns ein Plätzchen zum Überwindern: mittendrin liegt rechts beim Sendemast eine Station der „Protection Civile“ und daneben der „Gendarmerie

Royale". TIMAHDITE ist wahrlich kein touristischer Knaller. Für die Besichtigung des Ortes müssen Sie nicht mehr als 5 Minuten veranschlagen. Aber der Chef der Polizeiwache ist geradezu herzlich und lässt uns auf dem ruhigen Parkplatz vor der Gendarmerie übernachten – mal wieder rund um die Uhr behütet. So bleibt uns dieses öde Nest in dankbarer Erinnerung. In der Morgendämmerung weckt uns heftiges Geklapper. Nein, es ist nicht mehr der Wind, der hat sich endlich gelegt, sondern es kommt vom Riesennest auf dem Sendemast gleich nebenan. Herr Storch hat seiner großen Liebe eine wunderschöne Plastiktüte für die Wohnungseinrichtung mitgebracht. Da soll man nicht klappern!

**(123) WOMO-Stellplatz: „Gendarmerie Timahdite"**

**GPS:** N 33° 14' 14.0" W 5° 03' 33.1" **max. WOMOs:** 1-2
**Zufahrt:** An der Nationalstraße 13 im Ort Timahdite beim Sendemast rechts rein.
**Ausstattung/Lage:** Parkplatz vor der Gendarmerie, ruhig. Keine VE.

Weiter in Richtung MEKNES. Weite Hochalmen, immerhin gut 1900 m hoch. Zahlreiche Viehnomaden. Zum „Ait El Kebir", dem „Hammelfest", an dem jede marokkanische Familie ihr Schaf schlachten will, werden sich die Herden deutlich lichten. Mit dem **Jebel Habri** queren wir einen letzten kleinen Pass, wo eine Schneeräumstation auf Einsatz wartet. Nach all der vegetationsarmen Weite geht es nun 6 km vor AZROU steil abwärts durch dichten Wald, hauptsächlich aus Steineichen und oft uralten Atlaszedern. Hier an der Nordseite des Moyen Atlas kommt Schwarzwald-Feeling auf. Befreundete Marokkaner aus dem Süden haben so etwas noch nie gesehen und waren ganz aus dem Häuschen, als wir hier ehedem mit unserem alten Landrover durchfuhren.

Am Ortseingang von AZROU treffen wir dann schließlich auf Tour 13, die hier rechts nach FÈS verläuft. Wenige Kilometer hinter AZROU liegen an dieser Route die beiden Campingplätze 130 und 131.

Geradeaus hinunter geht es zur Ortsmitte.

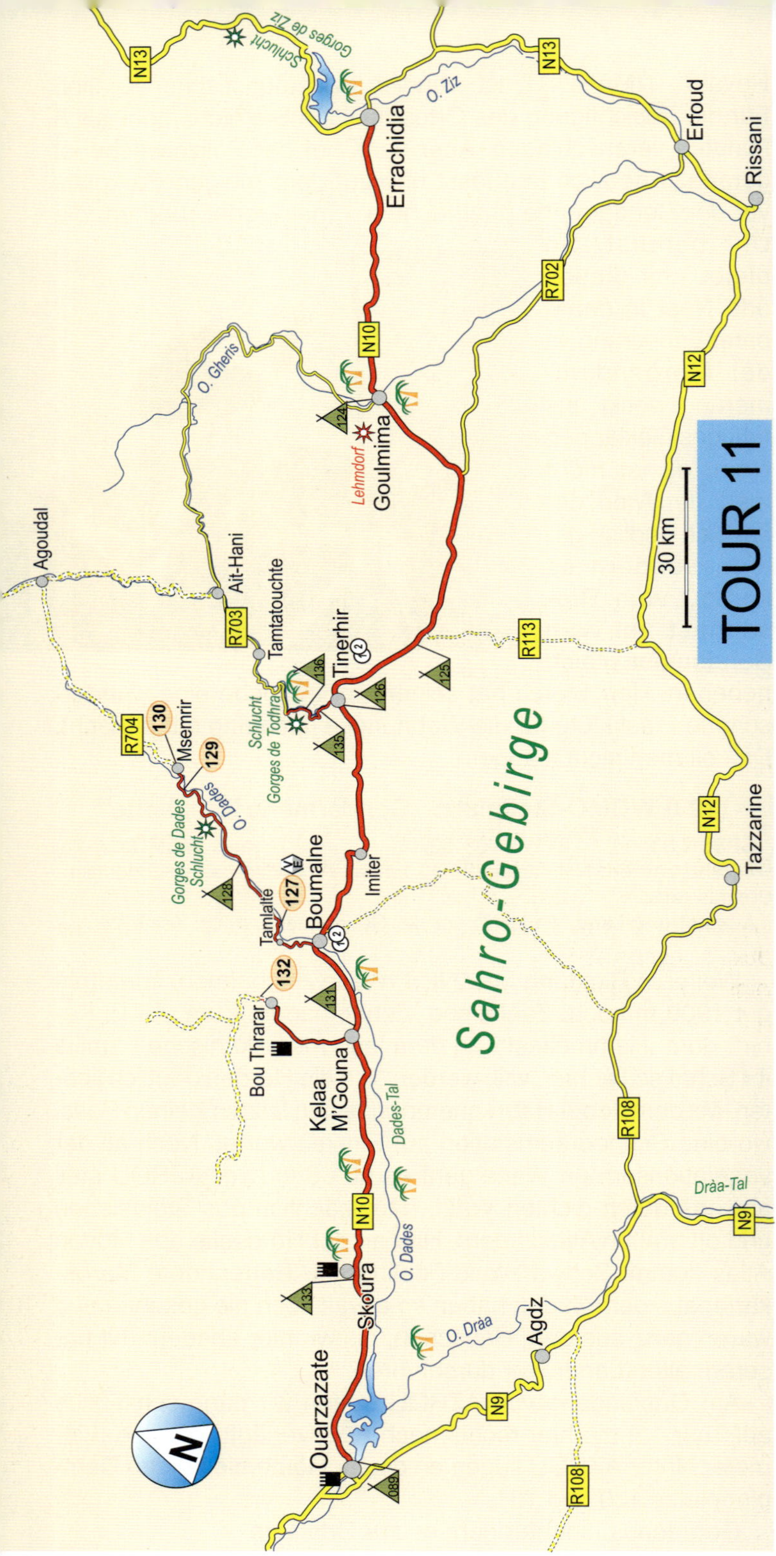

TOUR 11
30 km
Sahro-Gebirge
Errachidia
Erfoud
Rissani
Goulmima
Lehmdorf
Tinerhir
Tamtatouchte
Ait-Hani
Agoudal
Msemrir
Boumalne
Imiter
Tamlalte
Bou Thrarar
Kelaa M'Gouna
Skoura
Ouarzazate
Agdz
Tazzarine
Gorges de Ziz
Schlucht
Gorges de Todhra
Schlucht
Gorges de Dades
Schlucht
O. Ziz
O. Gheris
O. Dades
O. Dades
O. Dràa
Dades-Tal
Dràa-Tal
N13
N13
N10
N10
N12
N12
N9
N9
R702
R703
R704
R113
R108
R108
124
125
126
127
128
129
130
131
132
133
135
136
089

# TOUR 11 (ca. 510 km / 3 - 5 Tage)

## Errachidia – Goulmima – Tinerhir – Boumalne – Msemrir – Kelaa M'Gouna – Ouarzazate

| | |
|---|---|
| **Freie Übernachtung:** | Dades-Schlucht, Kelaa M'Gouna |
| **Campingplätze:** | Tizmoutine, Tinerhir, Goulmima, Todhra-Schlucht, Dades-Schlucht, Kelaa M'Gouna, Skoura, Ouarzazate |
| **Ver-/Entsorgung:** | Campingplätze |
| **Trinkwasserstellen:** | Campingplätze, Tankstellen |
| **Besichtigen:** | Goulmima |

Westlich des Zentrums von ERRACHIDIA geht Nationalstraße 13 (unsere Tour 10) nach MIDELT und FES in Richtung Norden ab und hat dort sehr bald einen landschaftlichen Höhepunkt mit der Schlucht des Ziz-Flusses. Unsere Tour 11 indessen führt weiter nach Westen, Richtung OUARZAZATE. Wir müssen uns aber wegen des Versäumnisses nicht grämen, denn es liegen zwei mindestens so spektakuläre Schluchten an Route 11, welche zu den größten landschaftlichen Sehenswürdigkeiten Marokkos gehören: die **Todhra-Schlucht** bei TINERHIR und die **Dades-Schlucht** bei BOUMALNE. Vorher aber wollen wir uns mit dem **Ksar Goulmima** ein kulturgeschichtliches Juwel anschauen, ca. 55 km sind es bis dorthin. Wir fahren über einsames Hochplateau (die Straße gehört uns fast allein), das mit der Zeit immer interessanter wird, weil rechts und links die

Die Oase Gheris

Berge sich zu reizvollen Rhythmen staffeln. Unterwegs immer wieder Nomaden. Schließlich geht es steil den Berg hinab und – welch ein Anblick – vor uns liegt die **Oase Gheris** mit ihren zwei Dutzend Dörfern. Halten Sie unbedingt in der ersten Parkbucht an, um die Aussicht zu genießen. Wahrscheinlich kommt auch gleich Hamid aus seiner Höhle. Er ist ein lustiger Typ, der zwei wunderschöne Leguane gezähmt hat: Yoyo und Martha. Die beiden sind (sagt jedenfalls Hamid) verheiratet. Sie fressen ihm aus der Hand und rennen nicht weg. Wenn Sie Hamid 10 DH geben, können Sie sie fotografieren und wenn er Sie nett findet, gibt's

Ksar Goulmima

auch einen Tee. Als wir ihn letztens sahen, zierte sein Haupt eine Mütze mit der Aufschrift „I love Jesus" - als Moslem! Der Hauptort der herrlichen Oase da unten ist GOULMIMA, und ihn erreichen wir zuerst. Er besteht aus der üblichen Neustadt, die nichts Besonderes zu bieten hat, aber wir folgen im Ort den Schildern „Ksar Goulmima" und die enge, aber durchaus fahrbare Straße führt uns nach gut einem Kilometer zum alten Lehmdorf GOULMIMA. Dieser **Ksar Goulmima** allerdings ist ein hervorragend erhaltenes Beispiel eines 900 Jahre alten, noch intakten saharischen Dorfes, in dem die Zeit stehen geblieben zu sein scheint. Die UNESCO hat es zum Kulturerbe erklärt und so fließt neuerdings einiges Geld in den Erhalt des Ortes, was erste Auswirkungen zeigt. Leider haben Niederschläge vor ein paar Jahren aber erhebliche Zerstörungen angerichtet. Man hat die Fassaden beschädigter Häuser wieder hergerichtet, aber dahinter sind häufig nur mehr Ruinen. Das durchaus vorhandene Geld für vollständige Reparaturen ist nämlich versickert. Ksar Goulmima ist kein Museum, sondern noch bewohnt und so tun Sie gut daran, sich eines einheimischen Führers zu bedienen, der das Vertrauen der Bewohner besitzt und der Sie durch die sehr intimen überbauten Gassen führt, ohne dass Sie sich als Eindringling fühlen müssen. Wir haben gute Erfahrungen mit Youssef gemacht, der hier geboren wurde. Er kennt jeden im Dorf, ist glänzend informiert und ein netter Bursche, absolut seriös. Für seine geduldige und sehr persönliche Führung hat er ein ordentliches Honorar verdient, 50 DH sind angemessen (Telefon 0613600430). Er spricht nur Französisch, kann aber seinen Freund Omar dazu bitten. Omar ist Geschichtslehrer und spricht Englisch. Wenn Sie mögen, können Sie mit Youssef oder Omar auch eine Rundfahrt durch die Oase machen. Für mittelgroße Fahrzeuge, auch über 3 m Höhe, kein Problem. Youssef ist absolut interessant für Leser, die sich für prähistorische Artefakte interessieren: seine Sammlung von steinzeitlichen Werkzeugen, die er in der Wüste zusammengetragen hat, ist wahrlich beeindruckend. Er führt Sie auch zu Fossilienfundstellen in der Nähe, auf Wunsch werden Allradtouren organisiert. Youssef sammelt (und verkauft) obendrein Meteoriten.

Wer in GOULMIMA übernachten möchte,

Youssef der Fossiliensammler

kann das sehr gut auf dem von der Französin Michelle resolut geführten „Camping les Tamaris" tun, der neben allen Versorgungseinrichtungen über einen gepflegten Swimmingpool verfügt. Sie finden ihn, wenn Sie im Ort Richtung OUARZAZATE dem Schild „Camping" nach rechts folgen.

**(124) WOMO-Campingplatz-Tipp:**
**„Les Tamaris", Goulmima**

**GPS:** N 31° 41' 12.1" W 4° 57' 31.1"
**Zufahrt:** Im Ort Goulmima, beschildert.

Etwa 20 km vor TINERHIR liegt links der Straße ein sehr einfacher Campingplatz, den Sie normalerweise kaum brauchen werden. Falls Sie aber in einen der, in dieser Gegend recht häufigen, Sandstürme geraten sollten, könnte er Ihnen von Nutzen sein:

**(125) WOMO-Campingplatz-Tipp:**
**„Auberge Camping Tizmoutine"**

**GPS:** N 31° 27' 18.2" W 5° 21' 35.9"
**Zufahrt:** Straße von Errachidia nach Tinerhir, 20 km vor Tinerhir links.

Uns aber treibt es weiter, denn wir wollen eines der größten Naturwunder Marokkos erleben, die Schlucht des **Flusses Todhra** nördlich der Stadt TINERHIR. Auf dem Wege dorthin bringt uns der langgestreckte Ort Tinjedad so wenig aus der Fassung wie andere kleine Oasen, aber dann, nach der Einfahrt in die Außenbezirke von TINERHIR und kurz vor dem Ortszentrum, mit einer Burg der Adelsfamilie der Glaoui auf der Höhe gerade vor uns, geht es rechts rein, zu den **„Gorges de Todhra"**.

Tinerhir

Hier beginnt unsere Tour 13, eine Strecke, die ins Hochgebirge führt. Und das bedeutet in Marokko immer, dass sie nach starken Regenfällen durchaus schwierig sein kann.

Wenn Sie auf Tour 11 bleiben möchten, fahren Sie geradeaus Richtung OUARZAZATE und BOUMALNE und Sie befinden sich sogleich im Neustadtzentrum des Ortes, der wegen seines quirligen Lebens und seiner Souks links hinter dem Platz durchaus einen Spaziergang lohnt.

Frühling bei Tinerhir

Es wird gewaltig gebaut in TINERHIR, zum Beispiel stehen an der Straße nach OUARZAZATE jedes Mal, wenn wir vorbeikommen, schon wieder neue Häuser. Bei unserm letzten Besuch haben wir die Stadt kaum wiedererkannt. Ganze Stadtviertel sind hinzu gekommen.

Am Ortsausgang von TINERHIR Richtung OUARZAZATE liegt links ein einfacher Campingplatz, der Ihnen nützlich sein könnte, wenn Sie noch im Ort bleiben wollen:

In der Todhra-Schlucht

**(126) WOMO-Campingplatz-Tipp:**
**„Camping Ourti" in Tinerhir**

**GPS:** N 31° 29' 57.5" W 5° 32' 32.7"
**Zufahrt:** Am Ortsausgang von Tinerhir Richtung Ouarzazate links.

Hinter TINERHIR durchqueren wir ein Hochplateau, das links vom **Jebel Sahro** und rechts vom **Hohen Atlas** begrenzt

Imiter

wird. Es sind ein paar Oasen zu sehen und im **Sahro-Gebirge** gibt es Bergwerke, zum Beispiel in der Gegend von IMITER, einem Dorf, durch das unsere Straße verläuft (auf dem Kilometerstein steht „Marrakech 336 km"). Wir möchten anhalten, weil es etwa ein Dutzend schöner Kasbahs zu bewundern gibt und wir für unseren Führer einen Rastplatz beschreiben möchten, aber es wird uns von den unerträglichen Kindern verleidet, die sofort aus allen Richtungen angerannt kommen und Bonbons verlangen. Gibt's keine? Dann wird aufs Auto gehauen oder auch mit Steinen geworfen. Reizend. Immerhin: man versteht lang-

Kinder: Manchmal auch lästige Anhänger

sam, warum die Straße zwischen ERRACHIDIA und OUARZAZATE **„Straße der Kasbahs"** genannt wird. Wir folgen ihr nach BOUMALNE DU DADES, um dort die **Dades-Schlucht** hochzufahren und wieder runter. Rauf und runter finden Sie langweilig? Aber Sie sehen doch auch von vorn ganz anders aus als von hinten! Die Straße ist für WOMOs gut machbar, weil asphaltiert bis MSEMRIR, das sind etwa 60 km.

Angepasste Neubauten in Boumalne

Die Stadt BOUMALNE DU DADES liegt am Austritt des Flusses Dades, der sich dann nach Westen wendet und nach OUARZAZATE fließt. An Kasernen vorbei geht es steil nach rechts runter durch das Zentrum. Beachten Sie bitte rechts oben auf dem Berg den Versuch eines klugen Architekten, Neubauten einmal so sensibel zu gestalten, dass ihre kubi-

Lehmdorf im Dades-Tal

Felsformationen in der Dades-Schlucht

schen Formen und ihre Farbe mit der alten Bausubstanz des Lehmksars korrespondieren und sie nicht einfach kaputtklotzen. BOUMALNE ist ein lebendiges Nest, das einen kleinen Aufenthalt lohnt. Im Tal überqueren wir den Fluss zunächst und begleiten ihn dann rechts, indem wir den Schildern „Msemrir" folgen. Von hier an werden wir immer wieder prachtvolle Kasbahs und auch Lehmdörfer sehen, die offensichtlich besser erhalten und noch nicht vom Wohlstand zerstört sind. Das **Dades-Tal** steht ein wenig im Schatten des **Todhra-Tals** (Tour 13), was wir ganz unberechtigt finden. Zwar ist die Schluchtenge nicht ganz so spektakulär wie die nebenan, aber das Tal ist insgesamt ursprünglicher und noch nicht so von Vermarktung geprägt. Außerdem ist es geologisch weniger homogen, was starke Farbunterschiede mit sich bringt und auch große Unterschiede in der Morphologie der Felsen. Manchmal sind die tiefrot und kontrastieren farblich extrem mit der grünen Vegetation.

Es gibt viel zu sehen und die Kurven sind eng. Wirklich schwierig ist die Fahrt nicht, aber man muss aufpassen.

16 km nach Einfahrt in die

Schlucht sehen Sie rechts sehr seltsame, fast organisch geformte Felsgebilde. Direkt davor liegt der sympathische kleine

**(127) WOMO-Stellplatz: „Hotel Camping Tamlalte"**

**GPS:** N 31° 26' 51.2" W 5° 58' 23.0"
**max. WOMOs:** 5
**Zufahrt:** Problemlos anzufahren. Etwas abseits der Straße.
**Ausstattung:** VE, Strom. Kostenpflichtig.

Die Schlucht wird zunehmend enger und es geht in steilen Serpentinen aufwärts. Der Blick hinunter ist grandios. Kurz danach fahren wir mit dem WOMO fein vorsichtig durch die eigentlichen „Gorges", also die Schluchtenge, denn die Felsen hängen über. Nach starken Regenfällen oder plötzlicher Schneeschmelze kann diese Stelle schon mal unpassierbar sein.

Reicht's Ihnen jetzt? Fertig mit den Nerven? Mögen Sie übernachten oder auch nur in einem hübschen Café-Restaurant einkehren? Dann haben wir hier gleich hinter den Gorges einen heißen Tipp für Sie. Andernfalls fahren Sie weiter bis einige Kilometer vor MSEMRIR, wo wir einen tollen freien Stellplatz aufgetan haben. Der heiße Tipp hier heißt „**Hotel Restaurant Camping Berbère de la Montagne**", liegt direkt am Fluss und ist eine gepflegte und hübsche Einrichtung mit allen Versorgungsmöglichkeiten. Die freundlichen Betreiber werben mit schönen Wandermöglichkeiten. Sehr zu empfehlen!

**(128) WOMO-Campingplatz-Tipp: „Berbère de la Montagne"**

**GPS:** N 31° 33' 27.7" W 5° 54' 34.7"
**Zufahrt:** An der Straße durch die Dades-Schlucht.

Felsschichten wie Baumkuchen

Oder fahren Sie doch lieber weiter? Ein paar traumhafte rötliche Kasbahs vor grünen Feldern und im weiteren Verlauf wieder völlig andere Felsen und Einblicke in die Erdgeschichte werden Sie belohnen. Die Straße ist oft etwas hoppelig nach Muränenabgängen, aber richtig schwierig wird sie nie. Es geht

eine weitere Steilstufe hoch und da oben irgendwo, nahe bei Allah, haben wir unseren freien Platz, in den man vorwärts rein- und auch wieder vorwärts rausfahren kann. Er liegt rechts an einem Felsen, den die Straße vom Berg abgeschnitten hat, hoch über dem grünen Band des **Dades**, das sich dort unten hinzieht und bewirtschaftet ist. Es geht steil abwärts. Falls Sie nachts mal raus müssen, passen Sie auf, dass es nicht Ihr letzter Gang wird. Nur zwei Kinder haben uns besucht – das nächste Dorf ist weit – und die sind sogar gleich wieder abgezogen, als es nichts gab. Gelegentlich kommen LKW mit ganzen Ziegenherden drauf vorbei und die Fahrer grüßen. Störungen gab es keine, wundervoll!

**(129) WOMO-Stellplatz: „Über der Schlucht" des Dades**

**GPS:** N 31° 39' 18.6" W 5° 50' 40.7" **max. WOMOs:** 2
**Zufahrt:** Dades-Schlucht, kurz vor Msemrir rechts um einen Felsen herum, an der Schlucht.
**Ausstattung/Lage:** Fantastischer Blick hinunter in die Schlucht, außerorts, kein Schatten. Keine VE.

Frühling im Dades-Tal

Wenn Sie oberhalb unseres Platzes ein bisschen in den Felsen herumklettern, werden Sie reichlich Meeresfossilien finden. In über 2000 m Höhe! Sintflut oder Afrikanische Platte? Ein kleiner steinerner Viehpferch weist darauf hin, dass hier oben Nomaden leben. Prompt hören wir ganz oben über uns eine Ziegenherde.

Falls Ihnen der freie Stellplatz hier über der Schlucht zu einsam ist, können Sie auch ein paar Kilometer weiter fahren bis zum Ort MSEMRIR. Dort endet der Asphalt. Vielleicht haben Sie ja Lust auf eine ein- oder mehrtägige Fußwanderung zu den Gebirgsnomaden? Dann stellen Sie Ihr WOMO am besten auf dem Marktgelände am Ende des Dorfes ab. Aber nicht am Samstag, da ist Markt! Es gibt einen Wächter, der 10-20 DH pro Tag bekommen sollte. Schön ist es dort grade nicht, aber man ist sicher vor den Kindern.

### (130) WOMO-Stellplatz: „Markt Msemrir“

**GPS:** N 31° 41’ 47.4” W 5° 49’ 02.0” **max. WOMOs:** 4-5
**Zufahrt:** Dades-Schlucht bis Msemrir, am Ende des Asphalts rechts auf dem Souk-Gelände.
**Ausstattung/Lage:** Bewachter Platz, wo man Ruhe vor den Kindern hat. Samstags wegen Markt nicht benutzbar. Meist schmutzig. Im Ort Msemrir, kein Schatten, Restaurants, Läden im Ort. Keine VE.

Ein kundiger Führer ist Mbark Abdelmoujoud Er spricht gut französisch. Sie erreichen ihn in der Auberge Agdal am Markt, deren freundlicher Wirt gerne behilflich ist (Mbarks Telefon: 0648804360).

Wir fahren zurück nach BOUMALNE und dann weiter rechts Richtung OUARZAZATE, immer die „Straße der Kasbahs" entlang. Noch hat die Bezeichnung einen Sinn, denn es gibt noch immer sehr schöne Kasbahs, aber viele verfallen doch

Kasbah bei Msemrir

auch oder wurden verunstaltet, so dass man die Verantwortlichen daran erinnern muss, dass ein solches touristisches Etikett auch wahr sein sollte und dazu bedürfte es eines wirksamen Denkmalschutzes. Fehlanzeige! Vor einigen Jahrzehnten muss es ein fabelhafter Anblick gewesen sein, als hier praktisch nur Kasbahs zu sehen waren und nicht der Siedlungsbrei, der sich jetzt die Straße entlang zieht bis KELAA M'GOUNA. Arm ist die Gegend ersichtlich nicht. Das liegt daran, dass hier viele soge-

An der Straße der Kasbahs

nannte Immigrées gebaut haben, also Marokkaner, die in Europa arbeiten und ihr Geld dann hier in der Heimat in klotzige Kästen stecken.

Wir haben es geschafft! In KELAA M'GOUNA angekommen, einem lebendigen Städtchen, das aber über keine besonderen Sehenswürdigkeiten verfügt, suchen wir einen ruhigen Stellplatz. Kurz vor der Stadt, ca. 2 km vor der Ortseinfahrt, geht rechts eine Asphaltstraße ab zum **„Village touristique Ksar Kaissar"**. Es handelt sich um ein riesiges Hotel- und Campinggelände, mitten in einer Olivenfarm. Bei unserm letzten Besuch waren Hotel und Campingplatz offensichtlich pleite. Weder Strom noch Wasser funktionierten mehr. Wir haben trotzdem, das Tor war offen, dort übernachtet, zusammen mit einigen Franzosen. Da weit und breit kein Mensch sich blicken ließ, haben wir auch nichts bezahlt. Eine Oase der Ruhe!

**(131) WOMO-Campingplatz-Tipp: „Village touristique Ksar Kaissar"**

**GPS:** N 31° 15' 13.1" W 6° 06' 18.5"
**Zufahrt:** 2 km vor der Ortseinfahrt Kelaa M'Gouna rechts, beschildert.

Oder zieht es Sie ins Freie? Dann fahren Sie weiter bis ins Zentrum, und biegen an der zentralen Kreuzung gleich hinter der Banque Populaire rechts ab in eine Straße, die die ersten etwa 20 km geteert ist und die am Fluss **Asif M'Gouna** entlangführt, mehr oder weniger jedenfalls, und an etlichen schönen Kasbahs. Wir fahren sie bis zum Ende des Asphalts und noch ein paar Meter Piste, weil wir hier genau die Ruhe finden, die wir suchen. Die paar neugierigen aber nicht aggressiven Kinder der einsam hier siedelnden Bauern jedenfalls müssen bald ins Bett. Gute Nacht!

**(132) WOMO-Stellplatz: „Asif M'Gouna", 20 km nördlich von Kelaa M'Gouna**

**GPS:** N 31° 21' 01.2" W 6° 09' 09.4"
**max. WOMOs:** 2
**Zufahrt:** An der Hauptkreuzung in Kelaa M'Gouna rechts, 20 km wie im Text beschrieben, bis zum Ende des Asphalts.
**Lage:** Einsame Gegend, 2 Bauernhöfe, kein Schatten. Keine VE.

Bizarre Felsen vor Skoura

Wir fahren zurück nach KELAA M'GOUNA und nehmen dort die Hauptstraße Richtung OUARZAZATE. Die Gegend ist in ganz Marokko berühmt für ihre Produkte aus Rosen: Seife, Kosmetika usw. Im Mai, während der Rosenblüte, wird ein Rosenfest gefeiert und auch eine Rosenkönigin gewählt. Das ist dann so prickelnd wie die Kür der Pfälzer Weinkönigin.

Unser nächstes Ziel ist die **Oase Skoura**. Unterwegs links eine verwegene Felsformation. Die Besiedlung, die zunächst aus einer Kette von Straßendörfern bestand, wird immer dünner und schließlich ist die Gegend fast menschenleer, bis auf ein paar Nomaden. Dann taucht in der Ferne SKOURA vor uns auf, eindrucksvoll vor den 4000ern des Hohen Atlas gelegen. Das Ortszentrum ist keine Reise wert, aber in der Oase gibt es einige schöne Kasbahs. Falls Sie hier bleiben möchten, bietet sich ca. 1,5 km hinter dem Zentrum von SKOURA rechts der **„Camping Amridil"** an. Eine kurze Piste führt von der Hauptstraße hin. Der Platz ist noch recht neu und entsprechend klein sind die Bäumchen noch. Aber das wird! Man kann von hier aus sehr schöne Wanderungen durch die Oase und

Kasbahs in der Oase Skoura

zu den nahen herrlichen Kasbahs unternehmen. Leser schrieben uns von unverschämten falschen Führern. Aber die Betreiberfamilie ist sehr nett und äußerst bemüht. Im Gästebuch wird der Couscous gerühmt. Na dann!

**(133) WOMO-Campingplatz-Tipp: „Camping Amridil" in Skoura**

**GPS:** N 31° 03' 00.9" W 6° 34' 36.6"
**Zufahrt:** Hauptstraße nach Ouarzazate, 1,5 km hinter Skoura rechts. Ruhig. Abseits der Hauptstraße.

In der Kasbah Ait Ben Moro

Ein paar hundert Meter weiter in Richtung OUARZAZATE finden Sie rechts die hervorragend restaurierte Kasbah **„Ait Ben Moro"**, in der ein Spanier ein Hotel/Restaurant hat einrichten lassen. Sie dürfen mal reingucken! Der freundliche Geschäftsführer Aziz verhilft Ihnen auch zur Besichtigung weiterer Kasbahs.

20 km weiter und 20 km vor OUARZAZATE, führt links („Royal Golf") eine Teerstraße zu einem nie richtig fertig gewordenen Villenviertel im Kasbahstil. Hier ist alles künstlich: der See ist angestaut, die Kasbahs sind aus Beton. Die ganze Geisterstadt ist so absurd, dass sie schon wieder fasziniert. In OUARZAZATE angekommen, geht es vor dem Zentrum an einer großen Kreuzung links rein zum Campingplatz. Wir kamen neulich in der Hauptsaison (Anfang März) einmal spät an und der Platz war eigentlich rappelvoll – mit Franzosen. Aber das sehr nette Platzpersonal lässt niemanden draußen stehen. Und morgens gibt es frisches Brot! Der Platz wurde schon in Tour 7 beschrieben, aber hier, damit Sie nicht lange suchen müssen, noch mal die Daten:

**(089) WOMO-Campingplatz-Tipp: „Camping Ouarzazate"**

**GPS:** N 30° 55' 24.4" W 6° 53' 12.2"
**Zufahrt:** Vor Zentrum Ouarzazate links, beschildert.

# TOUR 12 (ca. 350 km / 2 Tage)

## Marrakech – Cascades d'Ouzoud – Kasbah Tadla – Khenifra

| | |
|---|---|
| **Campingplätze:** | Marrakech. Ouzoud |
| **Ver- und Entsorgung:** | Campingplätze |
| **Trinkwasser:** | Tankstellen, Campingplätze |
| **Besichtigungen:** | Cascades d'Ouzoud |

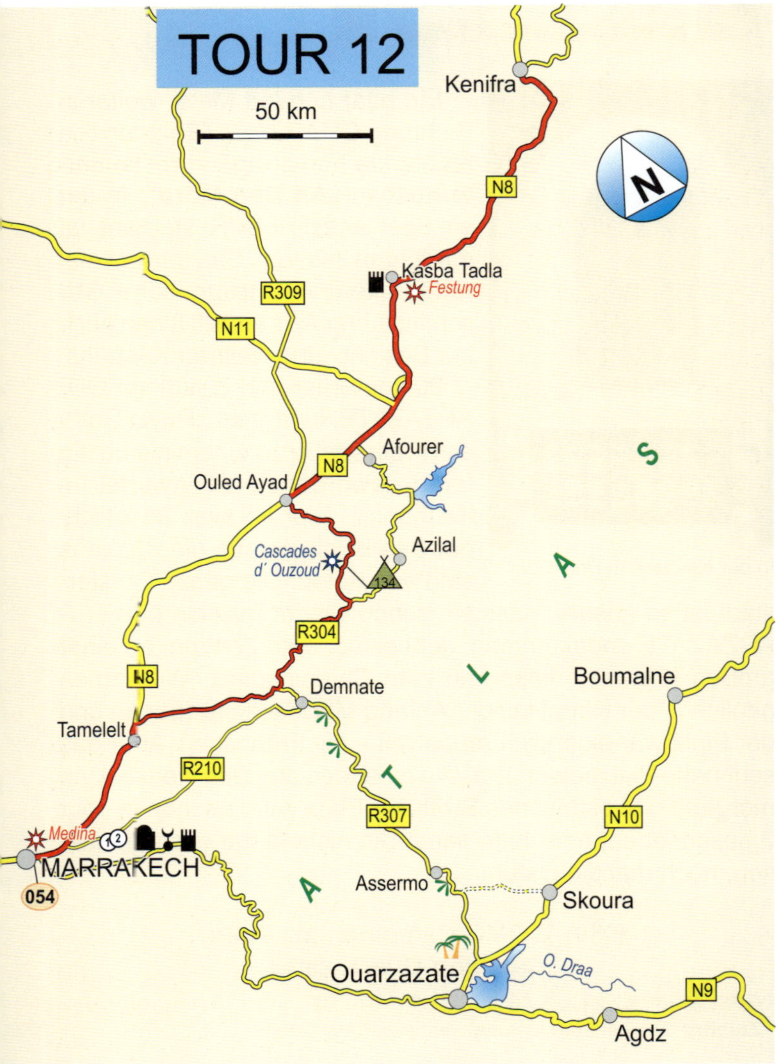

Tour 12 führt über die Nationalstraße 8 östlich aus Marrakech heraus, zweigt dann ab auf Regionalstraßen zu den Wasserfällen von OUZOUD, einem der berühmtesten Naturschauspiele Marokkos, kehrt dann auf die N 8 zurück und vereinigt sich nach Passieren der interessanten alten Stadt KASBAH TADLA schließlich mit der von Süden aus dem Atlas kommenden Tour 10. Vom Zentrum Marrakech bis Ouzoud sind es etwa 150 km, bis Kenifra dann noch mal reichlich 200. Eine Autobahn, etwa auf dieser Trasse, von Marrakech nach Fès, wäre wirklich wünschenswert.

Wir verlassen also Marrakech in Richtung Fès und biegen nach 60 km, 4 km hinter dem Ort TAMELELT, rechts ab nach AZILAL. Nun immer den Schildern AZILAL folgen bis es links nach OUZOUD geht. Die Tour führt in einigem Abstand an DEMNATE vorbei (Tour 8). Die Straße ist hervorragend und dabei wenig befahren. Die Landschaft nun hügelig-lieblich und intensiv bewirtschaftet. Sehr freundlich sieht das aus, irgendwo zwischen Andalusien und Toskana. 83 km nach der Abfahrt von der N8 nehmen wir links die ebenfalls gute Straße nach OUZOUD, zu den berühmten Wasserfällen. Nach 16 km sind wir da, allerlei Cafés und Park- wie Campingplätze machen das deutlich.

Der mit Abstand beste Übernachtungsplatz in OUZOUD wurde von einem netten holländischen Paar eingerichtet, das auch dort wohnt und alles ganzjährig gut im Griff hat: der Camping „Zebra“. Alles funktioniert, ist hübsch und sauber. Die Betreiber sprechen deutsch und geben gern Ratschläge zu Wanderungen etc. Gut einen Kilometer vor den Cascades liegt der Platz auf der rechten Straßenseite – ein hübscher kleiner Park, der zu einem mehrtägigen Aufenthalt in herrlicher Landschaft einlädt. Sehr zu empfehlen!

### (134) WOMO-Campingplatz-Tipp: „Zebra“ an den Cascades d'Ouzoud

**GPS:** N 32° 00 '21.9" W 6° 43' 10.6"
**Zufahrt:** An der Straße nach Ozoud, gut 1 km vor dem Ort rechts.

Bei den **Cascades** angekommen, folgen Sie vielleicht erst mal rechts dem Wassergeräusch. Sie werden bald an die Stelle gelangen, wo der Fluss auf atemberaubende Weise abstürzt, was Sie für sich selbst eher vermeiden sollten. Hier kommt man aber verständlicherweise nicht weiter, es sei denn im freien Fall. Um die grandiosen Wasserfälle von unten sehen zu können, gehen Sie bitte wieder ein bisschen zurück und dann links neben dem Hotel Daressalam rein. Eine lückenlose Kette von Souvenirshops und Cafés weist Ihnen den Weg hinunter über viele, viele Stufen. Eine Tafel macht darauf aufmerk-

sam, dass es hier Affen gibt. Es gibt sie wirklich, aber wir Touristen sind eindeutig die häufigeren Primaten. Wir haben tatsächlich frei lebende Berberaffen gesehen, sie aber nur halb so aufregend gefunden wie die wirklich fabelhaften Wasserfälle und das ganze natürliche Ambiente mit seiner tropischen Vegetation und den schönen alten Oliventerrassen. Das beste Licht hat man übrigens (auch zum Fotografieren!) am späten Nachmittag. Da die Schlucht sich nach Westen öffnet, scheint dann gerade die Sonne hinein. Man mag den Touristenrummel ja störend finden. Aber erstens übertönt (wörtlich und im übertragenen Sinne) der

Die Wasserfälle von Ouzoud

Wasserfall alles andere. Zweitens sind wir auch nur Touristen. Und drittens fanden wir unsere Caféterrasse, als wir erst mal unter ihrem feuchtgrünen, Schatten spendenden Blätterdach saßen, eigentlich sehr schön. Jetzt ein kühles Glas Wein! Stattdessen Thé à la Menthe. Aber war nicht noch eine Flasche von dem marokkanischen Weißen aus dem Marjane im Stauraum? Wir müssen ja heute nicht mehr fahren! Beseligt gehen wir zu Bett.

Berberaffen am Wasserfall

Zur Weiterfahrt geht es Richtung „Sidi Mesri und Ait Attab". Die Straße leitet über eine sehr enge Brücke zum kleinen Ortskern von Ouzoud und dahinter den Berg hinauf. Sie ist schmal und führt oberhalb eines gewaltigen, tief eingeschnittenen Canyons entlang. Immer streng rechts fahren! Uns ist ganz unverständlich, warum diese außerordentlich schöne Strecke mit

Reichlich Wasser: Eine Kostbarkeit in Marokko

ihren dramatischen Ausblicken auf den Karten nicht grün eingezeichnet ist. Die Straße schlängelt sich hinunter bis auf den Talboden und quert den Fluss über eine nicht sehr Vertrauen erweckende Brücke. Uns hat sie aber schon mehrmals ausgehalten. Im Ort AIT ATTAB fahren Sie geradeaus, auf die Nationalstraße 8 zu. Honig wird angeboten, ungefähr zum gleichen Preis wie in Deutschland. Er ist unverfälscht und schmeckt großartig. Am Ort OULED AYAD, einem scheußlichen Industrienest, sind wir aus den Bergen heraus und biegen nach rechts in die Nationalstraße Richtung BENI MELLAL. Es geht nun für längere Zeit durch ebenes Gelände immer nördlich der Berge nach Osten, durch intensiv landwirtschaftlich und gewerblich genutztes, aber meist uninteressantes Gebiet. Die Fahrt ist gewiss nicht schön, aber wir müssen einfach mal Strecke machen, sonst kommen wir erst zum Jüngsten Ge-

Sie hat gehalten

Canyon hinter Ouzoud

Moderne Großstadt Beni Mellal

richt nach FES, unserem Ziel. Wir durchqueren BENI MELLAL, eine überraschend europäisch anmutende, dynamische und moderne Großstadt, die aber touristisch nichts aufzuweisen hat. Am Ortseingang rechts ein Markt für Abholmöbel namens „Kitea“. Ein Narr, wer schlecht darüber denkt! Immer geradeaus fahren, Richtung KASBAH TADLA. An einer engwinkeligen Gabelung eher links halten. Es findet sich mitten auf großen Kreuzungen aber auch häufig ein freundlicher Polizist, der einem seelenruhig den Weg erklärt.

KITEA = IKEA ?

Bei KASBAH TADLA verlassen wir für ein Stündchen die Nationalstraße, um uns den Ort anzusehen. Er ist um eine Festung entstanden, die Sultan Moulay Ismail 1687 über dem Fluss **Oum er Rbia** errichten ließ, gleichzeitig mit der Brücke, die, wenn auch schmal, noch heute unser WOMO trägt. Hinter ihr geht es rechts hinauf ins Zentrum, wo wir gut am großen Platz der Neustadt parken können, um uns die Festung anzusehen und auch, um uns die Beine ein bisschen zu vertreten. Die Festungsmauern sind vollständig erhalten, drinnen ist aber, von der Moschee abgesehen, nichts historisch. Arme wohnen hier in mickerigen Häuschen. Die Bewohner der klei-

Die historische Brücke von Kasbah Tadla

nen Neustadt neben der Festung sind freundliche Leute. Absolut authentisch wirkt das alles. Kein Touristenzauber. Wir fahren zur Nationalstraße nach KHENIFRA und FES zurück,

Kaum Touristen in Kasbah Tadla

wie wir gekommen sind. Eine Reihe von Ölmühlen bieten Olivenöl an. Die Betriebe die wir sahen, schienen uns etwas schmuddelig, nur die Preise waren europäisch: 50 DH für den Liter. Also doch wieder die Flasche vom Lidl? Als wir es aber probieren, finden wir den Geschmack ganz ausgezeichnet. Die Preise seien starken Schwankungen unterworfen, sagt man uns. Je nach Jahresniederschlag fielen die Ernten sehr unterschiedlich aus und der Preis schwanke zwischen 25 und 50 DH pro Liter. Links ein sehr langer Stausee. Dann kommt KHENIFRA in den Blick und damit stoßen wir auf unsere Tour 13.

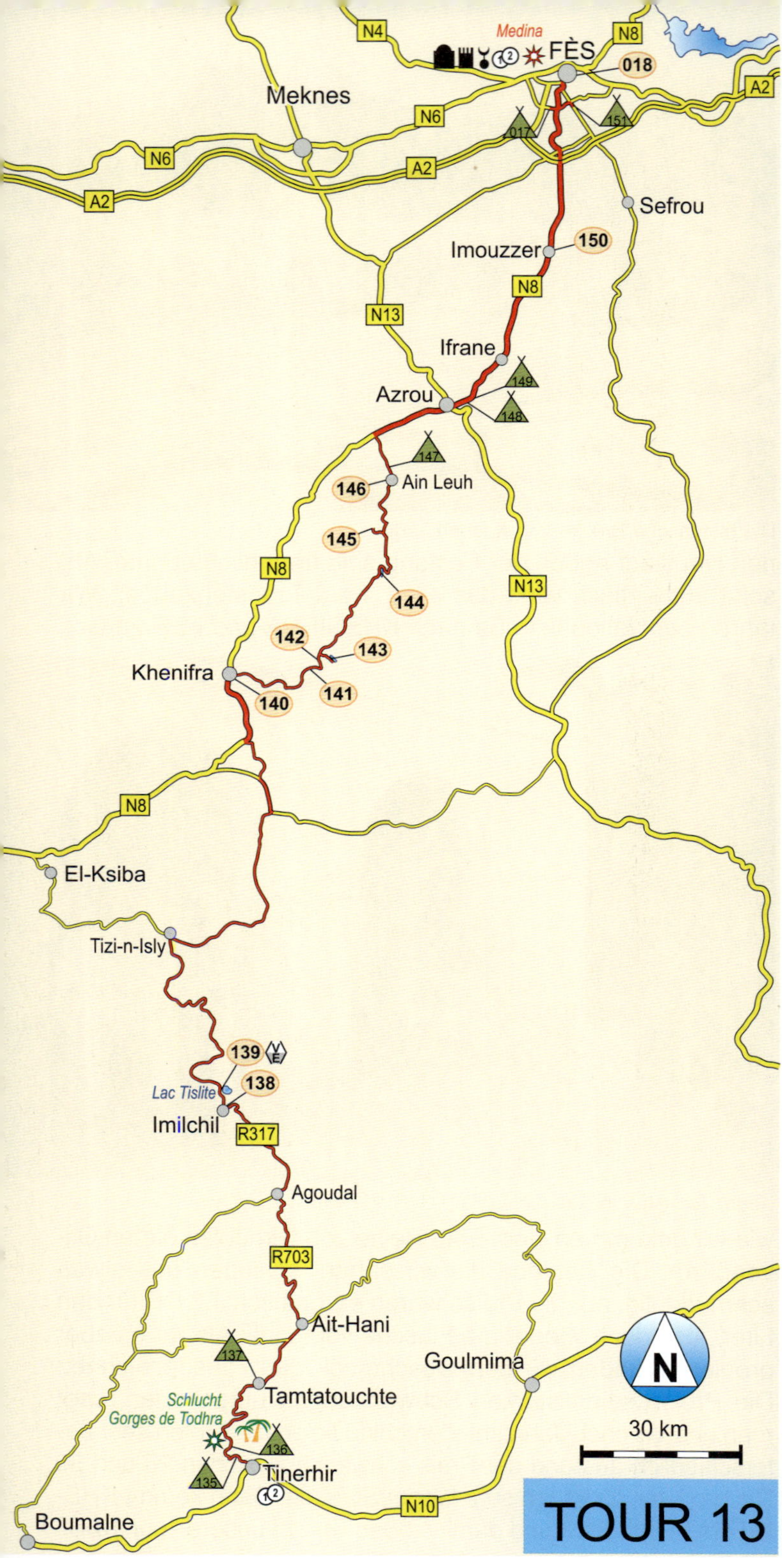
Medina
FÈS
018
N4
N8
A2
Meknes
N6
017
151
A2
N6
A2
Sefrou
Imouzzer
150
N8
N13
Ifrane
Azrou
149
148
147
146
Ain Leuh
145
N8
144
N13
142
143
Khenifra
140
141
N8
El-Ksiba
Tizi-n-Isly
139
138
Lac Tislite
Imilchil
R317
Agoudal
R703
Ait-Hani
137
Goulmima
Tamtatouchte
Schlucht
Gorges de Todhra
136
135
Tinerhir
N10
Boumalne
N
30 km
TOUR 13

# TOUR 13 (ca. 400 km / 3 - 6 Tage)

## Tinerhir – Imilchil - Khenifra – Ifrane – Fès

| | |
|---|---|
| **Freie Übernachtung:** | Imilchil, Khenifra, mehrere bei Heidis Alm. Ouiouane, Ain Leuch, Imouzzer |
| **Campingplätze:** | Todhra, Tamtatochte, Ain Leuch, Azrou, Fes |
| **Ver- und Entsorgung:** | Campingplätze |
| **Trinkwasser:** | Tankstellen, Campingplätze |
| **Besichtigungen:** | Fes |

Sie sollten vor Antritt dieser Tour auftanken, denn Tankstellen sind im Gebirge dünn gesät. Die folgenden paar Dutzend Kilometer haben es wirklich in sich. Die Straße führt bis auf etwa 2000 m Höhe entgegen dem Lauf des Flusses Todhra in die Schlucht hinein, die er sich in millionenjähriger Arbeit durch den Südausläufer des Atlas gesägt hat, wobei die eigentlichen „Gorges", die engste Stelle, der interessanteste Teil sind. Die Wände ragen dort teilweise 300 Meter praktisch senkrecht nach oben und lassen dabei so wenig Himmel frei, dass das GPS-Gerät hysterisch zu fiepen beginnt: „No Position". Von wegen: die Händler haben längst Position bezogen, während wir noch fein langsam die vielfach gewundene Strasse zur Schlucht hinauffahren und immer wieder den grandiosen Blick über die Oasengärten hinüber zu den Lehmdörfern auf der anderen Seite des Tales genießen. Eines aber entgeht uns bei aller Schönheit dieses Anblicks nicht: die Häuser sind fast alle verlassen und verfallen zusehends, denn Lehmarchitektur ist nur dauerhaft, wenn sie ständig gepflegt wird. Dazu haben die Leute

In der Todhra-Schlucht

hier, wie in vielen anderen Gegenden Marokkos, aber keine Lust mehr und sie errichten stattdessen Betonbauten. Denn „Ciment“ bedeutet Fortschritt, auch wenn es im Sommer darin nicht auszuhalten ist, weil Beton ein wesentlich schlechteres Raumklima erzeugt als der traditionelle Stampflehm.

Noch vor der Einfahrt in die eigentliche Schlucht liegt links nach Querung eines kleinen Oued das „Restaurant Hotel Camping Le Soleil“. Ein gepflegter Platz, der alles hat und auch für große Fahrzeuge leicht anzufahren ist.

**(135) WOMO-Campingplatz-Tipp:**
**„Le Soleil“, Todhra**

**GPS:** N 31° 32' 51.5" W 5° 35' 20.7"
**Zufahrt:** gut 8 km von Tinerhir an der Einfahrt zur Todhra-Schlucht.

700 m hinter dem Soleil liegt rechts der romantische „Camping Atlas“. Die Einfahrt ist für sehr große Fahrzeuge etwas schwieriger.

**(136) WOMO-Campingplatz-Tipp:**
**„Camping Atlas“, Todhra**

**GPS:** N 31° 33' 09.3" W 5° 35' 07.8"
**Zufahrt:** : 9 km von Tinerhir an der Einfahrt zur Todhra-Schlucht.

Nach viel Aufstieg dringen wir schließlich in die immer enger werdende Schlucht vor und sollten immer mal wieder aussteigen, um die atemberaubende Höhe des Einschnittes wirklich mitzukriegen. Unter dem Alkoven jedenfalls funktioniert das nicht. Zugegeben: die Moskitos aus der Souvenirbranche nerven etwas, aber hier gilt wie andernorts die alte Lebensweisheit „gar nicht ignorieren!“.

Die Kommerzialisierung der Schlucht ist heftig und dennoch ist letztere so großartig wie eh und je. Und siehe da: kaum haben wir die eigentlichen Gorges mit ihrem Touristenrummel durchfahren und folgen der schmalen Asphaltstraße das Flussbett hinauf, sind wir urplötzlich allein. Und die Landschaft ist immer noch großartig! Wenn wir die Wände hinaufblicken, sehen wir manchmal furchtlose Kletterer dort oben, denn die hiesigen Felsen sind unter Freeclimbern berühmt. Die Straße ist neuerdings durchgehend asphaltiert und normalerweise gut fahrbar, aber sie ist den Launen des Flusses ausgeliefert, der sie immer mal wieder schwer beschädigt. Sie sollten sich in der Schlucht nach dem aktuellen Stand erkundigen.

Dies ist nun freilich ein kalkulierbares Risiko. Viel unangenehmer können unterwegs Steine werfende Kinder werden. Ein Leser, der die Fahrt hinauf mit dem Zweirad unternahm, wäre gleich zwei mal um ein Haar von dicken Geschossen am Kopf getroffen worden (eines traf immerhin das Fahrzeug), benannte daraufhin die **Todhra-Schlucht** in „Todnah"-Schlucht um und hat nun keine Lust mehr auf Marokko. Die Verantwortlichen sollten dringend etwas unternehmen. Unser Eindruck nach den letzten Besuchen: Genau das geschieht derzeit. Falls Sie keinerlei Risiko eingehen wollen, fahren Sie einfach nur eben durch die Schlucht und machen danach kehrt.

Felswände in der Todhra-Schlucht

Droben im Ort TAMTATOUCHTE erfreuen uns etliche gut erhaltene Kasbahs. Wer hier oben übernachten möchte, steht gut auf dem Gelände der „Auberge Baddou", die vor Jahren, als nur eine halsbrecherische Piste heraufführte, das einzige Gasthaus war. Inzwischen hat als Folge des Straßenausbaus aber ein wahrer Boom eingesetzt, was dem alten Charme des Ortes leider etwas Abbruch tut. Einige der neuen Etablissements sehen gar nicht schlecht aus. Aber wir kennen die Brüder Achmed und Ali von der Auberge Baddou schon sehr lange (früher sind wir mit dem Geländewagen hochgefahren) und haben immer nur gute Erfahrungen gemacht. Sie sind außerordentlich engagiert und wissen alles über die Region. Zum Beispiel kann man mit ihnen wandern oder die Salzbergwerke in einigen Kilometern Entfernung besuchen, in denen nach Methoden gearbeitet wird, an denen sich seit dem Neolithikum nichts geändert hat. Ali war Lastwagenfahrer und kennt jede Straße und jede Piste. Die Einrichtungen der Auberge sind äußerst gepflegt und sauber und funktionieren auch. Selten so schön geduscht im Atlas. Seit einiger Zeit gibt es auch Strom und eine Waschmaschine. Und eine ordentliche Küche gab es immer schon. Zugegeben: das Haus wird immer bunter und ähnelt nicht zufällig zunehmend einem deutschen Kleingarten: Alis und Achmeds deutsche Freunde haben gestaltend eingegriffen.

## (137) WOMO-Campingplatz-Tipp: „Auberge Baddou“ in Tamtatouchte

**GPS:** N 31° 40' 13.6" W 5° 32' 53.0"
**Zufahrt:** An der Ortseinfahrt von Tamtatouchte.

Natürlich gibt es auch freie Stellplätze in der Todhra-Schlucht. Aber die sind praktisch ausnahmslos der blanke Stress. Man hat den Motor kaum abgestellt, kommen in Windeseile hinter irgendwelchen Büschen Kinder hervor, wo man allenfalls einen griesgrämigen Skorpion vermutet hätte, und lassen sich durch nichts in ihrer Bettelei um „Stylo“ (Kugelschreiber) oder „Dirham“ beirren. Bei unserer letzten Tour wurde unser Fahrzeug drüben in der Nachbarschlucht in Msemrir mit Fußtritten bedacht. Irgendwann wird es Ihnen so gehen wie uns: vor lauter Wut möchte man sie am liebsten vertrimmen, was mitreisende marokkanische Freunde denn auch taten. Oder man möchte wenigstens die Touristen aufklären, die die Kinder durch großzügiges Verteilen von Bonbons und anderen Errungenschaften dazu erst erzogen haben.

Dorf bei Ait Hani

Die Straße bis AIT HANI bietet den Blick auf gepflegte Felder, es grünt so grün und die frische kühle Luft von 1800 m Höhe tut gut nach der Hitze der Ebene. Sonst bietet die Gegend, abgesehen von den schon erwähnten schönen Kasbahs, aber nicht mehr viel. Immerhin: die Straßenbaupolitik des marokkanischen Staates ermöglicht es uns WOMO-Fahrern heute, in Gegenden vorzudringen, die vor wenigen Jahren noch eine Domäne der Allradfahrer waren. Wenn wir früher mit unserem Landrover nach über 2 Stunden in TAMTATOUCHTE ankamen, waren wir vollständig gerädert. Heute geht's im Salonwagen ganz famos.

Zwischen Tamtatouchte und Ait Hani gibt es einige neue Campingplätze, die sich gegenseitig das Wasser abgraben.

In Agoudal

Elf Kilometer nach Tamtatouchte geht links eine Piste ab, die über einen 2700 m hohen Pass ins Dadès-Tal führt. Sie ist mit PKW bei guter Bodenfreiheit gerade noch zu bewältigen, nicht aber für Wohnmobile. 17 km hinter Tamtatouchte erreichen wir AIT HANI. An mehreren Weggabelungen halten wir uns immer Richtung Imilchil. 70 km sind es von Ait Hani bis dort hin – eine lange, aber sehr schöne Strecke. Bald geht es auf den 2700 m hohen **Pass Tizi Tirherhouzine**. Einsam ist es hier oben, fast vegetationslos.

53 km hinter Tamtatouchte erreichen wir AGOUDAL, ein recht großes Dorf, das sein ursprüngliches Aussehen weitgehend ungestört durch die architektonischen Segnungen des

Agoudal

Zementzeitalters erhalten hat. Agoudal ist einen Halt wert! Sehr freundliche Bewohner.

Zwanzig Kilometer vor Imilchil biegt rechts die R706 nach Rich ab. 118 km einsamer, sehr schöner Strecke sind es bis dort und damit zu unsrer Tour 10.

Die Weiterfahrt nach Imilchil lohnt den größten Teil des Jahres eigentlich nicht, denn der Ort ist unansehnlich und wäre völlig unbekannt, würde nicht alljährlich zu wechselnden Terminen zwischen Ende August und etwa Mitte September der sogenannte **Hochzeitsmarkt von Imilchil** abgehalten, In Wahrheit handelt es sich um einen großes, „Moussem“ genanntes Fest zu Ehren des Heiligen Sidi Ahmed, der dort im Mittelalter seine letzte Ruhestätte fand – und zwar nicht in Imilchil selbst, sondern in dem nahegelegenen Dorf AGDA. Berber vom Stamm der Ait Haddidou aus entlegenen Bergregionen strömen zusammen und feiern tagelang an seinem Grab. Es findet ein normaler Handelsmarkt statt und gleichzeitig hält man Ausschau nach passenden Ehepartnern für Söhne und Töchter, wozu sonst wegen der Vereinzelung der Familien wenig Gelegenheit ist. Den Mädchen, die erstmals heiraten, suchen die Eltern den Partner aus. Geschiedene Frauen dürfen das selber tun. Bei Bedarf besiegelt ein Standesbeamter unter freiem Himmel auf der Stelle den Bund fürs Leben – oder eben für den Lebensabschnitt bis zu Scheidung. Und geschieden wird gern, denn danach haben die Frauen eben die freie Auswahl. In Imilchil selbst findet gleichzeitig ein großes Musikfestival statt, und überhaupt hat der Moussem längst den Charakter eines riesigen Touristenspektakels angenommen – was den einheimischen Teilnehmern des Moussems gar nicht gefällt.

Es gibt in Imilchil keinen Campingplatz, aber wir haben einen freien Stellplatz auftun können, auf dem wir ohne jede Belästigung übernachten durften – nicht gerade die Regel in Marokko. So nichtssagend der immerhin 2180 m hoch gelegene Ort auch ist, so angenehm zurückhaltend fanden wir die Leute. Fahren Sie zum Stellplatz immer geradeaus bis ins kleine Zentrum und dann an der T-Kreuzung rechts den Berg hinauf. Nach hundert Metern liegt dann links die Gendarmerie und rechts die Post. Zwischen der Post und der Auberge Bassou fahren Sie auf eine riesige Freifläche, den

**(138) WOMO-Stellplatz: Imilchil „Hinter der Post“**

**GPS:** N 32° 09' 25.4" W 5° 37' 49.2" **max. WOMOs:** 2-3
**Zufahrt:** Im Text beschrieben.
**Ausstattung/Lage:** Keine VE. Kein Strom. Kostenlos. Ganzjährig. Im Ortszentrum.

Wir wollen diese Tour bis zur Nationalstraße 8 und dann das kurze Stück bis KHENIFRA fortsetzen. Große Zweifel: ist die Strecke für unsere Dicke Berta mit 7,28 m Länge, 2,38 m Breite und vor allem 3,41 m Höhe nicht viel zu üppig? Ist die bekanntermaßen nicht ganz einfache Passstraße für uns machbar? Wir haben mindestens ein halbes Dutzend Einheimische befragt und ebenso viele verschiedene Antworten bekommen. Es gebe einen Felsüberhang, an dem wir garantiert scheitern würden. Aber es kommen doch Lastwagen von dort, die mindestens so hoch sind wie wir! Also los. Allah sei mit uns. Am Ortsausgang links eine Tankstelle. Dann lange Zeit keine mehr!

Es geht ganz gemütlich los. Wir fahren die Straße, die wir von der Kreuzung kamen, weiter aufwärts. Nach 5 km taucht dann rechts plötzlich ein kleiner See auf, der Lac Tislite.

Am Lac Tizlite

An seinem Ufer die hübsch gelegene „Auberge Tislite“, die über ein paar Zimmerchen verfügt, sowie über Duschen und WCs für Camping-Gäste, und dazu zählen sie auch uns WOMO-Fahrer. Da der Termin für den Moussem jedes Jahr recht kurzfristig festgesetzt wird, rät die sehr rührige Betreiberin Malika, sich bei ihr telefonisch zu erkundigen: Tel. 0676407042

**(139) WOMO-Stellplatz: Imilchil am See „Auberge Tislite“**

**GPS:** N 32° 11’ 47.1” W 5° 38’ 33.8” **max. WOMOs:** 2-3
**Zufahrt:** Im Text beschrieben.
**Ausstattung/Lage:** Kostenpflichtig. Außerorts. VE. Kein Strom. Kleines Café/Restaurant.

Wandgemälde in der Auberge Tislite

Der vor uns liegende See hat ein paar Kilometer östlich ein Geschwister. Die Einheimischen erzählen sich die rührselige Geschichte von zwei Liebenden aus zwei verfeindeten Stämmen, die nicht heiraten durften und deren Tränen die beiden Seen füllten.

13 km nach Imilchil beginnt die Abfahrt in eine wundervolle Schlucht. Der angekündigte Felsüberhang ist für uns kein Problem, es war sogar noch Platz über uns. Die Straße ist nicht gerade eine Rennstrecke, aber mit Vorsicht und oft im Schritttempo durchaus machbar. Sie ist ausgesetzt wie alle Pässe über den Hohen Atlas und Sie sollten sie nach stärkeren Regenfällen meiden, da dann erhebliche Steinschlaggefahr besteht. Man kommt langsam voran, aber man wird belohnt durch eine fantastische Bergstrecke. Und: auf der gesamten Strecke bis zur N8 ist uns kein einziger Tourist begegnet.

Auf dem Talgrund immer wieder äußerst gepflegte Obstplantagen. Gelegentlich winzige Dörfer. Einmal müssen wir durch eine kleine Furt mit munter strömendem Bächlein. Bei km 63 nach Imilchil fahren wir rechts ab, Richtung Aghbala

Schultransport bei Aghbala

und El Kebab. Das Hochgebirge haben wir nun hinter uns und es gibt keine größeren Steigungen mehr. 76 km hinter Imilchil ist dann AGHBALA erreicht. Das Nest ist nicht gerade ein Kurort, sondern genau so hässlich wie Imilchil. Immerhin ist es lebendig und wir haben bei einem freundlichen Metzger/Imbiss ordentlich gegessen.

Es folgt dünn besiedeltes, aber intensiv landwirtschaftlich genutztes Hügelland ohne besondere Reize. Bei km 112 nach Imilchil Einmündung in die R503, eine gut ausgebaute zweispurige Straße, die wir leider nach 10 km schon wieder verlassen müssen, um rechts abzubiegen nach El Kebab und Khenifra. Nun immer Richtung Khenifra und bald ist die Nationalstraße 8 erreicht, in die wir nach rechts einbiegen. Als wir in KHENIFRA ein sicheres Plätzchen für die Nacht suchten, haben wir einen der, wie gewohnt, äußerst zuvorkommenden Gendarmen auf der Hauptstraße befragt, der uns den ruhigen Parkplatz direkt vor der Polizeiwache empfahl: rund um die Uhr bestens bewacht und kostenlos! Man verlässt im Zentrum die N8 bei einem Schild „Gendarmerie Royale", fährt wenige hundert Meter den Berg hoch und kommt so zum

**(140) WOMO-Stellplatz: „Gendarmerie Royale Khenifra"**

**GPS:** N 32° 56' 15.7" W 5° 39' 53.6"
**max. WOMOs:** 2-3
**Zufahrt:** Am Rande des Zentrums von Khenifra den Schildern „Gendarmerie Royale" folgen oder durchfragen!
**Ausstattung/Lage:** Parkplatz im Zentrum neben der Polizei, ruhig, kein Schatten, keine VE, Restaurants und Läden im Ort.

Khenifra hat außer einer Brücke, die Moulay Ismail im 17. Jahrhundert bauen ließ, keine großen Sehenswürdigkeiten zu bieten und ist eine weitgehend moderne Stadt, deren Bevölkerungszahl seit den 70er Jahren auf das siebenfache angestiegen ist. Das abends äußerst belebte Soukviertel des Centre Ville zu durchstreifen macht aber durchaus Spaß, zumal man hier keinerlei Anmache ausgesetzt ist und völlig ungestört stöbern kann.

In Khenifra wollen wir die Nationalstraße verlassen, um östlich davon eine außerordentlich schöne, saftig grüne Mittelgebirgslandschaft zu genießen. Dazu müssen wir die kleine Straße nach rechts Richtung **„Les Sources de Oum er Rbia“** finden, die also zum Quellgebiet des Oum er Rbia führt. Die Tour geht durch einsame Gegend, wo Sie weder tanken noch etwas zu Trinken oder zu Essen kaufen können. Da es dort oben feine Stellplätze gibt, also bitte spätestens in KHENIFRA einkaufen und tanken. Fahren Sie links aus unserm Stellplatz heraus und biegen nach rechts in die Hauptstraße den Berg hinauf und dann immer geradeaus. Wenn Sie nicht in Khenifra übernachtet haben, fahren Sie am großen Kreisverkehr auf Höhe des Zentrums nicht nach links ins „Centre Ville“ sondern bis zum Schild, das rechts nach „Source Oum er Rbia“ weist, dann scharf rechts die kleine Straße den Berg hinauf und weiter durch eine freundliche Mittelgebirgslandschaft, immer Richtung „Source Oum er Rbia“.

Der landschaftlich sehr schöne Umweg durchs Gebirge, den wir hier vorschlagen, ist gut 20 km länger als die Nationalstraße nach FES. Und – Sie werden es sehen – er bietet etliche gute freie Stellplätze in herrlich kühler Luft, auch zum Übernachten. Die Höhen sind bewaldet, eine Seltenheit in Marokko, so dicht, dass man oft vor Bäumen die Gegend nicht sieht. Aber dann, die riesigen offenen Hochflächen! Dort stehen Sie wie bei Heidi auf der Alm. Und es gibt ein, zwei Stellen, wo

man gut einfahren kann und ein Stück von der Straße weg stehen. Aber bitte nur bei trockenem Boden! Sonst kommen Sie garantiert nicht mehr raus und sitzen bei Heidi im Schlam(m)assel.

### (141) WOMO-Stellplatz: „Heidis Alm"

**GPS:** N 32° 56' 37.1" W 5° 28' 58.3" **max. WOMOs:** 4-5
**Zufahrt:** Der Nebenstraße von Khenifra nach Ain Leuh folgen. Nur bei Trockenheit einfahren, sonst sumpfig.
**Ausstattung/Lage:** Riesige Lichtung, von Wäldern umgeben, außerorts, einsam. Keine VE.

Ist Ihnen der Platz zu ungeschützt? Fahren Sie noch ein paar Minuten weiter. Kurz nach Heidis Alm teilt sich die Straße. Halten Sie sich links, immer Richtung „Source". Es kommen noch weitere Heidi-Almen. Eine davon ist links auch nicht weit von der Straße, aber durch Bäume und Buschwerk geschützter und überhaupt einfach zauberhaft.

### (142) WOMO-Stellplatz: „Heidi in den Büschen"

**GPS:** N 32° 58' 30.2" W 5° 28' 40.0" **max. WOMOs:** 2-3
**Zufahrt:** Links der Nebenstraße von Khenifra nach Ain Leuh.
**Ausstattung/Lage:** Kleinere Lichtung, umgeben von viel Wald. Selten in Marokko! Außerorts, schattig. Keine VE.

All diese feinen Plätzchen werden offensichtlich auch von Einheimischen geschätzt, was man schon an den Resten der Weinflaschen erkennt, die marokkanisch „entsorgt" wurden. Allahs Blick hat hier wohl einen toten Winkel. Kurz danach kommen wir an eine Abzweigung: geradeaus geht es über 2 km zu einem kleinen See. Der Abstecher dahin ist äußerst reizvoll und man kann sogar problemlos übernachten. Völlig allein ist man meist nicht, da Viehnomaden unterwegs sind. Häufig stehen schon französische Aussteiger mit selbstgebastelten Mobilheimen dort.

## (143) WOMO-Stellplatz: „Am Bergsee“

**GPS:** N 32° 58' 29.4" W 5° 27' 04.7" **max. WOMOs:** 5-6
**Zufahrt:** Im Text beschrieben.
**Ausstattung/Lage:** Kostenlos. Außerorts. Keine VE. Kein Strom. Absolut ruhig.

Wieder zurück an der Kreuzung, fahren wir in Richtung **Oum er Rbia.** Es gibt mehrere Brunnen und es fließen auch Bächlein. Dann geht es nach 18 km hinunter zum Fluss, den wir in einem Dörfchen über eine kleine Brücke nach links überqueren. Von hier aus kann man zu den Quellen von Marokkos längstem Strom laufen. Er mündet bei AZEMMOUR in den Atlantik. Führer bieten ihre Dienste an.

Vater pflügt.... und die Kinder sehen zu

Wir fahren Richtung „AIN LEUH“ den Berg wieder hinauf und sehen 22 km vor Ain Leuch rechts der Straße die Einfahrt zum „Gite d'Ètape Ouiouane“. Es handelt sich um ein Gasthaus mit Stellmöglichkeiten für WOMOs. Der sehr angenehme Besitzer Mohammed Alla war über dreißig Jahre Englischlehrer. Das Gasthaus

ist umgeben von Blumengärten und Obstplantagen. Einen Steinwurf entfernt liegt unten im Tal ein See. Alles sehr gepflegt – ein kleines Paradies.

**(144) WOMO-Stellplatz: „Gite d'Ètape Ouiouane"**

**GPS:** N 33° 07' 43.9" W 5° 20' 47.1"
**max. WOMOs:** 3-4
**Zufahrt:** Anfahrt problemlos, im Text beschrieben.
**Ausstattung/Lage:** Dusche, Toiletten, Restaurant. Ganzjährig. Kostenpflichtig. VE/bei Einzelgebäude.

Falls Ihnen die vorhin beschriebenen Stellplätze zu nahe an der Straße liegen, können wir Ihnen etwas später das glatte Gegenteil anbieten: bei **N 33° 13' 31.2" W 5° 20' 57.5"** biegen Sie links in eine Piste und erreichen nach knapp 2 km unseren Geheimtipp auf der grünen Wiese und in größter Einsamkeit, bei 360 Grad Panoramablick auf 1723 m Höhe und besucht allenfalls von ein paar Schafen. Am besten kommen Sie genau dort auf die Wiese, wo links im rechten Winkel eine andere Piste abzweigt. Bei feuchtem Wetter könnte es schwierig werden. Aber bei festem Boden gibt es kein Problem.

**(145) WOMO-Stellplatz: „Schafsweide"**

**GPS:** N 33° 13' 00.4" W 5° 21' 53.3" **max. WOMOs:** 2-3
**Zufahrt:** Im Text beschrieben: Links der Nebenstraße 2 km über gute Piste bis zu einer steinigen Wiese. Nur bei Trockenheit einfahren.
**Ausstattung/Lage:** Einsam, Rundumblick, außerorts, kein Schatten. Gelegentlich von Viehnomaden besucht. Keine VE.

Weiter nach AIN LEUCH, geht rechts eine Straße in den **Nationalpark von IFRANE** ab mit dem größten Waldgebiet Marokkos, das sich hauptsächlich aus Zedern zusammensetzt. Zahlreiche bedrohte Tier- und Pflanzenarten werden dort geschützt. Links unterhalb der Hauptstraße liegt, an den Hang geschmiegt, das Dorf AIN LEUCH, das besonders am späten Mittwochvormittag das Anhalten durchaus lohnt, denn dann ist Souk. Fah-

Markttag in Ain Leuch

Schuhgeschäft

ren Sie aber bitte nicht mit dem WOMO links am Tor ins Zentrum hinunter, denn die Straße ist furchtbar steil und eng. Vorher, gegenüber der Post (rechts) haben sie auf der linken Seite der Hauptstraße einen ordentlichen Parkplatz angelegt, der sich auch gut für eine Übernachtung eignet.

### (146) WOMO-Stellplatz: „Parkplatz Ain Leuch“

**GPS:** N 33° 17’ 11.6” W 5° 20’ 15.6” **max. WOMOs:** 2
**Zufahrt:** An der Hauptstraße durch Ain Leuch, gegenüber der Post links.
**Ausstattung/Lage:** Kostenloser Parkplatz im Ort, nachts ruhig.
Keine VE.

Hübsch, aber natürlich kostenpflichtig, ist nach 1,5 km bergab eine kleine Auberge. Dazu geht es beim Ortsschild „TAGOUNITE“ rechts hinein.

### (147) WOMO-Campingplatz-Tipp: „AubergeLe Magot de l’Atlas“ hinter Ain Leuch

**GPS:** N 33° 18’ 22.4” W 5° 20’ 04.7”
**Zufahrt:** 1,5 km hinter Ain Leuch in Richtung Azrou rechts an der Seitenstraße nach Tagounite.
**Lage:** Außerorts, ruhig, im Garten des Gasthauses.

Der Felsen von Azrou

Zur Weiterfahrt biegen wir aber nicht rechts ein, sondern fahren durch zahlreiche Obstplantagen immer geradeaus, der Beschilderung „Azrou“ folgend, bis wir die Nationalstraße 8 wieder erreicht haben. Dort rechts Richtung FES und AZROU. Und damit ist unser Abstecher ins Gebirge auch beendet. 16 km haben wir bis AZROU, 100 bis FES am Ende dieser Tour. In Azrou fahren wir immer geradeaus und lassen den namengebenden Felsen („Azrou“ heißt berberisch „Felsen“) mit dem Krönchen obendrauf links liegen, es sei denn, Sie wollten ins Zentrum, was an sich nicht lohnt.

Sie haben für die Strecke nach Fes eine Umgehung links ums Zentrum angelegt. Kürzer geht es geradeaus den

Berg hinauf auf die Häuserzeile zu und vor dieser rechts weiter den Berg hinauf. „Hotel Panorama" steht dort. Danach kann man eigentlich bis FES nichts mehr falsch machen. Zum Beispiel ist über AZROU der Abzweig nach FES und IFRANE (links) überdeutlich ausgeschildert.

Vier Kilometer hinter AZROU liegt auf der rechten Seite eine Art marokkanisches Neuschwanstein, ein Riesenkomplex, der aussieht, als habe sich Bayerns König Ludwig II. den Traum von 1001 Nächten mit sanften arabischen Jünglingen erfüllt. Ganz falsch! Botschafter Mohammed Benkaram von den Arabischen Emiraten, so erfahren wir, habe aus Nächstenliebe 5 Mio. Euro für den Aufbau einer touristischen Einrichtung gespendet, deren Erträge wohltätigen Zwecken zugute kommen sollen. Zuerst ist ein bestens ausgestatteter WOMO-Park namens „Euro Camping" entstanden, dessen Benutzung inzwischen kostenpflichtig ist. Das Gelände liegt am Hang, was Keile unabdingbar macht. Es wurde wirklich an nichts gespart und alles ist picobello.

**(148) WOMO-Campingplatz-Tipp: „Euro Camping" bei Azrou**

**GPS:** N 33° 26' 39.6" W 5° 11' 26.7"
**Zufahrt:** 4 km hinter Azrou an der Straße nach Ifrane rechts.

Nur ein paar hundert Meter weiter liegt rechts der traditionsreiche und empfehlenswerte „Camping Amazigh", wo sogar ganz prima deutsch gesprochen wird, da der Besitzer lange in Köln gelebt hat. Alles ist einfach, aber ausgesprochen sympathisch. Dort stehen Sie in einem alten Obstgarten. Überhaupt wird in dieser Gegend überall am Straßenrand frisches Obst angeboten.

**(149) WOMO-Campingplatz-Tipp: „Camping Amazight" hinter Azrou**

**GPS:** N 33° 26' 57.3" W 5° 10' 13.5"
**Zufahrt:** An der Straße von Azrou nach Fès.

Wir fahren auf IFRANE zu, eine französische Neugründung der 20er Jahre, die zum Sommers wie Winters wohl exklusivsten Ferienort Marokkos geworden ist. Alle Marokkaner bestehen darauf, man müsse ihn und die umgebenden Wälder gesehen haben, aber sie kennen eben unseren Schwarzwald nicht! Merkwürdig ist diese völlig vom normalen Marokko abgehobene Siedlung der Reichen aber schon mit ihren Chalets und grünen Rasenflächen. Auch König Hassan II. hat sich hier eine, natürlich majestätische, Sommerfrische bauen lassen. Es gibt sogar einen kleinen Flugplatz. So müssen sich die Reichen und Schönen denn auch nicht in ein Sammeltaxi zwängen.

Villenstadt Ifrane

Wir fahren weiter Richtung FES, zunächst über ein karstiges Plateau und dann immerfort durch riesige Olivenhaine. Am Straßenrand wird Olivenöl angeboten. Der nächste größere Ort ist IMOUZZER, wo man in zahllosen Restaurants ganz gut und preiswert essen kann, wenn, wie bei uns, die letzten Vorräte auf der Alm draufgegangen sind. Links von der Hauptstraße, um die Moschee herum, kann man gut Lebensmittel einkaufen, besonders Obst und Gemüse der Gegend. Manchmal ist es schwierig, einen Parkplatz an der Hauptstraße zu bekommen. Deshalb nennen wir Ihnen eine gute Parkmöglichkeit 2 Gehminuten vom Zentrum, die sich auch zum Übernachten eignet: rechter Hand kurz vor der Stadtmitte das Bildnis einen gelben Leoparden, bald danach unmittelbar vor dem „Hotel Royal" rechts rein, an den ruinösen Resten eines Campingplatzes vorbei, erste Straße nicht scharf rechts, sondern die Bergstraße hoch und dort gleich auf der linken Seite unterhalb des Wäldchens eine große Parkbucht. Wir haben dort von Menschen gänzlich unbehelligt geschlafen. Die Straße führt zu einem Villenviertel hoch. In dem Wald wohnt aber mindestens ein halbes Dutzend wilder Köter, und die haben sich nachts allerhand zu erzählen.

**(150) WOMO-Stellplatz:**
**Parkplatz „Zum Wilden Köter" in Imouzzer**

**GPS:** N 33° 43' 47.7" W 5° 00' 26.3" **max. WOMOs:** 2-3
**Zufahrt:** Im Text beschriebenen.
**Ausstattung/Lage:** Kostenloser Parkplatz, 2 Gehminuten zur Stadtmitte. Keine VE.

Nur im Frühling ist Marokko grün

Die Straße windet sich hinunter auf eine Ebene und führt dann schnurgrade auf FES zu, das vor dem Gebirge liegt, das wir in der Ferne vor uns sehen. Mit bis zu 90 Sachen rasen wir zwischen Olivenhainen und Obstkulturen auf die Stadt der Städte zu: Weltkulturerbe, wo viele Millionen der Unesco versickern, Urbild einer arabischen Stadt, kurz: unsere uneinholbare Lieblingsmetropole in Marokko. Man kann mit dem Wohnmobil bis ins Zentrum fahren. Wir haben dort auch einen sehr günstig gelegenen Stellplatz für Sie. Da Sie sich aber unbedingt mindestens zwei, besser drei Tage für FES nehmen sollten und es auf diese Weise Ver- und Entsorgungsprobleme geben könnte, von der Unruhe in der Stadt ganz zu schweigen, schlagen wir eine andere Lösung vor: gleich zwei ordentliche Campingplätze liegen, einer rechts, der andere links, unweit unserer Straße von Imouzzer herunter. Wir bevorzugen meist den schönen Campingplatz „Diamant Vert“, wenige Kilometer vor dem Zentrum. Er trägt seinen Namen „Grüner Diamant“ sehr zu Recht. Rundum wachsen trostlose Neubauviertel in die Höhe. Dass er neuerdings durch hübsche Ferienhäuschen und anderen Komfort stark aufgewertet wurde, lässt die Hoffnung zu, dass diese grüne Insel nicht der Bodenspekulation zum Opfer fällt. Sieben Kilometer vor Fes kommen Sie an eine große Kreuzung, die von einer Ampel gekrönt wird, der ersten seit Langem. Hier biegen wir im Kreisverkehr nach links. Schwer auszumachen ist die Stelle nicht, denn kurz vorher liegt neuerdings links ein Marjane. (Diese Filiale führt keine Weine. Ein anderer Marjane an der Straße nach Meknes aber wohl, Tour 14). Rechts geht es nach OUJDA und zu einem „Complexe Sportif“, in dessen unmittelbarer Nähe sich der „Camping International“ befindet, geradeaus ins Zentrum. Wir fahren zum „Diamant Vert“ nach links in Richtung MEKNES. Aber nur etwa zwei Kilometer, denn bald geht es links hoch. Unser Grüner Diamant ist dort schon ausgeschildert und nach wenigen hundert Metern haben wir die Einfahrt erreicht.

## (017) WOMO-Campingplatz-Tipp: Camping „Diamant Vert“, Fès

**GPS:** N 33° 59' 14.5" W 5° 01' 16.6"
**Zufahrt:** Im Text beschrieben. Parkgelände. Gepflegt. Ruhig. Luftig am Stadtrand gelegen.

Wir bevorzugen, wie gesagt, in FÈS den „Diamant Vert“. Nach anhaltenden Regenfällen wählen wir aber den anderen Campingplatz, den „Camping International de Fès“, weil sich der Diamant dann zeitweilig verflüssigt. Um zum „International“ zu gelangen, fahren Sie am oben erwähnten Kreisverkehr mit Ampel rechts zum „Complexe Sportif“. Neu angelegte, vierspurige Straße mit Palmen auf dem Mittelstreifen. Sie sehen vor sich schon ein riesiges Sportstadion, das natürlich zum „Complexe Sportif“ gehört. Vor diesem fahren Sie im Kreisverkehr, gleich nach der Afriquia-Tankstelle, rechts Richtung SEFROU. Nach wenigen hundert Metern sehen Sie dann links die Einfahrt zum „Camping International de Fès“.

## (151) WOMO-Campingplatz-Tipp: „Camping International de Fès“

**GPS:** N 33° 59' 55.7" W 4° 58' 09.0"
**Zufahrt:** Im Text beschrieben.
**Lage/Ausstattung:** Großes parkartiges Gelände, Schwimmbad, Bar. Im Sommer recht laut, sonst ruhig.

Taxis zur Medina kosten ca. 20 DH, sind aber nicht ganz leicht zu ergattern.

Falls Sie aber doch lieber mit dem Wohnmobil bis vor die Medina möchten, so fahren Sie bitte in Richtung Zentrum und dort Richtung Landstraße nach MEKNES. Wenn alles gut geht, kommen Sie westlich am **Palais Royal** vorbei und fahren, nachdem es ein Stück an einer Mauer entlang ging, nicht links nach MEKNES, sondern rechts auf die **„Ancienne Medina"** zu. An der mittelalterlichen Stadtmauer gibt es mehrere Parkplätze.

Unser Favorit, er liegt ähnlich genial wie der Platz an der Koutoubia-Moschee in MARRAKECH, befindet sich am **Bab Boujeloud**, dem für Besucher wichtigsten Zugang zur **Medina**. Dazu müssen Sie rechts durch ein enges Tor einfahren. Eine Ampel regelt den einspurigen Verkehr. Meist sieht man schon hinten rechts ein paar WOMOs. Dort können Sie auch über Nacht bewacht stehen. Der riesige, von einer Mauer umgebenen Platz neben dem Parkplatz ist neuerdings ordentlich gepflastert und

Bab Boujeloud in Fes

bei gutem Wetter nachmittags sehr belebt. Ein bisschen Jemaa-el-Fnaa-Feeling kommt auf. Abends oder auch gleich bei der Einfahrt kommt jemand kassieren: 50 DH für 24 Stunden. So idyllisch wie auf dem Diamant Vert ist es nicht, aber zwei Gehminuten von einer der interessantesten Altstädte der Welt, das hat schon was.

**(018) WOMO-Stellplatz:**
**„Parking Bab Boujeloud" in Fes**

**GPS:** N 34° 03' 39.4" W 4° 59' 09.4" **max. WOMOs:** 4-5
**Zufahrt:** Im Text beschrieben.
**Ausstattung/Lage:** Bewachter Parkplatz unmittelbar an der historischen Altstadt, kein Schatten, Restaurants in der Nähe, alle Einkaufsmöglichkeiten. Keine VE.

Mehr über FES finden Sie in Tour 2.

E
ALGECIRAS
GIBRALTAR
Tarifa
N
Port
Tanger Med
Sebta
(Ceuta)
TANGER
N16
Atlantik
Mittelmeer
N1
A4
N13
Cabo Negro
A1
N2
Medina
Martil
TETOUAN
155
Asilah
R417
Oued Laou
O. Laou
N1
Larache
154
Medina
Chefchaouen
153
Kasar
el-Kebir
R410
N2
A1
Rif-Gebirge
N13
N1
Medina
R104
Ouazzane
152
O. Aoudour
Souk-el-Arba
du-Rharb
O. Ouerrha
R413
R408
N13
R501
N4
Sidi-Kazem
O. Sebou
N8
Medina
R413
FES
018
N4
30 km
151
MEKNES
N6
017
A2
TOUR 14

# TOUR 14 (ca. 280 km / 4 - 5 Tage)

## Fes – Ouazzane – Chefchaouen – Martil – Tetouan

| | |
|---|---|
| **Freie Übernachtung:** | „Sidi Ben Saada“ vor Chefchaouen |
| **Campingplätze:** | Ouazzane, Chefchaouen, Martil bei Tetouan |
| **Ver- und Entsorgung:** | Campingplätze. |
| **Trinkwasserstellen:** | Campingplätze, Tankstellen |
| **Baden:** | Martil |
| **Besichtigungen:** | Städte Ouazzane, Chefchaouen, Tetouan |

Diese Tour führt uns von der historischen und kulturellen Mitte Marokkos zum **Rifgebirge** im Norden des Landes, allerdings in Gegenden, in denen es sehr zivilisiert zugeht und wir keinerlei Probleme mit zudringlichen Haschverkäufern zu fürchten haben. Es stimmt schon: im Rif bauen sie Indischen Hanf an wie unsereins den Grünkohl und versorgen den europäischen Markt damit. Suspekter noch als das Zeug selbst ist uns das Milieu, von dem es vertrieben wird. Aber unsere Tour geht deutlich westlich an den Zentren der Drogenproduktion vorbei. Sie haben nichts zu befürchten.

Wir verlassen FES über die Landstraße nach MEKNES. Am Ortsausgang links ein weiterer Marjane, und zwar einer, der auch Weine im Angebot hat – eine legale Droge. Nach etwa 10 km biegen wir im Ort DOUIET rechts ab Richtung SIDI KACEM. Die Straße gabelt sich später nach dem Ort NZALA DES BENI AMMAR, dort rechts nach OUAZZANE, CHEFCHAOUEN und TETOUAN. Es gibt von Fès auch weiter östlich eine Straße nach OUAZZANE. Sie führt durch einsame Gegenden auch zum Ziel, ist aber in sehr schlechtem Zustand. Tun Sie sich und Ihrem WOMO das nicht an. Die von uns vorgeschlagene Route über die Nationalstraßen N4 und N13 ist schon strapaziös genug. Intensiv landwirtschaftlich genutztes Hügelland, ein bisschen ist es wie auf der Schwäbischen Alb. Auch die Verständigungsschwierigkeiten sind vergleichbar. Es kommen wenig Touristen durch, entsprechend unverdorben

Frühjahrsgrün bei Oued Sebou

sind die Leute. Kurz vor dem **Oued Sebou** auf einmal ein paar Hektar Orangenplantage.

Wir wollen zunächst einen entfernten Verwandten von Moulay Idriss besuchen, also jenes arabischen Fürsten, der als der Begründer des marokkanischen Reiches und als heilig gilt. In FES wird sein Sohn, der zweite Idriss verehrt, in Moulay Idriss der erste und in OUAZZANE ein später direkter Nachkomme: Moulay Abdallah Cherif. Aber erst mal geht es durch hügelige, intensiv genutzte Landschaft immer nach Norden, über mehrere Flüsse hinweg, bis zu den südlichen Ausläufern des **Rif-Gebirges**. Kurz vor unserm ersten Ziel, OUAZZANE, fahren wir zunächst durch eine herrliche Allee mit dicken alten Eukalyptusbäumen und dann liegt rechts an der Straße das „Motel Rif".

### (152) WOMO-Campingplatz-Tipp: „Motel Rif"

**GPS:** N 34° 46' 22.8" W 5° 32' 42.7"
**Zufahrt:** Straße von Fes nach Ouazzane, kurz vor Ouazzane.
**Ausstattung/Lage:** Straße hörbar, nachts ruhig. Gutes Restaurant am Platz.

Der Besitzer ist ein guter Typ und hat den Laden im Griff. Er hat aus seiner Farm mit 3500 Olivenbäumen und viel Obst und Gemüse eine Hotelanlage mit Schwimmbad, Restaurant und WOMO-Stellplatz gemacht. Nicht häufig haben wir einen dermaßen properen Platz in Marokko gesehen. Im sehr guten Restaurant wird ökologisch produziertes Gemüse, ebensolches Geflügel und Ziegenkäse sowie eigenes Olivenöl und Brot angeboten. Das ausgezeichnete Öl kann für wenig Geld erworben werden. Einziger Nachteil: der Platz liegt direkt an der Straße. Ein neuer Erweiterungsteil ist deutlich ruhiger. Nach 20 Uhr kommt aber kaum mehr ein Auto vorbei. Wir spielten mit dem Gedanken, im Zentrum von Ouazzane unser Nachtquartier aufzuschlagen. Man riet uns aber davon ab, weil Belästigungen durch Betrunkene etc. möglich seien. Dabei sind die Menschen dort eigentlich ausgesprochen zurückhaltend.

An der Zaouia von Ouazzane

Natürlich kann sich dieses Landstädtchen mit FES nicht messen. Aber es ist doch, wenn man erst mal in den steilen Gassen herumschlendert, eine Überraschung, wie schön es ist und wie stimmungsvoll und authentisch. In den letzten Jahren ist viel für den Erhalt der Altstadt getan worden. Wir fanden die Leute ausgesprochen heiter und freundlich. Selbst das Fotografieren war unkomplizierter als anderswo. Und das, obwohl OUAZZANE für die Marokkaner eine der heiligsten Städte ist: Moulay Abdallah Cherif aus dem Clan der **Idrissiden** (Cherifen sind Nachkommen des Propheten) gründete hier 1727 einen religiösen Orden, der über seine religiöse Funktion hinaus enormen politischen Einfluss ausübte. Die Stadt war aber schon im 9. Jahrhundert von einem Sohn Idriss II. gegründet worden. Die Cherifen beherrschten bis vor gar nicht langer Zeit den gesamten Norden Marokkos. Eine lesenswerte und sehr lebendige Schilderung der Verhältnisse verfasste der deutsche Arzt und Forschungsreisende **Gerhard Rohlfs**, der im späten 19. Jahrhundert lange Zeit, zum Schein Moslem geworden, am Hofe des Cherifen lebte (siehe Stichwort „Bücher“ in den Tipps und Tricks am Ende des Buches).

Ihre Vorherrschaft verloren die Cherifen von Ouazzane erst, nachdem sie mit den Franzosen paktierten. Da hatten sie, ähnlich wie der Glaoui-Fürst in Marrakech, einfach auf das falsche Pferd gesetzt. Der Orden und die Cherifen-Familie existieren aber nach wie vor und etliche von ihnen verbringen ihre Tage mit Koranlesungen rund um den Sarkophag in der Zaouia ihres großen Vorfahren. Wir kamen leicht mit einem klugen Herrn aus der Familie ins Gespräch und er erklärte uns einiges. Freilich: in die **Zaouia** dürfen Ungläubige mal wieder nicht rein. Der ganze Gebäudekomplex mit seinem achteckigen Minarett und den herrlichen Bögen und Treppen ist aber auch von außen ein Architekturgenuss, wie praktisch die ganze Stadt ein wahres urbanistisches Juwel darstellt. Und dabei ist sie vom Tourismus noch kaum entdeckt, durchaus zum Leidwesen ihrer Bewohner, die ganz gern ein bisschen mehr Kundschaft für ihre Produkte sä-

Minarett und...

Portal der Zaouia von Ouazzane

hen: ihre herrlichen Wollgewebe und Tuche zum Beispiel, die hier praktisch in jeder Familie hergestellt werden. Es wird Ihnen sofort auffallen, dass es erstaunlich viele Textilgeschäfte gibt, in denen feine Webwaren angeboten werden, die Spezialität der Stadt. Wir haben zu einem äußerst günstigen Preis ein paar hübsche bunte Wolldecken mitgenommen. Das andere Produkt, für das die Stadt in Marokko berühmt ist, ist ihr Olivenöl, das als das beste des Landes gilt. Die Souks haben sich ihre alte Einheit von Produktion und Handel bewahrt und sind noch keineswegs zu Souvenirshops verkommen. Dass sie obendrein in häufig Jahrhunderte alten Bauten fortbestehen, macht sie nur noch reizvoller. Und nirgendwo hat man das Gefühl, dass genervte Einheimische uns abzocken wollen. Kurz: wir lieben diese Stadt sehr und empfehlen Ihnen, sich ordentlich Zeit für ruhige Bummel zu nehmen. Am besten, wie immer, am späten Nachmittag.

9 km nördlich von OUAZZANE liegt im

Im Handwerkerviertel

Dorf AZJEN ein berühmter jüdischer Friedhof rund um das Grab eines als heilig verehrten Rabbi des 18. Jahrhunderts, dem zahllose Wunder zugeschrieben werden. Im Mai und August jeden Jahres kommen dort Juden aus aller Welt zu einer Wallfahrt zusammen. Wir waren dort – und kamen nicht rein. Die eifrigen Wächter telefonierten eigens einen, wie üblich, sehr netten Polizeibeamten herbei, der uns aber mit sichtlichem Bedauern erklärte, dass wir das Grab weder fotografieren noch überhaupt sehen dürften. Die jüdische Gemeinde wolle das so und man habe es eben zu respektieren. Tun wir natürlich. Aber man stelle sich bitte einmal vor, Juden und Muslime dürften bei Strafe des Himmels unseren Kölner Dom oder gar die Peterskirche in Rom nicht betreten. Wie stellt man überhaupt fest, ob einer Jude oder Moslem ist? Sie sind beschnitten, das schafft wenigstens etwas Klarheit, wenn auch gottlob nicht auf den ersten Blick. Und was machen wir mit den Frauen, soweit sie kein Kopftuch tragen? Fragen über Fragen...! Zurück in OUAZZANE, sagt uns ein schlauer Muselmann: „Warum habt Ihr Euch nicht einfach als Juden ausgegeben?“. Eine wahrhaft marokkanische Lösung. Aber so weit geht unsere Frivolität denn doch nicht.

In der Altstadt von Ouazzane

In OUAZZANE kann man es gut aushalten und kaum haben wir den Ort in Richtung TETOUAN und CHEFCHAOUEN verlassen, beginnen die Zweifel: hätten wir nicht noch ein paar mehr von den schönen Wolldecken als Geschenke mitnehmen sollen? Bei 150 DH pro Stück? Doch das Geschenkproblem löst sich sehr schnell, denn wenige Kilometer nach Ortsausgang finden wir auf der linken Straßenseite die **„Cooperative Apia"**. „Apis" nannten die Römer die Biene, und siehe: in dem adretten Laden gibt es ein großes Angebot aller möglicher Honigsorten in unterschiedlichen Glasgrößen und mit hübschen Etiketten versehen und ebensolche Olivenöle. Das eignet sich als Geschenk ganz prima, zumal alles ansprechend verpackt ist. Die Bauern selber bieten ihre Öle und auch den Honig überall am Straßenrand in meist hässlichen, wieder verwendeten und

ziemlich schmuddeligen Behältern an. Alle Honigsorten und Öle kann man bei Apia probieren. Unsere erste Honigprobe! Erstaunlich, wie groß die Geschmacksunterschiede sind. Die Preise fürs Öl sind ausgesprochen günstig, besonders in den Containern zu 2 oder 5 Litern, und das bei ausgezeichneter Qualität!

Wir fahren nun durch sehr hübsche und abwechslungsreiche Mittelgebirgslandschaften und passieren dabei den **„Pont de Loukkos“**. Die (verlassenen) Gebäude sehen wie Grenzbauten aus. Und das waren sie auch mal! Die Grenze zwischen spanischem und französischem Protektorat nämlich. Sonntags ist hier ein hübscher Souk. Noch viele Ölmühlen sehen wir bis CHEFCHAOUEN. Und gelegentlich werden wir von teuren Limousinen überholt, die natürlich viel flinker sind als unsere Dicke Berta und deren Besatzung uns aufmerksam mustert. Jetzt zum Beispiel von einem kostbaren schwarzen BMW-Geländewagen, wie ihn hier ein braver Landmann mit eigener Hände Arbeit wohl kaum erwirtschaften könnte. Und richtig: das Ding hält an und sein Lenker versucht, via Zeichensprache mit uns Kontakt aufzunehmen. Uns geht ein Licht auf: wir sind im Rif, einem der größten Cannabis-Anbaugebiete der Welt. Der Typ will uns was andrehen. Gehen Sie bloß nicht darauf ein! Sie riskieren einen längeren Kuraufenthalt in einem der hiesigen Gefängnisse, gegen die deutsche Strafanstalten wahre Luxusherbergen sind. Halten Sie bei derartigen, in dieser Gegend seit Jahren nur noch seltenen, Begegnungen gar nicht an, sondern fahren dümmlich lächelnd einfach vorbei: ich nix verstehn. Den besagten braven Landmann treffen wir wenig später, als wir nämlich auf der Suche nach einem schönen WOMO-Stellplatz 17 km vor CHEFCHAOUEN am **Oued Sidi Ben Saada** (beschildert) links eine gute kurze Piste reinfahren. Der Bach ist im Sommer ausgetrocknet, aber der Brunnen an der Einfahrt hat noch Wasser. Fahren Sie den guten Fahrweg ein bisschen hoch und Sie werden einen sehr schönen Platz vorfinden, der von der Straße nicht einsehbar ist und von dem aus man gut durch die angrenzenden üppigen Gärten spazieren kann.

**(153) WOMO-Stellplatz: „Sidi Ben Saada“**

**GPS:** N 35° 04' 04.7" W 5° 19' 57.7" **max. WOMOs:** 2-3
**Zufahrt:** Straße von Ouazzane nach Tetouan, 17 km vor Chefchaouen links kurze Piste rein. Am Oued Sidi Ben Saada (beschildert).
**Ausstattung/Lage:** Bauerngärten, Brunnen im Sommer trocken, außerorts. Keine VE.

Fröhlich grüßt uns ein alter Bauer, der dort mit seiner hölzernen Gabel buchstäblich die Spreu vom Weizen trennt. Das dürfte Allah dermaleinst beim Jüngsten Gericht mit diesem

Freundlicher Landmann

Menschen nicht schwer werden, denn der ist eindeutig einer von den Guten. Freundlich bricht er sein Brot und reicht uns die Hälfte. Es hat köstlich geschmeckt mit seinem leicht süßlichen Anisgeschmack. Wir revanchierten uns mit echt deutschem Kaugummi von Aldi. Fand er nun wieder gut. Bald danach geht es erst durch einen Kreisverkehr und dann wenig später bitte den Abzweig nach rechts, Richtung CHEFCHAOUEN, nicht verpassen. Wir verlassen nämlich die Hauptstraße nach TETOUAN und fahren hoch in das Bergstädtchen CHEFCHAOUEN, das dann auch bald, nach steiler Auffahrt, vor uns liegt, schneeweiß an den Berg geschmiegt. Ein herrlicher Anblick (gutes Fotografierlicht am späten Nachmittag). Falls Sie hier übernachten wollen (und Sie sollten sich für diesen wundervollen Ort Zeit nehmen, einen der schönsten Marokkos) so empfehlen wir den fantastisch gelegenen und recht gepflegten Campingplatz, der oben am Berg links über der Stadt liegt. Die Zufahrt haben sie neuerdings verändert: am Ortseingang gibt es jetzt ei-

Chefchaouen

nen Kreisverkehr. Geradeaus drüber fahren, immer die Hauptstraße entlang bis ins Zentrum der Neustadt. Sie landen an der kreisrunden, palmenbewachsenen „Place Mohammed V", die auch Kreisverkehr ist, fahren etwas mehr als 180° darum herum und sehen dann das Hinweisschild „Camping". Im Folgenden ist „Camping" immer gut ausgeschildert. Die Straße ist an einigen Stellen so extrem steil, dass man im ersten Gang fahren muss. Bei nasser Fahrbahn könnte ein Fronttriebler mal durchrutschen, wenn er anhalten musste. Unsere ziemlich unsportliche Dicke Berta hat es aber immer geschafft.

### (154) WOMO-Campingplatz-Tipp: „Camping Azilan"

**GPS:** N 35° 10' 33.0" W 5° 16' 00.8"
**Zufahrt:** Bei der Ortseinfahrt links den Schildern folgen.
Ortsrand. Ruhig.

Auf dem Platz manchmal einige französische und deutsche Alt-Kiffer, die sich anscheinend seit Woodstock die mittlerweile recht schütteren Haare nicht mehr geschnitten haben. Cerebral etwas angegriffen, aber weiter nicht unangenehm. Es gibt außer sauberen Sanitäranlagen auch einen kleinen Laden und sogar ein öffentliches Telefon. Alles ist tiefblau angestrichen, sogar die Blumentöpfe und die Bäume, blauer geht's nicht. Oder doch? Wenn Sie später in die Medina hinunterlaufen, werden Sie sehen: es geht tatsächlich noch blauer. Wir haben Gässchen gefunden, die von oben bis unten nur blau waren. Gehen Sie mal hinein. Man wir ganz närrisch davon, beinah auch „blau". Der Campingplatz liegt unmittelbar am **Nationalpark Talassemtane** und gleich neben dem Platz beginnen hervorragende Wanderwege. Zu Fuß ist es zur Medina eine knappe halbe Stunde. Runter läuft es sich ganz gut. Aber rauf haben wir für gut 10 DH das Taxi genommen.

Chefchaouen - blau in blau

Die Stadt trägt stark andalusische Züge, und das ist auch kein Wunder. Mal abgesehen davon, dass es von hier übers Meer nach Südspanien ja nicht weit ist: nach dem Ende des letzten maurischen Reiches in Europa, dem Fall von Granada 1492, fanden zahlreiche Andalusier hier eine neue Heimat. Die meisten Häuser der Medina stammen noch aus dieser Zeit. Eine zweite Welle kam 1609, als die in Spanien verbliebenen Muslime und Juden die verlangte Bekehrung zum Christentum verweigerten; nachdem, wohlgemerkt, unter maurischer Herrschaft alle drei Religionen jahrhundertelang gut miteinander gelebt und das Land zu einer zivilisatorischen Blüte ohnegleichen geführt hatten. Die Verbitterung hierüber wirkte bis Anfang des 20. Jahrhunderts nach und Christen war deshalb der Zutritt zur Stadt bis in die 20er Jahre verboten. Vielleicht liegt es daran, dass wir uns bei unseren Spaziergängen durch die Medina längst nicht so unkompliziert willkommen fühlten wie im, keine 70 km entfernten, OUAZZANE. Die Mentalitätsunterschiede sind erstaunlich auf so kurze Distanz. Beim Fotografieren schlug uns

Übellaunigkeit bis Aggressivität entgegen. Vielleicht liegt es aber auch nur daran, dass CHEFCHAOUEN von Touristen so stark frequentiert ist und die Leute sich belästigt fühlen. Verdienen möchte man an ihnen allerdings schon: die Stadt ist mit Souvenirshops übersät. Und doch ist ihre Medi-

Abendessen in Chefchaouen

na einzigartig schön. Gehen Sie aber bitte etwas vorsichtig: die Gassen am Hang sind oft sehr steil und der Boden ist von hunderttausend Füßen poliert. Wir haben uns glatt auf den Allerwertesten gesetzt. Auf dem großen Platz vor der Kasbah wird das nicht passieren, denn er ist eben. Man isst dort besonders abends wunderschön. Die Restaurantpreise sind erstaunlich moderat für einen so stark besuchten Ort. Über die Marihuana-Preise können wir nichts sagen, da wir entsprechende Angebote immer höflich abgelehnt haben – was kein Problem war.

Unsere Weiterfahrt nach Norden, Richtung TETOUAN, geht quer durchs **Rifgebirge**. Zweifelhafte Angebote haben wir hier nicht mehr erlebt. Ein netter Taxifahrer in Chefchaouen hatte für uns die Empfehlung parat, auf der Hauptstraße zu bleiben. Wir sind trotzdem mehrfach die wunderschöne, 50 km lange Strecke durchs Rifgebirge gefahren, die etwa 8 km nach Chefchauoen nach rechts abgeht, Richtung OUED LAOU. Keinerlei Belästigung. Sie ist schöner als die hier gewählte Nationalstraße, nimmt aber auch erheblich mehr Zeit in Anspruch. Mehrere Staudämme sind im Bau. Die Regierung will damit die Bewässerung von bisherigem Brachland ermöglichen. Spottbillige Parzellen sollen den Bauern angeboten werden, damit ihnen eine Alternative zum Cannabisanbau eröffnet wird. Ähn-

Die weiße Stadt Tetouan

lichen Zielen dient auch die massentouristische Erschließung der Mittelmeerküste, wo riesige Projekte realisiert werden.

Nach 65 Kilometern kommt das weiße TETOUAN in den Blick, eine stark expandierende Großstadt mit etwa einer halben Million Einwohnern, die sich, ursprünglich an einem Hang hinauf gewachsen, mittlerweile in alle Richtungen breit macht. Wir hatten gehört, dass es in Tetouan keinen Campingplatz gebe und fragen zur Sicherheit an der ersten Kreuzung, die ins Zentrum hineinführt, einen, wie immer, sehr freundlichen Polizisten danach. Es stimmt, sagt er, und rät uns überhaupt ab, in der Stadt zu übernachten, denn die Kriminalität sei als Folge von Armut außerordentlich hoch. „Fahrt lieber die paar Kilometer bis MARTIL auf den dortigen Campingplatz und nehmt dann ein Sammeltaxi ins Stadtzentrum. Dort habt Ihr Ruhe und Sicherheit". Nach MARTIL, dem Badeort von TETOUAN, finden wir leicht: nach Norden, Richtung SEBTA (das ist das spanische Ceuta) fahren, immer um den Berg von TETOUAN herum, die Abzweigung nach OUED LAOU nicht nehmen (hier beginnt unsere Tour 15), sondern danach die nach MARTIL. Dort fahren wir ca. 8 km immer stur geradeaus, bis wir an die **„Corniche"** kommen, die Strandpromenade. Die fahren wir (links) entlang und sehen dann nach 1,7 km mitten auf der vierspurigen Straße das nach links weisende Schildchen zum „Camping Al Boustane", das man leicht verpasst.

**(155) WOMO-Campingplatz-Tipp:**
**„Camping Al Boustane"**

**GPS:** N 35° 37' 43.9" W 5° 16' 37.2"
**Zufahrt:** Im Badeort Martil bei Tetouan an Seitenstraße zur Uferstraße „Corniche" gelegen.

Der Platz war zuletzt ziemlich heruntergekommen und es war zu befürchten, dass er bald der Bodenspekulation zum Opfer fallen würde, denn riesige neue Wohnblocks keilen ihn zunehmend ein. Aber man versicherte uns, er werde weitergeführt und man wolle sogar in neue Sanitärs investieren. Falls Sie in oder bei Tetouan sicher übernachten wollen, haben Sie kaum eine andere Wahl. Bis zum sauberen Strand sind es immerhin nur 5 Minuten zu laufen.

Wir sind am Mittelmeer! Das Wasser ist deutlich wärmer als der Atlantik und ruhig ist es und nett zu Kindern. Dass die Mittelmeerküste hier den öden Charme von Spaniens Betonwüsten versprüht, passt recht gut zu der Tatsache, dass rundherum Spanisch gesprochen wird (häufig von Spaniern!) und auch von den Einheimischen kaum einer Französisch, wohl aber Spanisch versteht. Übers Meer ist es mit der Fähre keine Stunde und hier ist scheinbar Billigheim für Iberer. Die ganze Mittelmeerküste Marokkos wird wohl in den nächsten Jahrzehnten touristisch „erschlossen“. Da sehnen wir uns zurück an den Atlantik: über weite Strecken rau, aber schön. Das Beste an MARTIL ist für uns die gute Verbindung zur Medina von TETOUAN. Ein paar Laufminuten vom Campingplatz entfernt (das Personal erklärt Ihnen den Weg) stehen Sammeltaxis nach Tetouan. Kennen Sie das System des „Taxi collectif“? Sie fahren von festgelegten Abfahrtsplätzen ab bis zu wiederum festen Zielpunkten. Das aber erst dann, wenn der (meist) Mercedes voll ist und das heißt, inklusive Fahrer mit 7 Personen. Eng ist es, aber herzlich. Und vor allem schnell und billig: 7 DH pro Person von MARTIL bis vor die Medina von TETOUAN. Funktioniert ausgezeichnet. Und die Sorge um Parkplatz und Sicherheit sind Sie los. Merken Sie sich den Platz, an dem Sie angekommen sind. Dort geht es später dann auch wieder zurück. Aber erst mal sehen wir uns das Zentrum von TETOUAN an.

Die **Medina** wurde vor einiger Zeit zum **UNESCO-Weltkulturerbe** erhoben. Ihr Reiz besteht weniger in herausragenden Einzelbauten als in der Geschlossenheit eines noch sehr ursprünglichen Flächendenkmals. Unserer Ansicht nach gehört sie mit ihren zahllosen, großenteils überwölbten und noch ganz und gar authentischen Gassen zu den schönsten des Landes. Bitte passen Sie gut auf Kamera, Tasche und Portemonnaie auf. Die Diebstahlgefahr ist hoch, wie uns von verschiedenen Seiten gesagt wurde. Gehen Sie vom Taxiplatz aufwärts nach links und fragen Sie dort nach dem **„Palais Royal“**. Der Königspalast liegt nämlich unmittelbar vor der Medina und ist mit dem riesigen Platz und den ihn umgebenden weißen Bauten für sich schon ein sehr sehenswertes Ensemble. Er wird, wie viele derartige Paläste in praktisch allen großen, alten Städten Marokkos, vom König genutzt, wenn er sich in Tetouan aufhält. Der Mann kann ja nicht einfach auf unsern Campingplatz gehen. Freilich könnte er heutzutage abends schnell mit dem Heli heimfliegen. Aber ein bisschen Machtinszenierung muss wohl sein, auch bei einem sportlichen jungen Mann wie Mohammed VI., der leidenschaftlich gerne Motorrad fährt und beim Regieren immer so guckt, als würde er genau das jetzt viel lieber tun.

In die Medina geht es durch das Tor rechts neben dem Königspalast erst mal geradeaus und später dann rechts und links. Wenn Sie unmittelbar vor dem Tor nach rechts laufen, kommen Sie in die exakt rechtwinklig angelegte **„Mellah“**, das

Avenue Mohammed V in Tetouan

frühere Judenviertel, das wie üblich gleich neben dem Sultanspalast liegt. Genießen Sie dieses urbanistische Goldstück, das noch so gar nicht vom Massentourismus verfälscht ist. Oder doch? Vor dem Königspalast hängt sich Opa Schmeißfliege an unsere Rockschöße und will immerzu was erklären: ein „Fauxguide", ein falscher Führer. Höflicher aber bestimmter Verzicht auf seine Dienste bringt nichts. Als wir bei einem der vielen fliegenden Limo-Händler was zu trinken kaufen, kommt er angezischt: „Der Junge versteht Euch nicht, das kostet 5 DH." Das System geht so: in Wirklichkeit kostet die Limonade 2 DH. Kaum hat der Tourist seine 5 DH bezahlt und ist weiter gegangen, holt der Schlawiner sich die Differenz beim Limohändler ab. Als alte Marokkofahrer durchschauten wir allerdings das Spiel und hielten blitzschnell die Kamera auf unsern Führer. „Hat die ‚Brigade Touristique' schon ein Bild von Dir?" Sie glauben gar nicht, wie schnell der Typ verschwunden war. Denn vor der Touristenpolizei haben sie eine Heidenangst. Solcherlei eher harmlose Anmache waren aber auch die einzigen Probleme, die wir in TETOUAN je hatten. Und wir haben die Stadt häufig besucht.

Versäumen Sie über Ihren Bummel durch die Medina aber nicht, sich auch die älteren Viertel der Neustadt anzusehen, rings um die **Avenue Mohammed V**: Spanien vom Feinsten. Schließlich war TETOUAN mal Hauptstadt des spanischen Protektorats. Uns fasziniert an TETOUAN das Nebeneinander zweier total verschiedener Welten: hier die noch ganz arabisch-mittelalterliche Medina und dann plötzlich ist man mitten in Südeuropa, inmitten schönster und gottlob wieder gepflegter hispano-maurischer Kolonialarchitektur. Setzen Sie sich unbedingt mal während des abendlichen Paseos in eines der vielen Cafés an der Mohammed V und schauen in Muße den promenierenden Menschen zu.

TOUR 15
50 km
N
E
Melilla
Nador
N16
N19
A2
N6
N2
Taourirt
163
162
Tazaghine
Taza
Plage d'Isri
161
Ait Kamara
Al Hoceima
Raouadi
Torres
160
159
Cala Iris
158
Jebha
157
Stehat
Oued Laou
156
155
Martil
Ceuta
TETOUAN
TANGER
Asilah
Larache
Kenitra
Sidi-Kacem
FÈS
Medina
018
151
017

# Tour 15 (ca. 480 km / 3 - 4 Tage)

## Martil – Al Hoceima – Nador – Taza – Fès

| | |
|---|---|
| **Freie Übernachtung:** | Oued Laou, Stehat, Jebha, Torres, Al Hoceima, Ghansou, Taourirt, Taza |
| **Campingplätze:** | Martil, Cala Iris, Fès |
| **Ver- und Entsorgung:** | Campingplätze |
| **Trinkwasser:** | Campingplätze, Torres, Tankstellen |
| **Baden:** | Martil, Oued Laou, Cala Iris, Torres, Al Hoceima |
| **Besichtigungen:** | Taza, Fès |

Tour 15 folgt im Wesentlichen der neu ausgebauten Nationalstraße 16 entlang der Mittelmeerküste von Tetouan in Richtung algerische Grenze. Das früher sehr abgelegene und wenig besuchte Gebiet erhält durch die aufwändige Straße erhebliche wirtschaftliche und touristische Impulse. Der alte Charme aber ist zum guten Teil dahin. Zu massiv sind die Eingriffe in die schöne Küstenlandschaft, die früher nur von ein paar Fischerdörfern unterbrochen war.

Haben Sie auf dem Camping Al Boustane in MARTIL übernachtet? Dann fahren Sie jetzt rechts aus dem Platz heraus, nach 250 m im Kreisverkehr nach links, nach weiteren 1,4 km im Kreisverkehr rechts und dann immer Richtung Tetouan. Sie sind nun schon auf der N16. Neun Kilometer nach dem Campingplatz links ab nach Tanger und OUED LAOU, bald dann links nach Oued Laou. Ca. 11 km hinter diesem Abzweig haben wir endlich das Mittelmeer zum Greifen nah.

Oued Laou - Strandidylle

Knapp 50 km nach Tetouan verlassen wir die N16 nach links für einen Abstecher hinunter zur „Plage Oued Laou“. Sie haben unten am Wasser eine gigantische Strandpromenade gebaut. Die fahren wir für 2 km nach rechts zum Zentrum, bis vor die Post, leicht zu finden durch den Sendemast. Auf dem dortigen bewachten Parkplatz am Strand stehen meist schon etliche Wohnmobile.

**(156) WOMO-Stellplatz: Oued Laou „An der Post“**

**GPS:** N 35° 26’ 53.9” W 5° 05’ 24.7” **max. WOMOs:** 7
**Zufahrt:** Im Text beschrieben.
**Ausstattung/Lage:** Ganzjährig. Keine VE. Gebührenpflichtig. Abends ruhig. Im Ortszentrum.

Man kann in Oued Laou die wichtigsten Dinge einkaufen. Der Strand ist dunkelgrau und nicht besonders gepflegt. Sehenswürdigkeiten gibt es keine – zahllose Neubauten haben den alten Charakter eines Fischerdorfes vollkommen zerstört.

Weiter auf der N16 in Richtung Al Hoceima. Es geht ständig bergauf, bergab über Felsen und entlang kleiner Buchten mit Fischerdörfern.

22 km nach Oued Laou kann man kurz vor dem Dorf STEHAT, das unten am Wasser liegt, links neben der Nationalstraße ein Stückchen in die Trasse der alten Küstenstraße hineinfahren und sich hinter dem Felsen den Blicken der Vorbeifahrenden entziehen – bei Bedarf ein Plätzchen für die Nacht mit schönem Fernblick aufs Meer.

**(157) WOMO-Stellplatz: Stehat**

**GPS:** N 35° 20’ 59.3” W 4° 57’ 45.4” **max. WOMOs:** 2
**Zufahrt:** An der N16.
**Ausstattung/Lage:** Keine VE, kostenlos/Außerorts.

Im Dorf CHMAALA gibt es einen Campingplatz, der aber nur während der marokkanischen Sommerferien geöffnet und dann überfüllt ist. Man wundert sich überhaupt, wieso es andernorts in Marokko ein Überangebot an Campingplätzen gibt, hier an der Mittelmeerküste aber so gut wie gar keine. Auf den wenigen geeigneten Plätzen, meist unversorgten Parkplätzen, drängeln sich denn auch die WOMOs um die letzten freien Lücken. Man muss beizeiten eine ergattern, denn abends wird es voll.

Einen schönen Stellplatz mit Meeresblick fanden wir in dem sympathischen Fischerdorf JEBHA an der Einfahrt zum recht großen Fischereihafen.

**(158) WOMO-Stellplatz: Jebha „Am Hafen"**

**GPS:** N 35° 12' 26.9" W 4° 40' 02.2"
**max. WOMOs:** 6
**Zufahrt:** Siehe Text.
**Ausstattung/Lage:** Kein Strom. Ganzjährig. Keine VE/Innerorts am Hafen.

JEBHA ist tatsächlich noch nicht zur Ferienanlage mutiert und man kann abends, kurz vor Einbruch der Dämmerung, die Fischerboote auslaufen sehen.

Im Hafen von Jebha

Morgens gegen acht oder neun kommen sie dann zurück und mittags isst man in den preiswerten Restaurants zum Beispiel frisch gebratene Sardinen. Die freundlichen Leute grüßen und lassen uns in Ruhe. Alles sehr angenehm!

Weiter auf der aufwändig ausgebauten Küstenstraße Richtung Al Hoceima. Sie steigt hinter Jebha steil an bis auf fast 800 m.

Fast 60 km hinter Jebha eine große Kreuzung, wo es geradeaus nach Al Hoceima und links über eine kleine Teer-

Cala Iris

straße nach Cala Iris und Torres geht. Dort fahren wir ab, Richtung Meer. Die Straße teilt sich nach ein paar Kilometern: links CALA IRIS und rechts TORRES. Beide Orte sind sehr lohnende Ziele für WOMOs. CALA IRIS ist ein properes Fischerdorf. Am Ortseingang führt links eine Piste die Steilküste hoch zum Campingplatz „Les Amis de Cala Iris“. Der Platz liegt fantastisch auf der Höhe mit unvergleichlichem Blick aufs Meer, hat Strom und alle Versorgung und ist ganzjährig geöffnet.

Zum Strand muss man ein paar Minuten laufen, aber die Ruhe und Schönheit des Ortes machen den kleinen Nachteil wett. Die Piste hinauf ist steil aber gut unterhalten. Nach heftigem Regen dürfte sie schwierig sein. Unser 7,30 m langer Integrierter mit langem Hecküberhang hatte keine Probleme.

**(159) WOMO-Campingplatz-Tipp:**
**„Les Amis de Cala Iris“ in Cala Iris**

**GPS:** N 35° 08' 57.0" W 4° 22' 36.2"
**Ausstattung/Lage:** Ganzjährig. Sehr ruhig. Meeresblick/Außerorts.

Die Türme von Torres

Wenn man sich an der Teilung des Sträßchens nach Cala Iris rechts hält, erreicht man nach wenigen hundert Metern den Ort TORRES. Er trägt seinen Namen nach den Turmstümpfen eines in Ruinen erhaltenen mittelalterlichen Forts oben auf dem Felsen.

Im Strandcafé von Torres

Torres besitzt deutlich mehr Einwohner als Cala Iris, ist aber trotzdem außerhalb der marokkanischen Sommerferien ein äußerst ruhiges Küstendorf. Fahren Sie an den Gendarmerie vorbei in den hübschen Eukalyptushain und gelangen so am Ende der Teerstraße zu einem Parkplatz vor einem Café.

Dort können Sie vollkommen unbehelligt übernachten, der Kiesstrand liegt gleich vor Ihnen. Ein toller Platz, der selbst bei schönstem Wetter Mitte März keineswegs überfüllt war. Im Ort bescheidene Einkaufsmöglichkeiten und gegenüber der Gendarmerie eine Wasserstelle.

**(160) WOMO-Stellplatz: „Am Café" in Torres**

**GPS:** N 35° 09' 27.3" W 4° 19' 34.3"
**max. WOMOs:** 3
**Ausstattung/Lage:** Ruhig, Ortsrand. Am Café. Keine VE. Ganzjährig. Kostenlos.

Östlich von Torres, sozusagen um die Ecke, liegt das winzige Eiland Velez de la Gomera, vom Stellplatz nicht sichtbar. Es ist, wie einige weitere Inselchen vor der hiesigen Küste, noch immer spanischer Besitz - wie Ceuta und Melilla schütterer Rest des einstigen spanischen Weltreichs und Dorn im Auge der Marokkaner.

Zurück auf die ausgebaute Küstenstraße nach Al Hoceima. Sie verläuft hier recht weit im Landesinneren. Wir stellen den Kilometerzähler auf Null. Nach 19 km durchfahren wir das Dorf

Al Hoceima

ROUADI, wo sonntags ein großer Souk abgehalten wird. Am Straßenrand wird uns etwas Grünes zum Kauf angeboten. Cannabis? Wär ja dreist. Es handelt sich indessen, Mitte März, um wunderbar frischen grünen Spargel. Danach kann man freilich auch süchtig werden.

Bei Ait Kamara nehmen wir nicht denn Abzweig links nach Al Hoceima, sondern bleiben auf der Ausbaustraße. Dann über einen vierspurigen Boulevard hinunter nach AL HOCEIMA, eine moderne Stadt ohne große Geschichte und ohne besondere Sehenswürdigkeiten.

Sie liegt aber sehr schön auf den Hängen über einer Meeresbucht und ist so sauber, gepflegt und offensichtlich wohlorganisiert wie wenige Städte in Marokko. Südeuropäisch sieht sie aus, spanisch. Es gibt ein Marjane-Kaufhaus, das aber keinen Alkohol führt. Noch vor der Stadt, unmittelbar hinter der Brücke über den Oued Isri geht in einer Spitzkehre rechts ein 500 m langes Sträßchen an die **Plage d'Isri**. Dort gibt es ein Café, wo man ganz gut übernachten kann. Der Betreiber bietet Strom, Wasser und Duschen an.

**(161) WOMO-Stellplatz: „Plage d'Isri" bei Al Hoceima**

**GPS:** N 35° 13' 09.3" W 3° 54' 47.9" **max. WOMOs:** 5
**Zufahrt:** Im Text beschrieben.
**Ausstattung/Lage:** VE, Strom/außerorts, aber Besitzer wohnt im Café.

Plage d'Isri

Wir fahren aus Al Hoceima über den Boulevard heraus, über den wir gekommen sind und biegen dann in einem Kreisverkehr links ab Richtung Nador. Später gibt es dann die Möglichkeit, geradeaus über die N2 nach Nador zu fahren, wir wählen aber in einem weiteren Kreisverkehr die alte N16 unmittelbar an der Küste entlang: „Nador, Oujda par la Roccade Mediterranée" sagt das Schild.

Die gesamte Strecke bis Nador ist hervorragend ausgebaut. Sie führt zunächst durch sumpfige Lagunenlandschaft und ist dann, ohne allzu viele Kurven und Steigungen, flott zu fahren. 103 km nach Torres sehen Sie rechts von der Erosion seltsam zerklüftete Felsen.

Zerklüftete Felsen: Ein Werk der Erosion

Intensive landwirtschaftliche Nutzung. Den Menschen der gesamten Strecke bis Nador ist anzumerken, dass sie noch nicht vom Massentourismus verbogen sind. 136 km nach Torres links zwei Plattformen über der Steilküste mit Cafés. Auf der ersten der beiden haben wir eine ruhige Nacht verbracht, ganz so, wie es uns der Cafébesitzer versprochen hatte. Ghansou soll der Ort heißen. Wir haben aber keinen Ort gesehen.

## (162) WOMO-Stellplatz: „Café von Ghansou“

**GPS:** N 35° 11’ 21.9” W 3° 19’ 17.9” **max. WOMOs:** 2-3
**Zufahrt:** An der N16
**Ausstattung/Lage:** Keine VE, kostenlos/ Außerorts, aber Café in der Nähe.

Nador

Weiter in Richtung des 50 km entfernten Nador und zwar immer auf der N16, Abzweige ignorieren wir. Am Kreisverkehr in der Nähe eines Marjane links in Richtung Zentrum. NADOR ist eine moderne Stadt

Hafeneingang von Nador

südeuropäischen Zuschnitts mit allen Einkaufsmöglichkeiten, sonst aber nicht weiter interessant.

Ab Stadtmitte sind es 14 km bis zum Fährhafen und zur spanischen Enklave MELLILA. Vorsicht: kurz vor dem Hafen befinden sich nicht markierte üble Schwellen auf der Straße. Hier verabschieden wir uns von den Lesern, die mit der Fähre nach Spanien, Sête oder Genua übersetzen. Oder wir begrüßen diejenigen, die gerade von Europa kommen.

Wenn Sie möglichst schnell nach Fès usw. wollen, so folgen Sie uns zur Autobahnauffahrt nach Taourirt. Schöner ist es freilich, diese unsere Tour 15 rückwärts an der Küste lang zu steuern bis Tetouan. In beiden Fällen fahren Sie erst mal durch die City Richtung Fès. Im Kreisverkehr auf Höhe des Marjane-Kaufhauses dann entweder rechts nach Al Hoceima die Küste entlang, oder mit uns immer geradeaus Richtung

Fès, Taourirt und Flughafen. So gelangt man später, nach ca. 110 km, auf die neue Autobahn nach Fès. Nach ca. 15 km den Abzweig links auf die N19 nach TAZA und TAOURIRT nicht verpassen. Auf guter Straße durch Marokkos endlos weiten öden Osten, bald begleitet von den Gleisen der Bahnlinie von Nador nach Taourirt. Um das Städtchen HASSI BERKANE wird am Straßenrand Olivenöl angeboten, das Hauptprodukt der Region. Ansonsten reichlich Gegend, aber interessant ist sie nicht. Schließlich ist die Autobahn erreicht. Wenn man noch etwa 7 km in Richtung Taourirt fährt, liegt rechts ein „Air de Repos“, ein von einer gemeinnützigen Stiftung getragener Rastplatz mit Campingeinrichtung. Er ist aber nur in den Sommermonaten geöffnet. Immerhin durften wir – bewacht – auf einem Parkstreifen am Eingang die Nacht verbringen. Ein Notbehelf, den wir nur deshalb gewählt haben, weil in der 4 km entfernten Innenstadt von TAOURIRT selbst mit Hilfe der Polizei kein vernünftiger Stellplatz aufzutreiben war. Sie ist im Übrigen auch keine Reise wert.

### (163) WOMO-Stellplatz: „Aire de Repos Taourirt“

**GPS:** N 34° 24' 34.8" W 2° 57' 14.7" **max. WOMOs:** 2-3
**Zufahrt:** Im Text beschrieben.
**Ausstattung/Lage:** Nur im Sommer geöffnet. Dann alle VE und Strom. Sonst im Jahr keinerlei Einrichtungen, aber bewacht. Außerorts an stark befahrener Straße.

Im Souk von Taza

Ganz anders als Taourirt dann aber die schöne alte Stadt TAZA, genau auf halbem Wege nach Fès. Sie lohnt absolut einen Besuch. Jahrhunderte lang war Taza immer wieder Stützpunkt verschiedener sich abwechselnder Sultansdynastien und darum ständig umkämpft. Heute ist es das wichtigste Handels- und Marktzentrum Ostmarokkos, für uns die mit Abstand interessanteste Stadt östlich von Fès. Über die Autobahn sind wir in gut einer Stunde dort. Die haben wir fast für uns allein, da kaum ein Fahrzeug unterwegs ist.

Abfahrt „Taza Est“ und dann durch die Neustadt Richtung **Medina** halten. Diese noch sehr unberührte Altstadt liegt oben am Hang. Falls Sie nur für einen kurzen Aufenthalt bleiben wollen, fahren Sie am besten mitten hinein. Rund um den selbst mit großen Fahrzeugen gut erreichbaren **Platz Moulay al Hassan** werden Ihnen die freundlichen Parkwächter ein Plätz-

In der Medina von Taza

chen anweisen. Sollten Sie über Nacht bleiben wollen, so fahren Sie im Kreisverkehr am Fuß des Berges links um die Medina herum den Berg hinauf Richtung „Province, Ras al Ma, Bab Boudir“ usw. und oben im Kreisverkehr nach rechts auf die Parkplätze an der **Province**, der Provinzialregierung. Wir sagen dem netten Pförtner einen Guten Tag und erfahren, dass wir dort problemlos übernachten können, nachts unter den Augen von Soldaten, die das Gebäude bewachen. Und uns gleich mit.

## (164) WOMO-Stellplatz: Taza „Province“

**GPS:** N 34° 12' 20.8" W 4° 00' 53.0" **max. WOMOs:** 2-3
**Zufahrt:** Im Text beschrieben.
**Ausstattung/Lage:** Keine VE. Ganzjährig. Kostenlos. Bewacht/ Innerorts.

In der noch ganz und gar intakten Medina begegnen wir nur wenigen Touristen. Entsprechend freundlich und zurückhaltend sind die Menschen. Wir flanieren zwei Stunden durch die absolut authentischen Souks, ohne ein einziges Mal bedrängt zu werden. Ein vornehmer alter Herr genießt offensichtlich unser Interesse und hat nichts dagegen, fotografiert zu werden.

Etliche prachtvolle Moscheen und stolze Bürgerbauten zeugen von erheblichem Wohlstand der im 7. Jahrhundert gegründeten Handelsstadt, die bis heute wegen der Nähe zu Algerien von erheblicher strategischer Bedeutung ist.

Wir fahren weiter nach Fès und erreichen nach einer guten Stunde die Ausfahrt „Fès Ouest“. Nach 3,5 km rechts abbiegen Richtung Taza und dann gleich den Schildern „Diamant Vert“ auf den schönen Campingplatz folgen, den wir ja auch schon am Ende der Touren 2 und 13 angesteuert haben.

## (017) WOMO-Campingplatz-Tipp: Camping „Diamant Vert“, Fes

**GPS:** N 33° 59' 14.5" W 5° 01' 16.6"
**Zufahrt:** Im Text Seite 51 beschrieben.

## TOUR 16 (ca. 70 km / 2 Tage)

### Martil – Ceuta – TangerMed – Tanger

| | |
|---|---|
| **Campingplätze:** | Martil, Tanger |
| **Ver- und Entsorgung:** | Campingplätze |
| **Trinkwasser:** | Tankstellen, Campingplätze |
| **Baden:** | Smir, Bucht von Tanger |
| **Besichtigungen:** | Tanger |

Tour 16 führt uns vom Campingplatz in Martil zunächst nach Norden in Richtung SEBTA (spanisch CEUTA). Und dann westlich entlang der Straße von Gibraltar.

Fahren Sie aus dem Campingplatz links heraus und dann im Kreisverkehr rechts Richtung M'DIQ. Sie gelangen bald an die **Corniche** dieses überaus gepflegten Badeorts, den wir weit schöner als Martil finden. Hier entsteht ein gigantischer Hotelkomplex nach dem anderen. Irgendwann sehen Sie rechts viel Uniform und die rot gewandeten Zierbengel der Königlichen Palastwache. Königs haben hier am Strand ein Wochenendhäuschen und Majesty treibt leidenschaftlich Wassersport, wenn er vom Regieren mal wieder die Nase voll hat. Aber es hat alles nichts genützt: neuerdings hat er dermaßen zugelegt, als mache er sich nachts heimlich über die Palastkühlschränke her.

Die Straße führt manchmal so dicht ans Meer, dass man in Rufweite mal schnell ins Wasser springen könnte. Genau das können Sie bestens unmittelbar neben unserm nächsten Stellplatz auch tun. Er liegt genau auf der Mitte zwischen M'Diq und Sebta, 13 km hinter M'Diq. 1,5 km nach dem „Hotel Club Smir" gelangen Sie in einen Kreisverkehr, wo es links nach Alliyine und rechts zur „Plage" geht. Dort finden Sie, 500 m nach dem Kreisverkehr, links einen großen asphaltierten Parkplatz, auf dem Übernachtungen geduldet werden, vermutlich weil der Militärposten in der Nähe Sicherheit bieten soll. Der Platz liegt unmittelbar am Strand.

Am Strand von Smir

**(165) WOMO-Badeplatz: „Am Strand von Smir"**

**GPS:** N 35° 47' 23.8" W 5° 20' 59.1" **max. WOMOs:** 5
**Zufahrt:** Im Text beschrieben.
**Ausstattung/Lage:** Asphaltiert, Kostenlos, ganzjährig, keine VE, ruhig. Feriensiedlung und Militär in der Nähe/außerorts.

Der letzte marokkanische Ort vor der spanischen Grenze ist FNIDEQ, nur wenige Kilometer vor SEBTA.

Kurz vor SEBTA trennen sich nun die Wege, falls Sie gleich zur Ausreise über Ceuta wollen. Denn Tour 16 zweigt in einem Kreisverkehr nach links (Tanger) ab durch die nordwestlichen Ausläufer des Rif-Gebirges. Es gibt mehrere Abzweige nach links, Richtung Tanger. Sie alle landen auf der Küstenstraße N16. Ausreisewillige fahren geradeaus auf die Grenze zu.

SEBTA ist eine uralte Stadt. Die Römer, die keineswegs die ersten Bewohner waren, gaben ihr den Namen „Septem Fratres". Er hat sich im arabischen Namen „Sebta" besser erhalten als in der spanischen Version „Ceuta". Die Stadt ist seit dem 15. Jahrhundert in portugiesischem, dann spanischem Besitz und seitdem, ebenso wie Melilla, letztes Überbleibsel des spanischen Kolonialismus auf maghrebinischem Boden (sieht man von ein paar winzigen unbewohnten Inselchen ab), ein Pfahl im Fleisch der Marokkaner. Und so sieht sie denn auch ganz und gar spanisch aus. Bedeutende Sehenswürdigkeiten gibt es nicht.

Die vierspurig ausgebaute N16 nach Tanger geht steil hoch auf den **Djebel Moussa** zu, das afrikanische Pendant zum europäischen **Gibraltar**. Dazwischen die Meerenge von Gibraltar.

Port TangerMed

Natürlich sind wir der Versuchung erlegen, rechts die eine oder andere kleine Strecke bis zu den Dörfern über der Küste hinunter zu fahren, hatten dann aber heftige Probleme wegen der äußerst steilen, schlechten Straßen. Tun Sie es besser nicht. Vorderradgetriebene WOMOs (Typ „Wiesenslipper") drehen beim Anfahren selbst auf Asphalt durch. Vor starkem Wind warnt ein Schild, und der hält sich daran. Nicht erst die vielen Dutzend Windräder deuten auf meistens steife Brise hin, das Gewackel unseres Wagens spricht seine eigene Sprache. Nach 18 km geht es den Berg steil hinunter zum **„Port TangerMed"**, dem riesigen Neubau eines Hafens, der zu einem der größten im westlichen Mittelmeer avancieren soll. Das erklärt auch den gewaltigen Aufwand der Straßenbauer.

Die gesamte Strecke von SEBTA bis TANGER ist traumhaft schön, erfordert aber viel Aufmerksamkeit, da die Natur immer wieder in Form von Erdrutschen gegen die Hybris des

Schwieriges Gelände

Menschen ausholt. Kurz vor dem Dorf KSAR ES SEGHIR könnten wir auf die Autobahn nach TANGER wechseln, tun wir aber nicht, weil die alte Küstenstraße, unmittelbar an der **Meerenge von Gibraltar**, interessanter ist. Vorsicht: heftige Bodenwellen vor dem Dorf. Die Straße führt dann meist an felsiger Küste entlang, gelegentlich gibt es kleine Strände, immer in Richtung TANGER. Auch hier ist bereits ein Prozess erkennbar, wie er zwischen TETOUAN und SEBTA schon weiter fortgeschritten ist: mit der Verbesserung der Straßen geht eine Verdichtung der touristischen Infrastruktur einher und die Landschaft wird weitgehend zersiedelt. Wo das bisher noch nicht der Fall war, wird es gerade nachgeholt. Es ist immer dasselbe Paradox: die touristische Erschließung zerstört genau das, was die Touristen eigentlich anzieht: die Schönheit der Landschaft.

Kurz vor TANGER geht es rechts zum **Cap Malabata**. Das sollten Sie sich nicht entgehen lassen. Sie können mit dem WOMO gut über den Felsrücken bis zu den Parkplätzen vor dem Leuchtturm vorfahren. Es gibt dort ein Café.

Bei Ksar es Seghir

Bastion...

Die äußerste Spitze des Cap ist militärisches Sperrgebiet. Links die **Bucht von Tanger,** geradeaus die Meerenge. Bei gutem Wetter kann man bis Spanien sehen. Der Wind hat uns fast weggeblasen, aber irgendwie hat dieser ausgesetzte Ort uns tief berührt. Vielleicht erwischen Sie ja mal einen etwas

...und Leuchtturm von Cap Malabata

windstillen Tag. Dann haben Sie hier einen großartigen Rastplatz. Übernachten ist leider zu gefährlich geworden und wird deshalb wohl auch von der Polizei nicht mehr geduldet. Leser berichten von Belästigungen durch Jugendliche.

In Richtung TANGER fast auf Meereshöhe heruntergekommen, nehmen wir die Küstenstraße rechts runter. Sie führt an der Küste entlang auf Hafen und **Medina von Tanger** zu. Rechts und links an diesem, nun „Avenue Mohammed VI" geheißenen Küstenboulevard entstehen luxuriöse Hotels. Suchen Sie sich für einen Stadtbummel irgendwo hier unten am Küstenboulevard einen Parkplatz und besuchen Sie von hier aus das Zentrum von TANGER.

Unsere letzte Station ist der Campingplatz südlich der Stadt an den **Herkulesgrotten** (vielleicht kennen Sie ihn ja schon aus Tour 1). Um dorthin zu kommen, achten Sie bitte auf den

Abzweig von der Avenue Mohammed VI nach links in Richtung RABAT und fahren Sie immer geradeaus, Richtung RABAT. Sie werden am Supermarkt „Marjane“ vorbeikommen und dann bald rechts das Schild **„Grottes de Hercule“** sehen. Der Campingplatz „Camping Achakar“ liegt an den Grotten, wie schon als WOMO-Campingplatz-Tipp 003 beschrieben. Hier, damit Sie nicht lange blättern müssen, noch einmal seine Daten:

**(003) WOMO-Campingplatz-Tipp: „Achakar“**

**GPS:** N 35° 45' 33.8" W 5° 56' 15.7"
**Zufahrt:** Schnellstraße von Tanger nach Rabat. Abzweigung rechts zu den „Grottes de Hercule“. Camping kurz vor den Grotten.
**Ausstattung/Lage:** Sehr ruhig, Parkkojen zwischen Bäumen, Café, kalte Duschen.

Und damit wären wir also am Anfang dieses WOMO-Führers wieder angekommen. Erinnern Sie sich? Wir hatten Ihnen vorgeschlagen, sich die Besichtigung Tangers für das Ende der Reise aufzuheben. Als ersten Einstieg in Marokko finden wir die Stadt ein bisschen anstrengend. Jetzt wollen Sie aber sicher etwas von ihr sehen.

Wie kommt man ins Zentrum? Sollten Sie, vom Cap Malabata kommend, gleich an der **Avenue Mohammed VI** geparkt haben, liegt das Zentrum links am Hang vor Ihnen. Stehen Sie auf dem Camping Achakar? Mit ein bisschen Nerven können Sie selber vom Campingplatz aus in die Stadt fahren, immer Richtung „Port“. Irgendwann werden Sie dann die Küstenstraße **Avenue Mohammed VI** erreichen. Dort findet man, je weiter in Richtung CEUTA und MALABATA (also vom Hafen weg) desto leichter, eigentlich immer einen Parkplatz. Von dort nehmen Sie am besten ein Taxi zum **„Grand Socco“**.

Am Grand Socco

Die gemütlichere Variante ist es, das WOMO auf dem Campingplatz sicher stehen zu lassen und mit dem Sammeltaxi oder dem Bus ins Zentrum zu fahren. Gleich vor dem Platz ist die Haltestelle. Der Bus fährt allerdings nur alle 2 Stunden, Sie sollten sich also den Fahrplan ansehen. Fahren Sie in 20 Minuten bis zur Endstation an einer riesigen Straßenkreuzung und lassen Sie sich die **„Rue de Fès“** zeigen. Nicht ohne vorher mal eben auf den Fahrplan für die Rückfahrt geguckt zu haben! Die Rue de Fes gehen Sie bergauf immer geradeaus in 15 Minuten bis ins Herz der Stadt. Wenn Sie nicht so gut zu Fuß sind, nehmen Sie für ein paar Groschen ein Taxi zum **„Grand Socco“**, dem großen Platz zwischen Medina und Neustadt und dem eigentlichen Drehpunkt von TANGER. Wenn Sie die Rue des Fes zu Fuß hinaufgelaufen sind, haben Sie irgendwann die Höhe erreicht und es geht wieder abwärts, den Hang zur Bucht von TANGER hinunter, an dem die Medina angelegt wurde. Hier sind Sie längst mitten in der Stadt. Vor sich sehen Sie das **französische Generalkonsulat**. Häufig stehen Marokkaner vor den Toren um das hoch begehrte Visum an, die Eintrittskarte nach Europa. Gehen Sie daran vorbei, am **Hotel Minzah** entlang, einer sagenumwobenen Traditions- und Edelherberge, und so werden Sie bald den riesigen „Grand Socco“ vor sich liegen sehen. Hier ist TANGER bei sich selbst: unterhalb des Platzes das Gassengewirr einer arabischen Altstadt, oberhalb die neueren Viertel mit immer noch deutlich kolonialer Prägung. Und hier und da schon der Blick auf die Bucht von TANGER, denn der Hafen liegt noch immer, wie seit Abrahams Zeiten, direkt vor der Medina. TANGER hat in den mehreren tausend Jahren seiner Geschichte schon viel Auf und Ab erlebt (wie bei einer derart exponierten Lage auch nicht anders zu erwarten) und es fällt gar nicht leicht, zu erkennen, ob derzeit mal wieder Auf oder Ab angesagt ist. Die Stadt wächst rasant, das heißt, sie geht in die Breite, wie als Folge der Landflucht alle großen Städte Marokkos. Aber die Zeichen des Verfalls sind doch auch hier mitten in der Stadt unübersehbar. Von 1923 bis 1956 war TANGER eine zoll- und steuerfreie internationale Zone, was eine enorme wirtschaftliche und auch kulturelle Blüte zur Folge hatte. Gleichzeitig wurde die Stadt zu einem berüchtigten Zentrum des Waffen-, Rauschgift- und Mädchenhandels. Alle möglichen Geheim-

dienste und Spionageringe hatten hier ihren Sitz und es lebten etwa 50.000 Europäer in der Stadt, darunter zahlreiche Künstler. Der uns liebste unter ihnen ist der amerikanische Schriftsteller **Paul Bowles**, der bis zum Ende seines Lebens (1999) hier ausharrte, nachdem die Karawane der internationalen Kunstschickeria längst weiter gezogen war. Kein anderer Schriftsteller hat das für uns Unverständliche, Irrationale ja Unheimliche an Marokko so präzise eingefangen wie dieser ganz Große unter den Autoren, dessen Werke auch in Deutsch zu haben sind. Besonders seine Kurzgeschichten sind wahrhaft genial. Eine hervorragende Reiselektüre, ein Muss für jeden, dessen Interesse an Marokko mehr als oberflächlich ist. Am Grand Socco angekommen, liegt die Medina nun auf der Talseite vor uns. Wenn wir vor den weißen Toren links gehen, kommen wir gleich zur **Kasbah** hinauf. Vor der Medina rechts geht es steil abwärts zum Meer hinunter. Wir empfehlen den Mittelweg, der zunächst in die Rue Semmarine führt, dann gleich halbrechts die Rue des Siaghines hinunter zum Petit Socco, nachdem eine leibhaftige Kirche, die so genannte **„Spanische Kathedrale“** passiert wurde. Mit dem **Petit Socco** haben Sie nun das Zentrum

Tanger: Petit Socco

des einst so verruchten Tanger erreicht. In den Cafés rundherum spielte sich alles ab und – ehrlich gesagt – so ganz geheuer ist uns die Gegend bis heute nicht. Die teuren Luxusfahrzeuge dort sind bestimmt nicht mit eigener Hände Arbeit erwirtschaftet. Wir sind einmal von der großen Straße abgewichen, links in etwas entlegenere Viertel der Medina hinein, und mußten erleben, wie unmittelbar neben uns einem jungen Mann ein Messer in die Rippen gestoßen wurde. Wir haben schleunigst das Weite gesucht, denn wenn der Täter durch unsere Zeugenaussage belastet worden wäre, hätten wir TANGER wohl besser nie wieder betreten. Das dichte Drogenmilieu in der Medina pflegt halt keine besonders ausgesuchten Umgangsformen. Die gesamte **Medina von Tanger** würden wir nach Einbruch der Dunkelheit nicht betreten. Wenn Sie über den **Petit Socco** hinaus die Straße weiter abwärts gehen, kommen Sie an der **Großen Moschee** aus dem 17. Jahrhundert vorbei und dann sogleich auf eine kleine Terrasse mit einer tollen Aussicht über zwei dicke, aber etwas müde wirkende Kanonen hinweg auf die Bucht von TANGER. Der Blick geht rechts den Strand entlang zum **Cap Malabata**, woher wir ja gekommen sind, und das Land, das Sie bei halbwegs gutem Wetter links sehen, ist bereits Spanien. Dazwischen die **Meerenge von Gibraltar**, die wirklich erstaunlich eng ist. Ungezählte junge Afrikaner machen dort des Nachts rüber – und viele kommen dabei um. Es sind solche, die am französischen Generalkonsulat das begehrte Visum eben nicht bekommen haben. Unten im Hafen sehen Sie die Quais, wo früher die Schiffe von und nach Europa anlegten. Es sind nur noch wenige, denn die meisten nutzen mittlerweile den neuen

Hafen TangerMed. Gehen Sie nun nach links, Richtung Hotel Continental, in die **Medina** hinein. Wenn Sie der Mut nach unseren Drohungen nicht verlassen hat und es helllichter Tag ist, sollten Sie links die Gassen hochschlendern, die steilsten sind meist die richtigen, und sich nach der **Kasbah** durchfragen. Falls Ihnen die Sache nicht geheuer ist, laufen Sie zurück zu **Grand Socco** und nehmen, sobald Sie aus der Medina heraus sind, die Straße rechts an den Gemüsehändlern vorbei und dann bergauf, ebenfalls zur Kasbah. Die **Kasbah** jedenfalls sollten Sie unbedingt besuchen. Denn erstens hat man von dort oben einen fabelhaften Blick auf die Meerenge von Gibraltar und zweitens befindet sich dort heute im **„Dar el Makhzen“**, einem ehemaligen Sultanspalast, ein Museum zur Geschichte der Stadt. Besser als dessen bescheidene Didaktik gefällt uns der Palast selber, der die Architekturidee des maghrebinischen Hauses, also etliche Räume atriumartig um einen Innenhof anzuordnen, im Großen wiederholt. Unsere Lieblingsstücke in diesem Museum sind sicher nicht seine wichtigsten, aber diese römischen Angelhaken, die sich in nichts von heutigen aus dem nächsten Laden für Fischereibe-

darf unterscheiden, berühren uns tiefer als jede abstrakte Historie und rufen ein Wort aus dem 90. Psalm ins Gedächtnis: **„Denn tausend Jahre sind vor Dir wie der Tag, der gestern vergangen ist“**. Wenn Ihnen das zu feierlich ist, bedenken Sie bitte: wir befinden uns an einem der geographisch, geschichtlich und kulturell exponiertesten Orte der Welt. Auch wenn TANGER heute so hässlich ist.

# Eine kleine Geschichte Marokkos

Felsbilder bei Ait Ouaazik

Älteste, 300.000 Jahre alte menschliche Spuren fand man bei Casablanca.

Der Nordwesten Marokkos war nachweislich seit 40.000 v.Chr. vom **Homo Sapiens** besiedelt.

Zeugnisse früher, hochentwickelter Kulturen sind **Felsbilder** im **Ourikatal** (südlich von Marrakech), bei Ait Ouaazik (siehe Tour 9) und in der Gegend von Foum el Hassn (siehe Tour 5).

Beeindruckend auch der Steinkreis „**Cromlech von Msoura**" (siehe Tour 1).

Wann die **Berber** Nordafrika zu besiedeln begannen und woher sie kamen, ist bis heute nicht geklärt. Vermutlich geschah es von etwa 4500 Jahren.

Etwa um 1100 v.Chr. gründen die **Phönizier** Handelsniederlassungen, Vorgänger der meisten Städte an Marokkos Mittelmeerküste.

Juba II.

Im 6. Jahrhundert v.Chr. werden diese von den **Karthagern** erobert, die darüber hinaus Handelsstützpunkte wie z.B. Tanger, Salé und Essaouira errichten. Begehrte Handelsgüter waren der aus der Purpurschnecke gewonnene Farbstoff sowie die Würzpaste Garum (siehe Tour 1 und 3).

Eine berberische Zentralmacht gab es anfangs nicht. Die Berber waren in Stämmen organisiert, von denen sich etliche um 400 v.Chr. zu einem **Königreich Mauretanien** vereinten.

Nach dem Niedergang **Karthagos** (Zerstörung 146 v.Chr.) machen die **Römer** im Maghreb ihre Interessen geltend. 25 v.Chr. setzen sie **Juba**, den römisch erzogenen Sohn eines Berberfürsten, als König von Mauretanien und römischen Statthalter ein. Dieser lässt z.B. die **Stadt Volubilis** (siehe Tour 2)

zu ihrer bis heute beeindruckenden Größe ausbauen.
Nachdem sein Sohn und Nachfolger **Ptolemäus** 40 n.Chr. im Auftrag Kaiser Caligulas ermordet worden war, brachen Berberaufstände aus, in deren Gefolge das Königreich Mauretanien in eine westliche (Hauptstadt Tanger) und in eine östliche Provinz aufgeteilt wurde, was bis heute in den Staaten Marokko und Algerien nachwirkt.
Von Südspanien nach Nordafrika eindringende (germanische) **Vandalen** treiben 429 n.Chr. zusammen mit den Berbern die Römer aus dem Land. Verschiedene kleinere Berberreiche etablierten sich in der Folge.

Volubilis

683 n.Chr. erreicht der große **arabische Heerführer Oqba Ibn Nafi** (Gründer der heiligen Stadt Kairouan im heutigen Tunesien) Marokko und beginnt die völlige Islamisierung des Maghreb, nachdem dort zuvor die christliche Religion auf breiter Front Fuß gefasst hatte. Gleichzeitig wird Marokko den in Bagdad herrschenden **Omajaden** unterstellt und es wird zum Brückenkopf für die **islami-**

Grabmal Idriss II.

sche Eroberung der Iberischen Halbinsel, die, zumindest in Teilen, für 8 Jahrhunderte Bestand haben sollte.
740 kommt es zu Aufständen und zur Loslösung von Bagdad. In dem darauf folgenden Chaos gelingt **Moulay Idriss I.**, einem direkten Nachkommen des Propheten, im Jahr 789 die Gründung eines unabhängigen marokkanischen Königreiches. Sein Grab ist bis in die Gegenwart eines der wichtigsten Wallfahrtsziele Marokkos (siehe Tour 2) und seine heutigen Nachkommen stehen in hohem Ansehen, wovon in diesem Buch mehrfach die Rede ist.
Nachdem fromme Männer aus Bagdad Idriss I. hatten ermorden lassen, führte sein Sohn **Idriss II.** die Dynastie weiter und gründete die Stadt Fès, wo sein Grab ebenfalls ein hochverehrtes Wallfahrtsziel ist (siehe Tour 2).
Spanische **Omajaden** und tunesische **Fatimiden** (Herrschergeschlechter) strecken um 1000 die Hand nach Marokko aus, doch schließlich gewinnen **Almoraviden** von 1061 bis 1147 die Macht über das Land und setzen auch ihre fundamentalistischen religiösen Vorstellungen (sie waren Sunniten) durch – ein Mechanismus, der sich in den folgenden Jahrhunderten stets wiederholt: religiöse Reformer verdrängen dekadente Machteliten, um schließlich das

Saadiergräber in Marrakech

gleiche Schicksal zu erleiden. Die Almoraviden machten Marrakech zur Hauptstadt Marokkos, was der Stadt im Lauf der Geschichte mehrmals widerfuhr.
1147-1269 erneuern die **Almohaden** mal wieder Land und Religion (siehe Tour 4: Tin Mal). Es folgten **Meriniden** (1269-1465), **Ouattasiden** (1465-1554) und **Saaditen** (1554-1667). Der verfeinerte Kunstsinn der Saaditen ist z.B. noch an den Saadier-Gräbern in Marrakech (siehe Tour 7) zu bewundern.

Meknes: Ville Impériale

Den ersten Sultanen der dann folgenden und bis heute herrschenden Dynastie der **Alaouiten** (sie stammen aus dem Tafilalet, siehe Tour 9) war derlei Feinsinn fremd. Der wichtigste unter ihnen, **Moulay Ismail**, ein brutaler Despot, regierte das Land 1672-1727 mit eiserner Hand und ließ den in der ganzen islamischen Welt gerühmten El Badi-Palast in Marrakech als Steinbruch für den größenwahnsinnigen Ausbau seiner neuen Hauptstadt Meknes (siehe Tour 2) nutzen. Moulay Ismail schuf sich eine Privatarmee aus schwarzen Sklaven und ein 150.000 Mann starkes Heer, mit dem er Marokko auch gegen alle äußeren Feinde verteidigte.
Die folgenden Generationen der Alaouiten-Dynastie brachten eine Reihe eher schlapper Herrscher hervor, was dem aufkommenden europäischen Imperialismus des 19. Jahrhunderts nur recht sein konnte. Die **Spanier** z.B. besetzten Tetouan und Sidi Ifni, was bis heute allenthalben Spuren an Bauten und Sprache hinterließ. Zwar beließen die Hauptinteressenten **Frankreich** und Spanien und schließlich auch **Deutschland** dem Land seine formelle Unabhängigkeit, fanden aber Wege, es wirtschaftlich auszubeuten (u.a. sicherte sich die deutsche Firma Mannesmann einträgliche Bergbaulizenzen). Als es zu Aufständen der Bevölkerung kam, besetzten die Franzosen Casablanca, Rabat, Safi, Agadir und Essaouira. **Sultan Abd el Hafid** wurde der daraufhin ausbrechenden Unruhen nicht mehr Herr und rief die Franzosen zur Hilfe. 1912 unterschrieb er **Protektoratsverträge** mit den Spaniern für den Norden und mit den

Franzosen für den Rest des Landes. Damit wurde Marokko praktisch spanisch/französische Kolonie, obwohl der Sultan formell Staatsoberhaupt blieb. Die folgenden Jahrzehnte sind einerseits von erheblichen Verbesserungen der Infrastruktur, andererseits aber auch von rücksichtsloser Ausbeutung sowie Kolonialkrieg gegen aufständische Berber unter Einsatz von Giftgas und Bombardements geprägt. Langsam formierte sich eine **Unabhängigkeitsbewegung**, die 1943 auf der Konferenz von Casablanca die Unterstützung des amerikanischen Präsidenten Roosevelt erhielt. 1952 kam es zu einem **Generalstreik**, den die Franzosen mit massiver Repression beantworteten. **Sultan Mohammed V.**, der zur Symbolfigur der Unabhängigkeit geworden war, schickten sie ins Exil, die Unabhängigkeitsbestrebungen bekamen sie aber nicht mehr in den Griff. Nachdem Mohammed V. (der Großvater des heutigen Königs) zurückgekehrt war, gaben Spanien und Frankreich in kürzester Zeit auf und erklärten **Marokkos Unabhängigkeit**. Sultan Mohammed V. nahm den Titel **„König von Marokko"** an, eine Berufsbezeichnung, die sich für die Herrscher des Landes aus der Alaouiten-Dynastie gehalten hat.

Mohammed V.

1961 starb Mohammed V. unerwartet und sein Sohn **Hassan II.** folgte ihm auf den Thron. Hassan II. war ein gewiefter Außenpolitiker dessen absolutistische Machtausübung im Inneren aber Widerstand hervorrief, den er teilweise blutig unterdrückte. 1971 und 1972 überlebte er knapp zwei **Attentatsversuche**. 1973 sollte ein Marokkanisierungsgesetz die Wende bringen, ausländischer Besitz wurde enteignet, internationale Firmen erhielten marokkanische Leitung, eine Landreform zu Gunsten von Kleinbauern wurde angestrebt. Die darauf einsetzende Abwanderung französischen und spanischen Knowhows wirkte sich aber verheerend aus. Um von seinen innenpolitischen Misserfolgen abzulenken, erfand Hassan II, 1975 den **„Grünen Marsch"**: 350.000 Marokkaner marschierten ausgesprochen spontan und freiwillig mit dem Koran unter dem Arm in die **Westsaharagebiete** und verleibten Marokko das zuvor von den Spaniern beherrschte Protektorat ein. Aus einer von den Vereinten Nationen angestrebten Volksabstimmung der Bewohner über den weiteren Verbleib der Westsahara ist bis heute nichts geworden. Das Unternehmen kostet den Staat aber noch immer Unsummen durch starke Militärpräsenz und Steuervorteile für Ansiedler

Hassan II.

aus dem Norden. Hassans wachsender internationaler Anerkennung als kluger, westlich orientierter Außenpolitiker stand seine **repressive Politik** im Inneren gegenüber, mit der er z.B. in den achtziger Jahren Proteste gegen Lebensmittelpreise blutig niederschlug, die für die arme Bevölkerung unbezahlbar geworden waren. In den neunziger Jahren sah er sich zu einer **Demokratisierung** in kleinen Schritten genötigt, Verfassungs- und Verwaltungsreformen wurden vorsichtig auf den Weg gebracht und es gab sogar eine oppositionelle Mehrheit im Parlament. Wie weit Hassan II. darin gegangen wäre, kann man nur vermuten, denn 1999 verstarb er unerwartet und sein Sohn **Mohammed VI.** wurde der Nachfolger.

Mausoleum Mohammed V.

Mohammed VI., soviel kann man heute schon sagen, wird als der große **Modernisierer** in die Geschichte der Alouiten-Dynastie eingehen und die Marokkaner danken es ihm mit zuvor nie gekannter (freiwilliger) Identifikation mit König und Staat. Sehr bald nach Amtsantritt begann der in Frankreich promovierte Jurist mit seiner Politik für die Rechte der Frauen, für Alphabetisierung und verbessertes Schulwesen, gegen die Armut der Unterschichten (was ihm den Titel „König der Armen“ eintrug), gegen die Missachtung der Menschenrechte, für die Ansiedlung ausländischer Wirtschaftsunternehmen usw. Erste Erfolge dieser Politik sind unübersehbar.

Mohammed VI.

Wir sahen ihn neulich in Tetouan im offenen, selbstgelenkten Sportwagen durch eine ehrlich begeisterte Menschenmenge kutschieren – etwas, was sein Vater sich nie hätte erlauben können.

Marokko, so scheint es, ist auf gutem Wege.

## Abwasser

Eine geordnete Entsorgung von Grauwasser ist allenfalls auf Campingplätzen möglich, in den großen Städten gelegentlich in einen Gully. Da unser Grauwasser aber in der Regel keine nicht-abbaubaren Zusätze enthält, ist eine Entsorgung auf rappeldürrem Ödland kaum verwerflich. Und aus solchem besteht Marokko hauptsächlich.

## Ärztliche Hilfe

In den großen Städten finden sich Privatärzte aller Fachrichtungen. Rechnungen müssen sofort beglichen werden, sind aber wesentlich niedriger als bei uns. Aufheben, um sie gegebenenfalls der Krankenkasse einzureichen! Auf dem Land ist man auf „Centres medicales“ angewiesen.

In allen öffentlichen Krankenhäusern ist die Behandlung kostenlos. Wer schnell drankommen will, gibt gerne ein Trinkgeld. Die apparative Ausstattung ist nur in den Metropolen auf europäischem Niveau. Sie sollten daher überlegen, ob Sie eine Rückholversicherung abschließen, damit Sie im Fall, dass eine adäquate medizinische Versorgung nicht möglich ist, sich ausfliegen lassen können.

Viel Gutes hören wir von Europäern über die deutsche Ärztin Dr. Gertrud Michaelis, 7 Rue Ibn Sina in Marrakech–Gueliz, der Neustadt von Marrakech Tel. 0524- 448343, Sprechstunde; 9.00 - 14.00 Uhr, gertrudmichaelis@googlemail.com

## Alkohol

Im Prinzip vom Islam nicht erlaubt. Allah drückt aber ein Auge zu, so lange nicht in der Öffentlichkeit getrunken wird. Beste Auswahl an alkoholischen Getränken in den Supermärkten der Ketten MARJANE und auch der METRO. Es gibt dort hervorragende marokkanische Rotweine und auch einige erstaunlich spritzige Weiße um die 50 DH und natürlich auch Bier und Spirituosen, alles zu keineswegs skandinavischen Preisen. Diese Märkte finden Sie in den großen Städten. Auf dem Lande sind Alkoholika kaum erhältlich. Bier und Wein werden nur in einigen wenigen, besonders lizensierten Restaurants ausgeschenkt.

Wie wär's überhaupt mal mit Ferien für die Leber? Praktizieren wir immer mal wieder und stellen überrascht fest: Es geht!

## Autobahn

Sind kostenpflichtig, allerdings wesentlich billiger als in Europa. Das Netz wird ausgebaut. Tanger bis Marrakech und Rabat bis Fès sind schon länger fertig. Marrakech – Agadir und Fès – Oujda sind in den letzten Jahren dazu gekommen.

## Autowerkstätten

Vertragswerkstätten aller bedeutenden Marken finden sich in Rabat, Casablanca und Marrakech. Mit Einschränkungen auch in Tanger und Agadir. In Agadir kennen wir einen guten und sehr preiswerten Karosseriebauer. Kleinere Reparaturen am WOMO heben wir auf bis wir dort sind, weil das höchstens 20 % kostet, verglichen mit Europa. Lahoucine Mourabbo heißt er. Seine Werkstatt sieht aus wie ein Schrottplatz, aber das täuscht! Sie liegt an der Rue 9 Juillet in der Nähe der RAMSA Hauptverwaltung, Tel. 066114502. GPS:N 30° 25' 16.2" W 9° 34' 40.6"
Es gibt in Agadir auch einen fähigen Autoelektriker, einen Portugiesen namens Goncalves Ange, der sich auf alle Elektrik-Probleme rund ums WOMO spezialisiert hat. Sie finden ihn am Boulevard du 2 Mars, Ecke Rue Moquawama. Telefon 028822823.

## Baden

Die Mittelmeerküste wird gerade für den Massentourismus ausgebaut. Campingplätze sind aber rar. Sehenswürdigkeiten wie etwa die interessanten Städte der Atlantikküste gibt es nicht. Am Atlantik sind die Stände meist breit und feinsandig, gelegentlich Felsen. Fast überall kostenlos, keine Kurtaxen oder dergleichen Lustbremsen. Allerdings auch nur in den großen Badeorten bewacht.
In schwach oder gar nicht fließenden Binnengewässern besteht Billharziosegefahr. In der Nähe von Ortschaften sind Bäche und Flüsse meist schmutzig.

## Bücher

Unsere ersten Landeskenntnisse hatten Vater und Mutter. Beide sind bis heute das Beste, was es in der jeweiligen Sparte gibt. Vater ist der „Baedeker-Reiseführer Marokko“ und Mutter ist Erika Därrs „Marokko – vom Rif zum Antiatlas“ aus der Serie „Reise Know How“ - die Mutter aller Marokkoführer, bei der sich alle späteren Autorinnen und Autoren bedient haben. Vater bietet eine unübertroffene Fülle kulturgeschichtlicher Details. Und Mutter ist nach wie vor die reichhaltigste Quelle reisepraktischer Informationen, wenn sie auch etwas in die Jahre gekommen ist.
In den letzten Jahren haben sich zu Recht die Bücher von Edith Kohlbach wegen ihrer beeindruckend dichten Camping- und Stellplatzauflistungen einen Namen gemacht (sie betreibt dafür einen eigenen Verlag).
Eine nützliche Einführung in die Mentalität der Marokkaner ist das Bändchen „Kulturschock Marokko“ von Muriel Brunswig-Ibrahim, ebenfalls bei „Reise Know How“.
Als erzählende Reiselektüre empfehlen sich ganz besonders die Romane und Kurzgeschichten des amerikanischen Schriftstellers Paul Bowles, der Jahrzehnte in Marokko lebte. Sie sind unseres Erachtens die beste literarische Verarbeitung des Themas Marokko, die bis heute je verfasst wurde.
Berühmt ist Elias Canettis „Die Stimmen von Marrakesch“, eine sehr poetische „Aufzeichnungen nach einer Reise“.

Lesenswert auch die Romane des Marokkaners Mohammed Choukri, die ein schonungsloses Bild der Lebensverhältnisse der armen Bevölkerung (also der Mehrheit) Marokkos zeichnen.
Eine interessante Reiselektüre ist „Allahs Sonne über dem Abendland" von Sigrid Hunke, ein in viele Sprachen übersetztes Sachbuch, das von den erstaunlichen Einwirkungen der im Mittelalter haushoch überlegenen arabischen Kultur und Wissenschaft auf Europa berichtet. Dass Sigrid Hunke Nazi war und später politisch auch nicht viel dazugelernt hat, schmälert nicht den Nutzen dieser gut lesbaren Darstellung.
Sehr aufschlussreich finden wir auch die Reiseberichte des Bremer Arztes und Abenteurers Gerhard Rohlfs, der in den 60er Jahren des 19. Jahrhunderts lange und äußerst mühsame Forschungsreisen u.a. durch Marokko unternahm. Seine wichtigsten Bücher sind als Taschenbuch erhältlich, insbesondere „Mein erster Aufenthalt in Marokko und Reise südlich vom Atlas durch die Oasen Draa und Tafilet", Diese 150 Jahre alten Schilderungen aus dem noch ganz mittelalterlichen Land mit heutigen Zuständen zu vergleichen, ist wirklich interessant.

## Camping

Einerseits, andererseits: marokkanische Plätze sind, was Ausstattung und vor allem Pflege angeht, im Allgemeinen nicht auf europäischem Niveau. Besonders im Herbst sind die sanitären Anlagen nach den Verwüstungen der Hauptsaison meist buchstäblich saumäßig. Aber die von uns erwähnten Plätze werden außerhalb der marokkanischen Sommerferien beinah ausschließlich von europäischen Wohnmobilisten genutzt. Sie sind dann meist schön gelegene Inseln der Ruhe, auf die wir uns gern zurückziehen. In letzter Zeit sind jedoch einige Plätze entstanden, die durchaus auf europäischem Qualitätsstandard sind oder diesen gar übertreffen.

## Diplomatische Vertretungen

Deutsche Botschaft
7, Zankat Madnine, Rabat
Tel. (00212-37)689100
Fax (00212-37)706851
E-Mail: amballma@mtds.com

Österreichische Botschaft
2 Zankat Tiddas, Rabat
Tel. (00212-37)764003
Fax (00212-37)765425
E-Mail: rabat-ob@bmeia.gv.at

Schweizerische Botschaft
Square der Berkane, Rabat
Tel. (00212-37)268030
Fax (00212-37)268040
E-Mail: rab.vertretung@eda.admin.ch

## Drogen

Das Rif-Gebirge im Norden Marokkos ist eines der größten Cannabis-Anbaugebiete der Welt. Der Anbau ist nicht verboten, wohl aber Handel und Konsum.
Zitat aus den Sicherheitsempfehlungen des deutschen Auswärtigen Amtes:
„Im Rif-Gebirge werden mitunter Reisende von Rauschgifthändlern bedrängt (Steinwürfe, Straßensperren). Das Rif-Gebirge sollte daher nicht allein befahren werden. Insbesondere die Strecken zwischen Chefchaouen über Ketama nach Al-Hoceima sowie die Straße von Ketama nach Fes sind äußerst problematisch. Rauschgiftbesitz wird rigoros verfolgt und mit hohen Haft- und Geldstrafen geahndet."

## Einkaufen

In praktisch allen großen Städten gibt es mittlerweile Filialen der Supermarktketten „Marjane" und „Metro". Besonders erstere eignen sich bestens, um „europäisch" einzukaufen. Dort gibt es abgepackte Lebensmittel wie Käse, alle Arten Fleisch und Wurst (manchmal auch vom Schwein), vielerlei Bier und ein reiches Sortiment hervorragender marokkanischer Weine.
Die Supermärkte haben Fixpreise, die auch ausgezeichnet sind. Der „Kleine Mann" allerdings kauft bei einem der unzähligen winzigen Tante-Emma-Läden, die es praktisch in jeder Straße gibt.
Lebensmittelpreise sind auch im kleinen Laden nicht verhandelbar. Preise für Teppiche, Schmuck, Souvenirs usw. müssen aber ausgehandelt werden. Am besten lassen Sie zuerst den Händler einen Preis vorschlagen und bieten dann etwa ein Drittel dessen. Irgendwo dazwischen werden Sie sich wohl einig werden. Hilfreich ist es oft, den Laden zu verlassen, um sich angeblich beim Mitbewerber umzutun. Der Verkäufer wird hinter Ihnen her eilen und Ihnen ein allerletztes Angebot machen. Wundern Sie sich aber bitte nicht, wenn Sie später daheim in Europa fast den gleichen Teppich noch ein Stück billiger sehen.

## Einreise/Ausreise

Während der langen Fährverbindungen von Sète und Genua können die Einreiseformalitäten auf dem Schiff erledigt werden. Es sind Polizei- und Zollbeamte an Bord. Sie müssen sich zweimal anstellen: für den Einreisestempel in Ihre Pässe und für die Zolldeklaration Ihres Fahrzeugs. Bevor Sie das tun, füllen Sie den Einreisezettel der „Sureté nationale" und das grüne Zollformular aus. Beide erhalten Sie auf dem Schiff oder auch schon vorher von den Ticketverkäufern. Es gibt neuerdings die Möglichkeit, das Einfuhrformular fürs Auto aus dem Internet herunterzuladen und es schon vor Antritt der Reise auszufüllen. Die Adresse finden Sie unter dem Stichwort „Zoll".
Bei der Ankunft in Marokko ist es dann mit einer kurzen Kontrolle getan. Wenn Sie vom spanischen Algeciras nach Ceuta oder Tanger übersetzen, füllen Sie die gleichen Formulare bei der Ankunft aus und stellen

sich auch hier zweimal an. Möglicherweise werden Sie von „Helfern" bedrängt, die eine schnelle Mark machen wollen. Die brauchen Sie nicht! Rechnen Sie für die Prozedur mit ungefähr einer Stunde.
Ihr Pass muss noch für mindestens 6 Monate gültig sein. Die Einreisegenehmigung ist für Personen und Fahrzeug auf 3 Monate befristet. Person und Auto dürfen aber insgesamt für 6 Monate im Jahr im Lande bleiben – mehrere Reisen werden zusammengezählt.
Bei der Ausreise sind ebenfalls zunächst die polizeilichen Formalitäten zu erledigen und dann der Zoll. In Tanger kommen die Zollbeamten ans Fahrzeug. Neuerdings werden WOMOs zum „Scanner" geschickt, einem riesigen Röntgengerät, das erkennen soll, ob sich illegale Ausreisende an Bord befinden. Sie finden sich am besten 3 Stunden vor Abfahrt ein, um nicht unter Zeitdruck zu geraten.

## Elektrizität

Die Stromspannung beträgt im ganzen Land 230 Volt. Theoretisch jedenfalls. Einige wenige entlegene Dörfer sind noch nicht elektrifiziert. Schuko- und andere europäische Stecker können in der Regel verwendet werden. Auf den Fähren ist der Betrieb von Gaskühlschränken offiziell nicht erlaubt. Es gibt manchmal Elektroanschlüsse auf den Autodecks. Die Decks dürfen während der Überfahrt nicht betreten werden.
Falls Sie sich mit dem Gedanken tragen, eine Solarstromanlage anzuschaffen, tun Sie es vor Ihrer Marokkoreise! Sie werden Ihre wahre Freude daran haben. In Marokko gibt es so viel Sonne, dass Sie Strom verkaufen könnten.

## Entsorgung

Geht am besten auf Campingplätzen. Auf öffentlichen Toiletten nicht immer gern gesehen. Wir wurden jedenfalls gelegentlich abgewiesen. Problemlos war es aber möglich, auf Ödland ein kleines Loch zu graben. Falls Sie über eine der chemiefreien Unterdruck-Toiletten verfügen, müssen Sie sich wegen Schädigung der Umwelt nicht viel Gedanken machen, zumal sich die marokkanischen Mikroben schon richtig auf Ihre Kassette freuen. Der knallharte Dauerbeschuss mit UV-Strahlen macht ihnen nämlich das Leben dort arg beschwerlich.

## Fähren

Die Überfahrt von Algeciras nach Ceuta oder Tanger buchen Sie am besten bei einem der vielen Ticketverkaufsstellen an den Straßenrändern vor Algeciras. Eine halbe Stunde schneller (aber auch teurer) setzen Sie von Tarifa nach Tanger über, was von mehreren Lesern empfohlen wird. Vorausbuchungen sind nicht nötig. Für die langen Passagen von Sète oder Genua nach TangerMed oder Nador sollten Sie aber vorbuchen. Wir haben beste Erfahrungen mit der sehr kompetenten deutschen Agentur SAHARA WINGS in München gemacht.

Früher sind wir am liebsten mit der marokkanischen Reederei Comarit gefahren. Sie war billiger und das Personal war freundlicher als im Fall der italienischen Firmen Grandi Navi Veloci und Grimaldi Lines, denen wir heute ausgeliefert sind. Comarit ist aber leider pleite.

Sahara Wings, Marsstraße 12, D 80335 München,
Tel. 0089-59019900 – Fax 59019904
E-Mail: info@marokkotours.de
www.marokkotours.de

## Fotografieren

Polizeibeamte und Militärs sowie militärische Einrichtungen dürfen nicht fotografiert werden. Zivilpersonen sollte man vorher um Erlaubnis bitten – und wird sie häufig nicht bekommen, es sei denn, man ist mit ihnen befreundet. Wir haben neuerdings einen kleinen Fotodrucker an Bord. Nach einer Einladung sind ein, zwei Familienfotos ein höchst willkommenes Dankeschön.

## Gas

Wenn Sie mit den üblichen zwei 11 kg-Flaschen in gefülltem Zustand ankommen, sollte das in der Regel reichen, da Sie in Marokko selten heizen müssen. Wir haben nach zwei Monaten immer noch reichlich Reserven im Tank. Nutzen Sie auf den Campingplätzen die Stromanschlüsse für den Kühlschrank. Für kühle Abende haben wir einen kleinen Gebläseheizer an Bord. Falls die Flaschen doch mal leer sein sollten, ist es das Einfachste, eine der marokkanischen Tauschflaschen zu kaufen. Es gibt sie in jedem Tante-Emma-Laden selbst in den entlegensten Gegenden. Sie haben die gleichen Maße wie deutsche Flaschen, benötigen aber einen Adapter auf die marokkanisch/französischen Anschlussnormen. Solche Adapter finden Sie im europäischen Campinghandel unter der Bezeichnung „Euro Set".
Vor der Ausreise können Sie die Flasche dann zurückgeben und erhalten den größten Teil des Kaufpreises der Leerflasche zurück. Es soll auch die Möglichkeit geben, von den Gaswerken einiger großer Städte deutsche Flaschen füllen zu lassen. Ob das allerdings nach unseren Sicherheitsvorstellungen geschieht (Füllung höchstens bis 80%), haben wir noch nicht erprobt. Fragen Sie bei Bedarf Ihren Campingplatzbetreiber nach der nächsten Abfüllstelle. LPG-Autogastankstellen gibt es nicht in Marokko.

## Geld

Für 1 Euro bekommen Sie knapp 11 Marokkanische Dirham (DH).
Der Umtausch von Bargeld ist meist langwierig: Sie müssen sich in einer Bank in die Schlange stellen und Ihren Reisepass vorlegen. Besonders auf dem Land kann das dauern. Viel praktischer sind die Geldautomaten, die überall auf dem Vormarsch sind. VISA- und EC-Karten werden

akzeptiert. Beim Einkaufen können Sie nur in großen Städten und großen Geschäften mit Karte bezahlen.

## Getränke

Mineralwasser, Limonaden, Milch, Kaffee und Tee gibt es in allen Orten. Sehr gut ist in der Regel frisch gepresster Orangensaft. Köstlich und allgegenwärtig der „Thé à la menthe“ (Pfefferminztee). Er wird aus grünem chinesischem Tee und frischen Minzblättern sowie Unmengen Zucker hergestellt.
Bei langen Überlandfahrten, insbesondere südlich des Atlasgebirges, sollten Sie reichlich Mineralwasser im Kühlschrank haben, denn das extrem trockene Klima macht Durst, besonders natürlich während der heißen Sommermonate.
Bier und Wein gibt es nur in den großen Städten. Genießen Sie alkoholische Getränke nicht all zu öffentlich. Zwar ist es Ihnen nicht verboten, denn Sie sind ja weder Muselmann noch Muselfrau. Aber Sie werden mehr einheimische Freunde gewinnen als Ihnen lieb ist – und das obwohl Allah das überhaupt nicht mag. Ihre neuen Freunde werden sich erst verabschieden, wenn alle Flaschen leer sind.

## Internet

Internet- oder „Cybercafés“ gibt es mittlerweile selbst in kleinen Orten. Für 5 – 8 DH können Sie eine Stunde online gehen. Die Verbindungen sind allerdings meist langsam. DSL - Übertragungsraten gibt es allenfalls in den großen Städten.
Fast überall steht mittlerweile ein modernes 3G/UMTS-Netzwerk zur Verfügung, mit dem der Zugang ins Internet über Smartphone oder Surfstick möglich ist. Die Sticks bekommen Sie in den allgegenwärtigen Niederlassungen der Telefongesellschaften Maroc Telecom und Meditel.
Auf das Roaming mit dem eigenen deutschen Surfstick oder Smartphone sollten Sie besser verzichten. Da Marokko nicht zur EU gehört, werden schnell horrende Gebühren fällig, um E-mails abzurufen.

## Kinder

Zugegeben: es ist ein wenig besser geworden. Aber noch immer vergnügen sich Kinder mit Steinwürfen auf die Fahrzeuge von Touristen, springen vors Auto und verlangen Wegegeld, schlagen gegen das Fahrzeug. Ein Zweirad fahrender Leser wurde von einem mehr als faustgroßen Stein um ein Haar am Kopf getroffen. Der Reisende ist dem leider hilflos ausgeliefert. Uns wurde, weil wir unserem Ärger hierüber Luft machten, mangelndes Verständnis für die sozialen Probleme des Landes vorgeworfen. Wir kennen dieselben nach jahrelangem Wohnen in unserm Haus im Draa-Tal aber ziemlich genau. Nein, mit sozialem Gebarme kommt man dem Thema nicht bei. Vielmehr handelt es sich um ausgebliebene Erziehung bzw. um ganz ordinäre Jugendkriminali-

tät. Unsere marokkanischen Freunde sehen das wie wir.
Einem Leserbrief an die Zeitschrift Promobil 4/14 entnehmen wir den u. E. guten Vorschlag eines Marokko-Reisenden, der die gleichen üblen Erfahrungen gemacht hatte:
„Ich könnte mir vorstellen, dass es ein wirksamer Schritt sein könnte, sich an die Marokkanische Botschaft zu wenden mit der Bitte um Abhilfe. Deshalb habe ich eine diesbezügliche Bitte schon an die Botschaft geschickt. Wesentlich mehr Gewicht hätte sie allerdings, wenn noch viel mehr Betroffene sich meinem Beispiel anschließen würden."
Ein harmloser, wenn auch teurer Spaß war es dagegen, als ein kaum dem Pampersalter entwachsenes Kleines mit einem Steinchen prachtvolle Kopffüßler in den Lack unseres Landrovers kratzte. Die Mama stand dabei und war ganz entzückt ob der künstlerischen Fähigkeiten ihres Sprösslings. Schadenersatz? Lächerlich, wenn die Leute wirklich kaum mehr besitzen als ein paar verwurmte Datteln.

## Klima

Die Temperaturen sind an der Atlantikküste gemäßigt: sie unter- bzw. überschreiten selten 15 bis 30 Grad.
Anders im Binnenland und besonders im Süden: dort werden in Juli und August nicht selten über 45 Grad erreicht. Von November bis April kann es im Hochgebirge empfindlich kalt werden und es fällt auch Schnee. Nördlich des Atlas regnet es in Frühjahr und Herbst gelegentlich, aber meist nur wenige Tage. Zwischen Atlas und Wüste fällt viel zu wenig Regen – ohne künstliche Bewässerung wüchse dort fast nichts.

**Klimatabelle Marokko**

Temperatur in °Celsius

| | Ja | Fe | Mä | Ap | Ma | Ju | Ju | Au | Se | Ok | No | De |
|---|---|---|---|---|---|---|---|---|---|---|---|---|
| Agadir | 20 | 21 | 22 | 24 | 24 | 25 | 27 | 26 | 26 | 25 | 24 | 20 |
| Casablanca | 17 | 17 | 19 | 20 | 22 | 24 | 27 | 27 | 27 | 25 | 20 | 18 |
| Essaouira | 18 | 18 | 18 | 19 | 20 | 20 | 22 | 21 | 21 | 21 | 20 | 19 |
| Fes | 16 | 17 | 19 | 22 | 26 | 31 | 36 | 36 | 32 | 27 | 19 | 16 |
| Marrakech | 19 | 21 | 23 | 25 | 28 | 33 | 36 | 36 | 32 | 27 | 24 | 20 |
| Ouarzazate | 17 | 19 | 23 | 27 | 30 | 35 | 39 | 38 | 33 | 27 | 24 | 20 |
| Ouirgane | 17 | 17 | 20 | 23 | 27 | 30 | 35 | 35 | 30 | 24 | 19 | 17 |
| Rabat | 17 | 18 | 19 | 21 | 23 | 25 | 28 | 28 | 27 | 25 | 20 | 18 |
| Oualidia | 18 | 18 | 18 | 19 | 20 | 20 | 22 | 21 | 21 | 21 | 20 | 19 |
| Taroudannt | 22 | 23 | 26 | 27 | 30 | 32 | 37 | 38 | 35 | 32 | 25 | 22 |
| Zagora | 20 | 23 | 25 | 30 | 34 | 39 | 42 | 41 | 36 | 30 | 25 | 21 |

## König

König Mohammed VI. regiert seit 1999 in konstitutioneller Monarchie. Trotz aller Demokratisierung ist er letztendlich der Entscheidende im

Staat – was im Fall dieses aufgeklärten jungen Monarchen vermutlich ein Vorteil ist. Marokko wird derzeit von oben modernisiert in Richtung Gleichberechtigung der Frau, Kampf gegen Korruption, Wahrung der Menschenrechte, Beseitigung des Analphabetismus usw.
Wir haben das Land in der Ära seines Vaters Hassan II. kennen gelernt und beobachten einen erheblichen Klimawandel. Mohammed VI. hat sogar die Presse ausdrücklich zu Berichten über die Menschenrechtsverletzungen seines Vaters ermutigt.
Gleichwohl sollten Sie sich mit negativen Äußerungen über den regierenden Monarchen sehr zurück halten. Sie werden leicht als beleidigend empfunden, zumal der König gleichzeitig das religiöse Oberhaupt Marokkos ist.

## Korruption

Korruption ist eine wirklich praktische Sache, wenn man genug Geld hat, um sie auszuüben. Plötzlich funktionieren von Müdigkeit übermannte Beamte überaus lebhaft und auf einmal ist möglich, was vorher außerhalb des Denkbaren lag. Vorausgesetzt allerdings, der Beamte ist am Arbeitsplatz. Das ist er nach unseren Erfahrungen aber häufig nicht, weil er erstens mit starken Essenzen im Café gegen die erwähnte Müdigkeit ankämpfen muss und zweitens manchmal noch einer anderen Tätigkeit nachgeht, um seine stolze Kinderschar zu ernähren.
Nicht nur die Gendarmen also sind in der Regel korrupt, auch wenn es dem Touristen hier am ehesten auffällt. Wer mitspielt kann viel Geld sparen. Wenn z.B. wegen Nichtbeachtung eines Stoppschildes laut Bußgeldkatalog 700 DH fällig sind, fragt der geübte Verkehrsteilnehmer ganz diskret: **Mit** Quittung, gell? Beide wissen jetzt, dass sie das gleiche Spielchen spielen und so tun es auch 200 DH. Und mit dem eingesparten Geld kann man dann anderswo wieder einen Staatsdiener auf Touren bringen. Fast schon ein Perpetuum Mobile.
Im Ernst: Marokko nimmt noch immer beim Korruptions-Ranking von **Transparency International** einen der vorderen Plätze ein und daran wird sich auch kaum etwas ändern, solange die kleinen Beamten einen guten Teil ihrer, sagen wir, Nebeneinnahmen an die großen Vorgesetzten abzuführen haben.

## Kriminalität

Gewaltkriminalität (Raubüberfälle) kommt in den stark touristisch frequentierten Städten der Küsten sowie an einsamen Stränden gelegentlich vor. Im Binnenland so gut wie nie. Lediglich auf Bagatellen ist zu achten, wie auf die korrekte Rückgabe von Wechselgeld.
Insgesamt ist die Kriminalität in Marokko geringer als etwa in Südeuropa.
In letzter Zeit häufen sich allerdings Berichte über Überfälle auf frei und einsam stehende Wohnmobile an den Küsten. Wir empfehlen, sich dort Gruppen von WOMOS zuzugesellen oder gleich auf Campingplätze zu gehen.

## Küche

Die marokkanische Küche wird immer wieder als höchst vielfältig gelobt. Das gilt aber allenfalls für gehobene Restaurants und die gesellschaftliche Oberschicht. Normalerweise reduziert sie sich auf einige wenige Standardgerichte, die allerdings sehr lecker sein können. Tajine und Couscous sind die wichtigsten.

Tajine ist ein Eintopfgericht, das in einer Tonschüssel mit einem dazu gehörigen hohen, kegelförmigem Deckel zubereitet wird. Zuunterst kommt Fleisch oder Fisch, darauf werden Gemüse und Kartoffeln getürmt und das Ganze dann langsam auf Holzkohle gegart. Man isst zuerst das Gemüse und zuletzt das Fleisch – und zwar, Männer und Frauen separat, aus derselben Schüssel. Zum „Aufpicken" benutzt man das reichlich bereit gestellte Fladenbrot, das auf dem Lande meist noch selbst gebacken wird.

Couscous besteht hauptsächlich aus Hartweizengrieß, der in besonderen „Couscousièren" zubereitet wird. Dabei wird der Grieß im Dampf einer Gemüse- und Fleischbrühe langsam gegart und am Ende mit dem Gemüse und dem Fleisch übergossen. Marokkaner formen dann traditionell mit bloßen Händen aus dem Grieß kleine Kugeln und führen diese zum Mund. Dem Gast reicht man aber einen Löffel.

In der Fastenzeit beginnt das abendliche Fastenbrechen mit Harira, einer dicken Suppe aus Gemüse, Nudeln und ein bisschen Fleisch. Da hat aber jede Hausfrau und jede Restaurantküche eigene Varianten.

Häufig isst man auch „Brochettes". Das sind gegrillte Spießchen aus Fleisch oder Leber.

Zu jedem Essen gibt es reichlich Brot.

## Landkarten

Die beste Karte ist die Michelin-Karte 742 „Maroc", obwohl auch sie mit dem rasanten Straßenbau Marokkos nicht mithalten kann (gibt's bei WOMO).

## Lebensmittel

Gemüse, Obst, Brot, Frischmilch. H-Milch, Kaffee, Tee, Schmelzkäse und überhaupt alle gängigen Grundnahrungsmittel sind überall in guter Qualität erhältlich, und zwar wesentlich billiger als in Europa. Sie müssen also nichts mitbringen. Lediglich Wurst aus Schweinefleisch gibt es in kleinen Orten nicht, wohl aber in großen Supermärkten. Die allgegenwärtige marokkanische Geflügelwurst finden wir ungenießbar. Fleisch ist sehr schmackhaft, weil es nicht von gedopten Tieren kommt, baumelt aber oft zur Freude der Fliegen frei herum. Immer gut durcherhitzen!

## Manieren

In Gesellschaft lautstark ins Taschentuch zu schniefen gilt als höchst unfein. Auf die Straße rotzen und rülpsen ist hingegen erlaubt.

Beim Essen Schmatzen ist kein Problem. Tee und Kaffee dürfen geschlürft werden. Gewöhnungsbedürftig: man benutzt kaum Messer und Gabel, sondern isst in der Regel, Männer und Frauen getrennt, aus einer Schüssel, und zwar mit der rechten Hand (die linke dient der Reinigung auf der Toilette). Jeder isst nur vom Segment vor seiner Nase. Man wildert nicht beim Nachbarn. Fleisch wird vom Hausherrn oder der Hausfrau mit bloßen Händen zerteilt und dem Gast vorgelegt. Ein fremder Mann spricht keine einheimische Frau an, auch nicht, um sie nach dem Weg zu fragen.
Gute Freunde begrüßen sich mit Küsschen: zwei rechts, zwei links. Älteren erweist man gerne die Ehre durch Handkuss. Ausdruck besonderer Herzlichkeit ist es, zur Begrüßung die rechte Hand zum Herzen zu führen (dem eigenen, bitte!).
Befreundete Männer dürfen Händchen haltend spazieren gehen, ohne dass sie jemand für schwul hält. Wenn Europäer dasselbe tun, sind sie aber schwul. Mann und Frau herzen und küssen sich nicht in der Öffentlichkeit. Die ganz jungen Leute tun es aber trotzdem.
Wohnräume betritt man niemals mit Schuhen, insbesondere Teppiche nicht.
Protokollfehler aus Unkenntnis werden dem Touristen mit großer Geduld nachgesehen, solange sie nicht offensichtlicher Geringschätzung entspringen.
Das Verhalten der Marokkaner uns Europäern gegenüber ist gewöhnungsbedürftig und stellt für viele Reisende ein Problem dar. Es fehlt häufig an Distanz und Zurückhaltung. Kinder nerven ganz entsetzlich und oft auch Erwachsene, die Waren oder Dienstleistungen anbieten wollen. Dies gilt besonders auf dem Land.
In den großen Städten hat sich die Situation in den letzten Jahren durch die Einrichtung der „Brigade Touristique", der Touristenpolizei, gewaltig geändert. Dort traut sich kaum ein Einheimischer mehr, Sie anzusprechen, da er sofort Ärger mit der Polizei zu fürchten hat. Uns geht das schon fast zu weit. Sicherlich hat auch eine lange Serie von Fernsehspots geholfen, in denen vorgeführt wurde, wie man mit Touristen umgehen soll.
Immerhin sollte Ihnen mal jemand schwer auf die Nerven gehen, erwähnen Sie die „Brigade Touristique". Das wirkt meist Wunder.

## Navigation mit GPS

Das GPS (Global Positioning System) ist ein vom US-Verteidigungsministerium entwickeltes Satellitensystem zur weltweiten Standortbestimmung. Kaum ein vielreisender WOMO-Fahrer zieht heute noch ohne sein Navi los. Beim WOMO-Verlag können Sie zu jedem Buch ein Mini-CD mit den Koordinaten sämtlicher Stell- und Campingplätze beziehen. Wir haben bei der Arbeit an dieser Auflage unseres Marokkobuches erstmals ein Navi eingesetzt und zwar ein TOMTOM mit der Marokko-Karte dieses Herstellers. Ergebnis: Wir sind begeistert! Selbst kleinste Sträßchen sind enthalten, die Informationsdichte ist wirklich beeindruckend und übertrifft bei Weitem jede gedruckte Karte. Unsere sämtlichen Stellplätze haben wir damit mühelos wiedergefunden. Ein Problem, das der Hersteller nicht ändern kann, ist die nicht standardisierte

Transkription arabischer Orts- und Straßennamen. So fanden wir für den Ortsnamen ASILAH allein fünf verschiedene Schreibweisen. Beim Ansteuern unserer Stellplätze spielt das aber kaum eine Rolle, denn wir können ja die Kennziffer des Platzes anklicken, ohne zu wissen, wie die Straße heißt.

## Notruf

Polizei: 19: Feuerwehr: 15; Verkehrsunfall: 177

## Preise

Der Umrechnungskurs EUR/DH spiegelt die tatsächliche Kaufkraft marokkanischer Einkommen nicht wieder. Uns Europäern erscheinen die Preise außerordentlich gering. Aber ein Kilo Rindfleisch (ca. 60 DH) kostet eben glatt die Tageseinnahme eines Arbeiters. Für ein Kilo Obst muss er immer noch 1/10 seiner Tagesgage hinlegen. Für eine Tankfüllung Sprit muss er etwa 10 Tage arbeiten. Und dabei kann er noch von Glück sagen, wenn er überhaupt 10 Tage Arbeit hat!
Marokkanische Zigaretten kosten etwa 20 DH pro Paket. Importe sind teurer. Sie sind nur in lizensierten Läden erhältlich, zu erkennen am Schild mit den drei Ringen (wie die von Krupp).
Im Café kosten eine Tasse Kaffee oder ein Glas Tee 4-7 DH, eine normale Hauptmahlzeit etwa 30 - 50 DH, ein Glas frisch gepresster Orangensaft etwa 7 DH, Cola und Limo etwa 6 DH.
Natürlich kann man das alles in Luxusschuppen auch teurer haben. Sie sollten Preise im Restaurant immer vor dem Essen erfragen und festlegen, wenn sie nicht ohnehin ausgehängt sind.

**Medien**

Deutsche Zeitungen erhalten Sie in den Touristenzentren am Atlantik, besonders in Agadir. Französischsprachige Zeitungen bekommt man im ganzen Land.
UKW-Radio gibt es nur in den großen Städten.
Seit dem 30. Oktober 2011 gibt es kein deutschsprachiges Radioprogramm der Deutschen Welle mehr und wir müssen uns bei den Diensten anderer Länder bedienen. Eigentlich skandalös.
Der TV- Satelliten-Empfang ist, je nach Region, sehr unterschiedlich. Müssen Sie ausprobieren. Wir gucken allerdings lieber den unvergleichlich schönen Sternenhimmel an. Denn der Lichtsmog ist in Marokko lange nicht so störend wie in Mitteleuropa. Der Himmel sei doch immer dasselbe, sagen Sie? Das Fernsehen etwa nicht?

## Ramadan

Der islamische Fastenmonat beginnt in jedem Jahr etwa 11 Tage früher als im Vorjahr, was damit zusammenhängt, dass er von einem Mondkalender definiert wird und ein Mondzyklus beträgt eben nur etwa 29,5 Tage. Das Fastengebot im Ramadan gilt von Sonnenaufgang bis -untergang und wird von praktisch allen Marokkanern streng eingehal-

ten. Sie werden deshalb allenfalls in den Restaurants der großen Touristenzentren über Tag etwas zu Essen bekommen. Aber da sind wir WOMO-Reisende natürlich gut dran, denn im Wagen können wir kochen und essen wann wir Lust haben.
Der Begriff „Fastenmonat“ weckt falsche Vorstellungen: nach dem abendlichen Fastenbrechen holt man nämlich alles nach und futtert nach unserer Einschätzung insgesamt eher mehr als normal. Nehmen Sie trotzdem Rücksicht auf die Einheimischen und blasen sie ihnen insbesondere keinen Zigarettenrauch ins Gesicht. Das Rauchen ist ihnen nämlich bei Tage auch verboten.
Wegen der vielen Einschränkungen und manchmal auch Übellaunigkeit der Leute tagsüber reist man am besten während des Ramadan überhaupt nicht in ein islamisches Land.

| | |
|---|---|
| Ramadan 2015 | ab 18. Juni |
| Ramadan 2016 | ab 06. Juni |
| Ramadan 2017 | ab 27. Mai |
| Ramadan 2018 | ab 16. Mai |
| Ramadan 2019 | ab 06. Mai |
| Ramadan 2020 | ab 24. April |

## Reisezeit

Für den sonnigen Süden am besten ab Februar. Im Norden kann es noch Ende März recht kalt und nass sein. Deshalb vielleicht von Süd nach Nord planen. Im Herbst ist es umgekehrt: südlich des Atlasgebirges ist es in der Regel von Oktober bis Mitte Dezember sonnig und erträglich warm. Im Norden regnet es häufiger und kühlt deutlich ab.

## Restaurants

In einfacheren Restaurants gibt es eigentlich immer dasselbe: Tajine, Couscous, kleine Hackfleischklopse „Kefta“, Brochettes, Harira, Salate, gegrilltes Huhn (siehe **Küche**). Interessant ist ein Verfahren, das die Marokkaner gern praktizieren: man kauft beim nächsten Metzger Fleisch, etwa vom Lamm, und lässt es im Restaurant für ein paar DH grillen. Dazu bestellt man Salat, Brot und Getränke. So kann man gut kontrollieren, ob das Fleisch auch frisch ist. In der Regel ist es nämlich direkt vom Metzger von guter Qualität.

## Schlangen

Kommen besonders südlich des Atlas durchaus vor. Es gibt Kobras und giftige Vipern, aber die meisten sind harmlos, Unfälle sehr selten.

## Sicherheit

Marokko hat einen der effektivsten Polizeiapparate der Welt. Aber auch er konnte Anschlagsserien wie die vom Mai 2003 in Casablanca oder 2011 in Marrakech nicht verhindern. Marokko ist aber gewiss eines der sichersten Reiseländer im gesamten Mittelmeerraum. Das gefährlichste an einer Autoreise nach Marroko ist die Fahrt durch Südfrankreich und Spanien.

## Skorpione

Sind besonders im Süden sehr häufig. Kriechen manchmal in nachts im Freien abgestellte Schuhe. Diese daher morgens ausklopfen. Verbergen sich gern unter Steinen vor der Sonne. Vorsicht, wenn Sie Steine aufheben. Wir haben mit Ärzten im Süden gesprochen, die viel mit Skorpionstichen zu tun haben:
Lebensgefährlich können Stiche allenfalls für Säuglinge und schwache alte Menschen sein. Deshalb wird in der Regel kein Serum verabreicht, weil es damit mehr Komplikationen gab als mit den Stichen selber. Da Skorpionstiche äußerst schmerzhaft sind, werden meist nur Schmerzmittel gespritzt.

## Sonnenschutz

Ihre Empfindlichkeit kennen Sie selbst am besten. Rechnen Sie in Marokko mit viel Sonne und wenig Schatten. Einheimische tragen in der Sonne immer eine Kopfbedeckung und laufen möglichst auf der Schattenseite der Straße. Sie wissen warum!

## Spaten

Höchst nützliches Utensil, um ein Loch für die Entsorgung der WC-Kassette zu graben – und es auch wieder zu zu buddeln. Wir haben ihn auch gebraucht, um das WOMO wieder frei zu bekommen, als wir im Wüstensand fest saßen.

## Stellplätze

Freies Stehen ist grundsätzlich erlaubt. Die Polizei räumt abends trotzdem rigoros den größten Teil der Küsten aus Sorge um die Sicherheit der Touristen. Aber auch weil z.B. nördlich von Agadir hunderte von WOMOS teilweise monatelang ohne eine geordnete Entsorgung überwinterten. Im Landesinneren ist das nicht zu befürchten, aber in der Nähe von Siedlungen nerven häufig aufdringlich bettelnde Kinder. Wenn Sie auf der ganz sicheren Seite sein wollen, stellen Sie sich in die Nähe eines Polizeipostens und begeben sich in den Schutz der Staatsmacht. Die Beamten werden Sie in aller Regel sehr freundlich behandeln. Oder man wird Sie auf den nächstgelegenen Campingplatz verweisen.

## Tankstellen

Marokko verfügt über ein dichtes Tankstellennetz. Trotzdem sollten Sie vor Durchquerungen des Atlasgebirges oder z.B. Abstechern in entlegene Gebiete des Südens vorher tanken. Wo dies nötig ist, haben wir es in den Texten beschrieben. Die Treibstoffpreise liegen etwa 30% unter europäischem Niveau.

## Taxi

In den Städten schwirren unzählige „PetitsTaxis“ herum, die auf Handzeichen anhalten. Die Fahrt kostet um die 10 DH. Sie dürfen die Stadtgrenzen nicht verlassen. Das ist den „Grands Taxis“ vorbehalten. Diese starten an bestimmten Abfahrtspunkten in Richtung festgelegter Ziele, eine Art Linienverkehr. Und zwar erst dann, wenn alle Plätze belegt sind.

## Telefon

Sie finden an jeder Straßenecke und noch in abgelegenen Dörfern „Teleboutiques“, privat geführte Läden mit mehreren Münztelefonzellen. Von dort sind auch Gespräche ins Ausland möglich.
Wer länger in Marokko bleibt und sein Handy nutzen will, sollte sich den Kauf einer marokkanischen SIM-Karte der großen Telefongesellschaften Meditel oder Maroc Telecom überlegen. Das ist erheblich billiger als Roaming-Gebühren. Die Netzabdeckung ist in dichter besiedelten Gebieten durchaus auf europäischem Niveau, im Gebirge und auf dem Land gibt es aber Lücken. Welcher Wüstennomade hat schon ein Handy?

## Toiletten

Ihr Zustand ist oft erschütternd. Da ist man fast dankbar, dass in Marokko Stehklos die Regel sind und der Popo mit dem Dreck nicht in Berührung kommt. Unser Rat: üben Sie die Position vor dem Ernstfall mal zu Hause (trocken, versteht sich), vor allem den Umgang mit der Hose. Es geht!
Wer je über seine WOMO-Kassettentoilette schimpfte – hier wird er beginnen, sie zu lieben! Die Einheimischen reinigen sich mit Wasser und die Rohrquerschnitte sind daher für Klopapier zu eng. Werfen Sie es in die meist bereitgestellten Körbe.

## Trinkwasser

Es gibt gelegentlich öffentliche Brunnen und (wegen der Trockenheit selten) auch Quellen. Wir trauen der hygienischen Qualität aber eher nicht. Dass die Einheimischen davon trinken, ist kein Kriterium. Deren Immunsystem ist nämlich viel abgehärteter als unseres, weil es von Kindesbeinen an an Mikroben gewöhnt wird.

In den Städten ist das Leitungswasser gechlort – gottlob! Ansonsten sollte Wasser nur abgekocht getrunken werden. Am besten aber kaufen Sie das überall erhältliche Mineralwasser ohne Kohlensäure. Die 1 ½ Liter-Flasche kostet im Laden ca. 7 DH. Wir kochen damit auch Tee und Kaffee, weil das besser schmeckt als aus dem WOMO-Tank. Letzterem sollten Sie unbedingt Entkeimungsmittel zusetzen. Wasser ist in Marokko Mangelware. Es gehört zur Kultur des Landes, dass der Durstige jederzeit welches zum Trinken erwarten darf, aber nicht gleich eimerweise! Ihren WOMO-Tank füllen Sie am besten auf Campingplätzen oder an Tankstellen auf. Es wurde uns dort fast nie verwehrt, kleines Trinkgeld motiviert den Tankwart.
Also: nur Mineralwasser „roh" trinken, sonst immer chemisch oder thermisch behandelt. Sonst füllt sich Ihre WC-Kassette lange vor der Zeit.

## Uhrzeit

In Marokko gilt Greenwich-Zeit, also GMT oder UTC. Das bedeutet: während unserer Sommerzeit minus 2 Stunden gegenüber Europa, sonst minus 1 Stunde. Um 14.00 Uhr mitteleuropäischer Sommerzeit ist es also in Marokko 12.00 Uhr.

## Unfall

Bei einem Verkehrsunfall bestehen Sie auf einer polizeilichen Unfallaufnahme. Marokkanische Versicherungen zahlen äußerst zögerlich, wenn überhaupt. Sie sind besser dran, wenn Sie über den Auslandsschutzbrief eines Automobilclubs verfügen.
Partnerorganisation der meisten europäischen Automobilclubs ist der „Touring Club du Maroc, TCM" mit Sitz in Casablanca, 3, Avenue des F.A.R., Telefon (00212) 022 203064.
ADAC-Mitglieder wenden sich an die Niederlassung in Agadir:
ADAC Agadir, 24, Rue Nation Union, Telefon (00212) 028 843752

## Verkehr

Es gelten praktisch die gleichen Regeln wie in Europa, es wird sich nur noch weniger daran gehalten. Die Verkehrsdichte ist wesentlich geringer als bei uns, da sich die wenigsten Marokkaner ein Auto leisten können. Die großen Mercedes-Taxis fahren häufig wie gesengte S...
Viele Straßen auf dem Land sind nur 1 1/2-spurig. Wenn Ihnen ein Fahrzeug entgegenkommt, fahren Sie langsam und weichen Sie aus. Es gilt das Recht des Stärkeren. Meiden Sie unbedingt Nachtfahrten! Denn Fahrräder sind fast immer unbeleuchtet, Esel sowieso. Fußgängerwege sind kaum vorhanden. Manchmal sind riesige Löcher im Asphalt. Allerdings muss man anerkennen, dass sich der Zustand des Straßennetzes in letzter Zeit rapide bessert.
Halten Sie sich unbedingt an Geschwindigkeitsbegrenzungen. Die Höchstgeschwindigkeit auf Autobahnen beträgt 120 km/h, auf Land-

straßen 100 und innerorts 40 km/h, sofern nicht anders geregelt. Rechnen Sie mit häufigen Polizeikontrollen an Zu- und Ausfahrten von größeren Ortschaften. Sie müssen anhalten, Touristen werden dann aber meist durchgewunken.
Bei Orientierungsschwierigkeiten fragen Sie am besten die reichlich vorhandene Polizei. Die Beamten sind fast ausnahmslos sehr freundlich und hilfsbereit.

## Verständigung

Man spricht Arabisch in einer stark dialektal geprägten Form und drei stark unterschiedliche Berbersprachen. Zweite Amtssprache ist Französisch. Fast alle Beschilderungen sind arabisch und französisch.
Marokkaner lernen verblüffend schnell und gerne fremde Sprachen. Häufig können Sie sich deshalb in Englisch und auch Deutsch verständigen. In entlegenen Gebieten wird aber oft nur eine der Berbersprachen verstanden. Die sind untereinander so verschieden, dass Berber aus dem Norden solche aus dem Süden nicht verstehen. Auf dem Land sind die meisten Älteren noch Analphabeten und sprechen ausschließlich ihren Dialekt. Dort sucht man am besten nach einem „instituteur" (Grundschullehrer) oder „professeur" (Lehrer an Höheren Schulen). Die sind meist sehr jung, wurden für die ersten Berufsjahre in die Walachei geschickt und freuen sich über Abwechslung. Das Personal von Campingplätzen und von Restaurants, die auf Touristen eingestellt sind, spricht auf jeden Fall Französisch, meist auch etwas Englisch und ein paar Brocken Deutsch. Restaurantbesitzer versehen Speisekarten und Schilder oft mit handgemalten Darstellungen der wichtigsten Gerichte und man muss nur darauf zeigen. Im Restaurant sind Tajines (siehe **Küche**) meist vorbereitet. Der Koch hebt den Deckel und man sucht sich eine aus.
Sie müssen sich um die Verständigung nicht all zu viele Sorgen machen. Denn (anders als etwa die Franzosen) sind Marokkaner meist gewillt, Sie zu verstehen, auch wenn Sie kein Französisch oder Arabisch sprechen. Und mit Händen und Füßen und einer guten Dosis Heiterkeit kommt man immer irgendwie weiter.
Wenn Sie sich etwas in die Verständigung auf Arabisch hinein knien wollen, sind der Band „Kauderwelsch, Marokkanisch-Arabisch" und die zugehörige CD aus dem Verlag „Reise Know How" recht nützlich.

Hier ein paar der elementarsten Wörter, die Sie vielleicht als freundliche Geste gelegentlich anbringen mögen:

| | |
|---|---|
| salam | Gruß für jede Tageszeit |
| beslama | auf Wiedersehen |
| Almanja | Deutschland |
| schukran | danke |
| na'am | ja |
| la | nein |
| msiän | schön, gut |
| besäf | viel |
| schuja | wenig |

| | |
|---|---|
| flüs | Geld |
| aschi | komm her |
| imschi | hau ab |
| schuff | schau mal her |
| mäkäi muschkil | macht nichts |

## Wein

Ist natürlich Geschmacksache. Wir haben Vieles durchprobiert und geben Ihnen aus der Erfahrung eines langen marokkanischen Säuferlebens folgende Empfehlungen:
Freunde eines fruchtigen trockenen Weißweins werden ihre Freude haben am **Cuvée du Président, Sémillant.**
Hervorragende Rotweine sind einmal der **Domaine de Sahari, Reserve** (gelbes Etikett, ein edler Barrique-Wein) und dann von der selben Kellerei **Domaine de Sahari** der halb so teure mit weißem Etikett, ein immer noch sehr guter Alltagswein.

## Zoll

Kontrollen bei der Einreise sind sehr zurückhaltend. Es wird nach Waffen gefragt - sie sind verboten.
Für den persönlichen Bedarf kann jeweils 1 Kamera, Laptop usw. eingeführt werden, außerdem 200 Zigaretten, 1 l Spirituosen, 1 l Wein und Geschenke im Wert bis 2000 DH. Der Zoll ist berechtigt, für Reisemobile eine komplette Inventarliste anzufordern. Geschieht in der Praxis aber nie!
Manchmal werden Fahrräder, Kameras oder elektronische Geräte registriert, um die Wiederausfuhr zu kontrollieren. Für Ihr Fahrzeug füllen Sie das grüne Zollformular mit Fahrgestellnummer und persönlichen Daten aus. Es gibt neuerdings – jedenfalls offiziell - die Möglichkeit, das Einfuhrformular aus dem Internet herunterzuladen und es schon vor Antritt der Reise auszufüllen. Gehen Sie im Internet auf:
http://www.douane.gov.ma/MRE
>Admission temporaire des véhicules
>saisie et édition de la déclaration d'admission temporaire D16ter.
Drucken Sie das ausgefüllte Formular mindestens 3-mal aus. Wann immer wir es damit probierten, waren die Beamten vor Ort aber überfordert, so dass wir doch wieder das alte grüne Formular ausfüllen mussten. Wenn Sie den Wagen nicht wieder ausführen, werden riesige Zölle fällig, auch wenn er wegen eines Unfalls im Lande bleibt. Schutzbriefe des ADAC oder Ihrer Autoversicherung sichern das Risiko ab. Erkundigen!

## Die besten Camping- und Stellplätze in Marokko

Wie in der „Gebrauchsanweisung" versprochen, haben wir Ihnen eine Liste der attraktivsten Camping- und Stellplätze zusammengestellt. Wichtig war uns bei der Auswahl, dass die Plätze selber angenehm sind und dass sie in der Nähe interessanter Orte oder Landschaften liegen. Ob sie in Bezug auf VE oder Elektrizität vollständig sind, war dabei nicht entscheidend.

## Tour 1

### (012) WOMO-Campingplatz-Tipp: „Camping Flamants Loisirs" in Moulay Bousselham

Parkartiges, ruhiges Gelände am Rand eines Fischerdorfs.

### (013) WOMO-Stellplatz: Rabat „Marina BouRegreg"

Bewachter, kostenpflichtiger Parkplatz unmittelbar an der Altstadt, keine VE. Kein Strom.

## Tour 2

### (017) WOMO-Campingplatz-Tipp: Camping „Diamant Vert", Fés

Sehr schön angelegter, komfortabler und ruhiger Campingplatz am Ortsrand. Riesige Bäume.

### (018) WOMO-Stellplatz: „Parking Bab Boujeloud" in Fés

Nachts ruhiger, bewachter und kostenpflichtiger Parkplatz unmittelbar neben der Medina. Ideal für den Stadtbesuch. Keine VE. Kein Strom.

## Tour 3

### (023) WOMO-Stellplatz: „Großparkplatz Oualidia"

Großer, bewachter und kostenpflichtiger Parkplatz. Wenige Minuten zum Strand und zur Lagune. Keine VE. Kein Strom.

### (030) WOMO-Campingplatz-Tipp: „Les Résidences de la Plage", beim Fischerdorf Bhibah

Fantastisch am Meer gelegen, absolut ruhig.

### (036) WOMO-Campingplatz-Tipp: „Camping des Oliviers" in Ounara

Hübsches, parkartiges Gelände. Sehr gute Busverbindung nach Essouira.

### (037) WOMO-Campingplatz-Tipp: „Camping Le Calme“ bei Essaouira

Ein wenig abgelegen, aber herrliches, absolut ruhiges Parkgelände in einem Olivenhain des Hinterlandes. Sehr erholsam.

## Tour 4

### (050) WOMO-Stellplatz: „Idni“ in Idni

Ruhiger, wunderschöner Platz im Hochgebirge. Guter Ausgangspunkt für Wanderungen. Keine VE. Kein Strom. An sich kostenlos. Opa im nahen Café sollte kleines Trinkgeld bekommen.

### (054) WOMO-Stellplatz: „Parkplatz Koutoubia“ in Marrakech

Bewachter, kostenpflichtiger, ruhiger Parkplatz mitten in Marrakech. Ideal für Stadtbesichtigung. Keine VE. Kein Strom.

## Tour 5

### (055) WOMO-Badeplatz: Tifnit

Kostenpflichtige Parkplätze am Rande eines Fischerdorfs. Sehr schön am Strand gelegen. Keine VE. Kein Strom.

### (062) WOMO-Campingplatz-Tipp: „Camping El Barco“ in Sidi Ifni

Ordentlicher Campingplatz unmittelbar am Meer. Wenige Minuten zur Altstadt.

### (065) WOMO-Badeplatz: „Plage Blanche“ bei Guelmim

Einsam, weit außerhalb jeder Ortschaft am Strand in fantastischer Lage. Keine Bewachung. Keine Gebühr. Keine VE. Kein Strom. Meist sind noch einige andere WOMOS dort.

## Tour 7

### (078) WOMO-Campingplatz-Tipp: „Ourika-Camp“ bei Marrakech

Komfortabler, gepflegter Campingplatz Nähe Marrakech. Nettes Personal. Automechaniker kommt bei Bedarf zum Platz.

### (087) WOMO-Stellplatz: „An der Auberge Telouet“ in Telouet

Absolut ruhige Lage auf dem Gelände eines Café/Restaurants am Rande des Gebirgsdorfes. Kostenpflichtig. VE. Strom.

## Tour 9

### (096) WOMO-Campingplatz-Tipp: „Camping Kasbah de la Palmeraie“ in Agdz

Ruhiger, hübsch im Palmengarten gelegener Platz unmittelbar neben einer bewohnten Kasbah in der Flussoase des Draa.

### (099) WOMO-Campingplatz-Tipp: „Oasis Palmier“ in Zagora

Am Rand von Zagora wunderschön in einem Palmengarten der Draa-Oase gelegen. Freundliches Pesonal, das auch Wüstentouren organisiert.

### (110) WOMO-Stellplatz: „Kasbah Mohayut“ am Erg Chebbi

Fantastisch unmittelbar an den Dünen des Erg Chebbi gelegener ruhiger Stellplatz auf dem Gelände eines Hotels mit hervorragender Küche. Schöne Wüstenlandschaft. Kostenpflichtig. VE. Strom.

### (112) WOMO-Campingplatz-Tipp: „Tifina“ bei Erfoud

Komfortabler, ruhiger und schöner Platz. Mühelos anzufahren.

### (113) WOMO-Campingplatz-Tipp: „Karla“ bei Erfoud

Gut ausgestatteter schöner Platz in ähnlicher Lage wie 112, aber preiswerter.

### (114) WOMO-Campingplatz-Tipp: „Camping Tissirt“ im Tal des Ziz

Idyllisch in der Flussoase gelegen, guter Ausgangspunkt für Wanderung entlang des Oued Ziz.

## Tour 10

### (116) WOMO-Campingplatz-Tipp: „Kasbah Hotel Jurassique“ in der Ziz-Schlucht

Schön und ruhig in der Schlucht gelegen.

## Tour 11

### (128) WOMO-Campingplatz-Tipp: An der Dadès-Schlucht „Berbère de la Montagne“

Hübscher Platz in schöner Lage in der Schlucht, unmittelbar am Fluss.

## Tour 12

### (135) WOMO-Campingplatz-Tipp: „Zebra“ an den Cascades d’Ouzoud

Ruhiges Parkgelände, wenige Minuten von den Wasserfällen. Äußerst gepflegt durch nette Holländer, die auf dem Platz wohnen.

## Tour 13

### (136) WOMO-Campingplatz-Tipp: „Le Soleil“, an der Todhra-Schlucht

Gut ausgestatteter und gepflegter Platz, der sich auch für sehr große Fahrzeuge eignet.

### (138) WOMO-Campingplatz-Tipp: „Auberge Baddou“ in Tamtatouchte

Romantisch gelegen neben einem Atlas-Dorf. Gepflegt. Sehr persönliche Betreuung durch die Betreiberfamilie.

### (145) WOMO-Stellplatz: „Gite d'Ètape Ouiouane“ in Ouiouane

Herrliche, einsame Lage neben einem Café/Restaurant. Der freundliche Besitzer spricht hervorragend Englisch. Kostenpflichtig. VE, Strom.

## Tour 14

### (155) WOMO-Campingplatz-Tipp: „Camping Azilan“ in Chefchaouen

Sanitärs einfach, aber großartig gelegener Platz oberhalb der Medina von Chefchaouen, einer der attraktivsten Städte Marokkos. 15 Minuten Fußweg hinunter in die Stadt.

## Tour 15

### (159) WOMO-Stellplatz: „Am Hafen“ in Jebha

Einfacher Parkplatz, aber direkt am sehr lebendigen Fischereihafen. Kostenlos. Keine VE. Kein Strom.

### (160) WOMO-Campingplatz-Tipp: „Les Amis de Cala Iris“ in Cala Iris

Traumhafte Lage auf Felsen oberhalb der Mittelmeerküste.

### (161) WOMO-Stellplatz: „Am Café“ in Torres

Sehr ruhig und hübsch gelegener Parkplatz unmittelbar am Meer. Kostenlos. Keine VE. Kein Strom. Café und Dorf in der Nähe.

### (165) WOMO-Stellplatz: Taza „Province“ in Taza

Sicherer Parkplatz bei der immer bewachten Provinzverwaltung. Wenige Minuten zur sehr sehenswerten Altstadt von Taza. Kostenlos. Keine VE. Kein Strom.

# GLOSSAR

| | |
|---|---|
| **A**drar: | Gebirge |
| Agadir: | Befestigter Speicher |
| Aid: | Fest |
| Ain: | Quelle |
| Ait: | Kinder von..., Abkömmlinge |
| Allah: | Gott |
| Artisanat: | Kunstgewerbegeschäft |
| Azrou: | Felsen |
| **B**ab: | Tor, Stadttor |
| Babouches: | Leichte Lederschuhe, hinten offen getragen |
| Baraka: | Segenskraft |
| Ben: | Sohn |
| Beni: | Söhne des... / Abkömmlinge eines Stammvaters |
| Bir: | Brunnen |
| Bled: | Ebene |
| Bordj: | Festung, Fort |
| Burnus: | Wollumhang mit Kapuze |
| **C**aid: | Richter, Stammesführer, heute auch Bürgermeister |
| Chech: | Kopftuch, das auf dem Kopf zu einem Turban geschlungen wird |
| Couscous: | Populäres Gericht aus gedünstetem Hartweizengrieß, Fleisch und Gemüse |
| **D**ahar: | Bergrücken |
| Dar: | Haus, Palast |
| Djebel: | Berg |
| Djedid: | Neu |
| Djellabah: | Traditionelles Kleidungsstück. Kapuzenmantel, vorne geschlossen, wird über den Kopf angezogen |
| Djemma: | Versammlung, Hauptmoschee für das Freitagsgebet, Freitag |
| Djinn: | Erdgeist. Sie verbergen sich überall |
| Douar: | Dorf |
| **E**rg: | Sandwüste |
| **F**antasia: | Reiterspiel |
| Fiche: | Zettel, Formular |
| Foggara: | Unterirdischer Kanal für Bewässerung |
| Fondouk: | Karawanserei, Herberge |
| Foum: | Flussmündung |
| **G**andora: | Leichtes, weites Überziehgewand. Bei den Tuareg blau. Wird in Marokko gern von Schleppern getragen,um Touristen anzulocken |
| **H**adj: | Pilgerfahrt nach Mekka |
| Hadji: | Ehrentitel eines Mekkapilgers |
| Haik: | Umhang für Frauen |
| Hammada: | Geröllwüste |
| Hammam: | Öffentliches Badehaus |
| Haratin: | Nachkommen der schwarzen Sklaven, besonders im Süden Marokkos. Das Wort wird von ihnen als herabwürdigend empfunden |
| Henna: | Strauch, aus dem roter Farbstoff für Tätowierungen gewonnen wird |
| **I**ghrem: | Befestigter Speicher, wie Agadir |
| Imam: | Vorbeter und Gemeindevorsteher in der Moschee |

**K**aftan: Verziertes Frauengewand

Kasbah: Burg. Kann Lehmburg der Berber, aber auch Fürstensitz oder Zitadelle sein

Kissaria: Marktplatz

Ksar: Wehrdorf. pl. Ksour

Koubba: Grabkapelle mit Kuppel

**L**alla: Respektvolle Anrede für eine hochgestellte Frau. Oft für Heilige

**M**aghreb: Westen. Gemeint sind insbesondere Marokko, Algerien, Tunesien

Makhzen: Regierung, Königshof, „Der Palast"

Marabout: Heiliger. Wird aber auch für seine (oder auch ihre) Grabkapelle benutzt. Häufig von Kuppel bedeckt

Mechouar: Versammlungsplatz, häufig vor oder in einer Burg

Medersa: Theologische Hochschule der Muslime. Meist mit Internat.

Medina: Eigentlich Stadt. Bezeichnet heute meist historische Altstadt

Mellah: Judenviertel

Mihrab: Nach Mekka ausgerichtete Gebetsnische der Moschee

Minarett: Turm der Moschee, von dem herab der Muezzin zum Gebet ruft

Minbar: Kanzel in der Moschee

Moschee: Versammlungsort der Muslime, aber kein geweihter Bau. Für Nicht-Muslime nicht zugänglich

Moulay: Respektvolle Anrede eines hochgestellten Mannes,etwa "Durchlaucht"

Moussem: Meist jährliches Fest am Grab eines Heiligen. Häufig mit Wallfahrt verbunden

Muezzin: Ruft 5 mal täglich vom Minarett zum Gebet. Heute meist über Lautsprecher

**O**ued: Flussbett. Die meisten führen nur temporär Wasser und können dann gefährlich werden

Oulad: Abkömmlinge von..., Angehörige des Stammes von....

**R**amadan: „Islamischer Fastenmonat. Beginnt jedes Jahr etwa 11 Tage früher als im Vorjahr

Ras: Felsvorsprung, Gipfel, Kap

Riad: Innenhof, Garten, Haus mit bepflanztem Innenhof

Ribat: Klosterburg

**S**ahel: Ufer, Randgebiet, Wüstenrand

Seguia: Bewässerungskanal in der Oase

Scharia: Islamisches Recht

Sidi: Respektvolle Anrede, etwa „Hoher Herr". Vor Heiligennamen wie unser „Sankt"

Souk: Marktplatz

Sufi: Islamische Mystiker

Sunna: Die Gewohnheiten und Sprüche des Propheten. Gehört nicht zum Koran

Sure: Kapitel im Koran

Syndicat d'Initiative: Touristenbüro

**T**éléboutique: Öffentliches Telefon

Troglodyt: Höhlenbewohner

Tighremt: Lehmburg, wie Kasbah

Tizi: Gebirgspass

Tuareg: Berberische Wüstennomaden in Algerien, Niger usw.. Gibt es in Marokko nicht. Manche Händler geben sich dafür aus, um sich interessant zu machen

**Z**aouia: Sitz einer religiösen Bruderschaft

**Brieftasche/Handtasche/Geheimfach**
Pässe, Personal-, Kinderausweis (gültig!)
Führerscheine, Vollmacht
Grüne Karte (gültig!)
KFZ-Schein
Bargeld/Brustbeutel
ec-Karte / Visacard
Impfbücher
Auslandskrankenscheine
Zusatzversicherungen
Schutzbrief
Fotokopien **aller** dieser Papiere

**Wohnmobilhaushalt**
Wecker
Einkaufstasche (groß)
Kaffee-, Teekanne
Filtertüten/Filter oder noch besser:
Espresso-Kaffeemaschine
Sprudelautomat (Soda-Club)
Geschirr/Gläser
Vesperbrettchen/Bestecke
Brotmesser/Kartoffelschäler
Schöpflöffel/Schneebesen
Töpfe/Dampftopf
Pfannen/Sieb
Topflappen
Butterdose/Plastikdöschen mit Deckel
Flaschentrage
Thermoskanne
Eierbehälter/Schaumschläger
Küchenpapier/Alufolie
Nähzeug/Schere
Klebstoff/Klebeband
Wäscheleine/Klammern
Waschpulver
Plastikschüssel
Abtreter/Schuhputzzeug
Kabeltrommel/Kabel
Verbindungskabel CEE-Schuko
Wechselrichter 12V > 220V
Stecker (Ausland)
Doppelstecker
Gasflaschen/Tankflasche (voll?)
Anschlussstutzen für Camping-Gaz-Flasche
Handfeger/Kehrschaufel
Putzlappen
Klappspaten
Hammer/Nägel/Axt/Säge
Zündhölzer/Feuerzeug
Gasanzünder
Taschenlampen
Kerzen
Petroleumlampe/Petroleum
Ersatzbirnen 12 V/220 V
Ersatzsicherungen für jedes Gerät
Ersatzwasserpumpe und
2 m dazu passender Wasserschlauch
Feuerlöscher
Insektenspray/Insektenlampe
Moskitogaze für Fenster und Tür
oder Moskitonetz
Toilette/Clo-Papier
Schmierseife (statt Toilettenchemikalien)
Dosen-, Flaschenöffner, Korkenzieher
Spülmittel/Bürste
Scheuerpulver
Geschirrtücher
Leim/5 m Schnur
5 m Schwachstromkabel zweiadrig
Wasserschlauch mit Passstück für verschiedene Wasserhähne/Trichter/Gießkanne
Wasserentkeimungsmittel
Müllbeutel
WOMO-Zapfschlauch
Wasserkanister oder Gießkanne

**Reiseapotheke**
Mittel gegen Reisekrankheit
Soventol (lindert Insektenstiche usw.)
Husten-, Schnupfenmittel
Fieberzäpfchen
Kohle-Kompretten
Mittel gegen Durchfall
Mittel gegen Kopfschmerzen
Mittel gegen Verstopfung
Nasen-, Ohrentropfen
Halsschmerztabletten
Wundsalbe/Brandsalbe
Wunddesinfektionsmittel (Merfen-Orange)
Sprühpflaster
Elastikbinden
Salbe gegen Prellungen
Fieberthermometer
Pinzette
Auto-Verbandskasten o.K.?
Persönliche Medikamente

**Auto**
Allgemeines Wohnmobil-Handbuch
WOMO-Knackerschreck
Bedienungsanleitungen
Bordbuch/Wörterbücher
Reiseführer/Campingführer
Straßenkarten/Autoatlas
Auffahrkeile/Stützböcke
Wasserwaage
D-Schild
Kundendienst gemacht?
Ersatzteilset von der Werkstatt?
Pannenausrüstung komplett?
Reservekanister voll?
1-2 Liter Reserveöl
Reserverad Luftdruck o.K.?
Abschleppstange, ausprobiert?
Passender Wagenheber, ausprobiert?
Luftpumpe
Warndreieck
Arbeitshandschuhe
Panello/Warnweste
Werkzeugkoffer komplett?
Kundendienststellenverzeichnis, neu?

**Kleidung**
Unterwäsche
Socken/Strümpfe
Hemden/Blusen
Schuhe/Sandalen
Hausschuhe
T-Shirts/Shorts
Hosen/Jeans
Kleider/Röcke
Pullover/Jacken/Stola
Anoraks/Windjacken/"Friesennerz"
Wolldecken
Sonnenhüte/Kopftücher
Nachthemden/Schlafanzüge
Bikinis/Badehosen
Gummistiefel/Wanderstiefel
Sonnenbrille/Ersatzbrille

**Campingartikel**
Stühle/Tisch/Liegestühle
Liegematten/Hängematte
Sonnensegel/Stangen/Häringe/Leinen
Grill/Grillzange/Holzkohle oder besser:
WOMO-Pfannenknecht

**Unterhaltung**
Handy/Autoladekabel
KW-Radio/Fernseher
Laptop (220V + 12-V-Anschluss), Maus
Diktiergerät/Kassetten
Schreibzeug/Adressbuch
Handarbeitszeug
Kinderspielzeug
Malutensilien
Bücher/Spiele
Kassettenrekorder/Kassetten
CD-Player/CDs/MP3-Player
Taucherbrillen
Wasserball/Fußball/Wurfringe
Frisby/Indiaca usw.
Schlauchboot/Pumpe/Ruder
Luftmatratzen
Spielzeug/Sandspielzeug
Schwimmflügel/Schwimmreif
Surfbrett/Zubehör
3x Fotoapparat/Filme/Speicherkarten
USB-Kabel/Blitzlicht
Videokamera/Kassetten/Reserveakku
GPS-Gerät/12-V-Kabel
Ersatzbatterien/12V + 220V-Ladegerät
Rucksäcke/Kartentasche/Fernglas
Kompass/Höhenmesser
Iso-Matten/Zelte/Kochtopfset
Feldflaschen/Taschenmesser/Angelzeug
SOS-Kettchen (vor allem für Kinder)
Mitbringsel für evtl. Einladungen

**Lebensmittel**
Allgemeines Wohnmobil Kochbuch
Getränke (Limo, Bier, Wein)
H-Milch/Dosenmilch/Coffeemate
Milchpulver/Limopulver/Zitronenteepulver
Wurst-, Fischdosen
Fertiggerichte/Beutelsuppen
Tee/Kaffee/Kaba
Müsli
Butter/Margarine
Brot/Dosenbrot
Reis/Nudeln/Grieß
Kartoffelbrei/Mehl
Babykost
Puddingpulver
Schokolade/Bonbons/Kaugummi
Marmelade/Nutella
Bratfett/Öl/Essig
Majonnaise, Senf
Zwiebeln
Gewürze
Ketchup/Maggi/Salz
Zucker/Süßstoff
Kartoffeln
Eier
Zwieback/Salzstangen

**Toilettenartikel**
Hand-, Badetücher, Waschlappen
Geschirrtücher
Tempo-Taschentücher
Kämme/Bürsten
Haarfestiger/Lockenwickel/Haarspangen
12 V-, Akku- oder Nassrasierer
Nageletui/Hygieneartikel
Empfängnisverhütungsmittel
Windeln/Creme/Babycreme
Seife/Rei in der Tube
Sonnencreme, -öl
Fettstift (Labello)
Zahnbürsten/Zahnpasta
Autan gegen Mücken
Schlafsäcke/Kopfkissen/Spannlaken

**Nicht vergessen!**
Post/Zeitung abbestellen
Offene Rechnungen bezahlen
Haustier abgeben
Blumen versorgen
Mülleimer leeren
Kühlschrank abstellen?
Antennen herausziehen
Wasch-, Spülmaschine, Bügeleisen aus?
Wasser, Gas, Heizung, Boiler abgestellt?
Rolläden schließen
**Haustür verschließen!**
Nachbarn/Verwandte benachrichtigen:
Reiseroute, Autokennzeichen.
Reserveschlüssel abgeben.

**Info-Blatt aus dem WOMO-Buch: Marokko '15**
(komplett ausgefüllt erhalte ich 10% Info-Honorar auf Bestellungen direkt beim Verlag)

Lokalität: Seite: Datum:
(Stellplatz, Campingplatz, Wandertour, Gaststätte, usw.)
○ unverändert ○ gesperrt/geschlossen ○ folgende Änderungen:

Lokalität: Seite: Datum:
(Stellplatz, Campingplatz, Wandertour, Gaststätte, usw.)
○ unverändert ○ gesperrt/geschlossen ○ folgende Änderungen:

Lokalität: Seite: Datum:
(Stellplatz, Campingplatz, Wandertour, Gaststätte, usw.)
○ unverändert ○ gesperrt/geschlossen ○ folgende Änderungen:

Lokalität: Seite: Datum:
(Stellplatz, Campingplatz, Wandertour, Gaststätte, usw.)
○ unverändert ○ gesperrt/geschlossen ○ folgende Änderungen:

Lokalität: Seite: Datum:
(Stellplatz, Campingplatz, Wandertour, Gaststätte, usw.)
○ unverändert ○ gesperrt/geschlossen ○ folgende Änderungen:

Lokalität: Seite: Datum:
(Stellplatz, Campingplatz, Wandertour, Gaststätte, usw.)
○ unverändert ○ gesperrt/geschlossen ○ folgende Änderungen:

Meine Adresse und Tel.-Nummer:
(nur komplett ausgefüllte, zeitnah eingesandte Infoblätter können berücksichtigt werden)

**Wir bestellen zur sofortigen Lieferung:** (Alle Preise in € [D], Preisänderungen vorbehalten)

- ☐ Wohnmobil Handbuch ................ 19,90 €
- ☐ Wohnmobil Kochbuch ................ 12,90 €
- ☐ Heitere WOMO-Geschichten ........ 6,90 €
- ☐ Multimedia im Wohnmobil ............ 9,90 €
- ☐ Gordische Lüge – WOMO-Krimi ... 9,90 €
- ☐ Albanien ................................ 19,90 €
- ☐ Allgäu .................................... 17,90 €
- ☐ Auvergne ................................ 19,90 €
- ☐ Baden-Württemberg ................ 19,90 €
- ☐ Bayern (Nordost) ...................... 19,90 €
- ☐ Belgien & Luxemburg ............... 18,90 €
- ☐ Bretagne ................................ 18,90 €
- ☐ Burgund ................................. 17,90 €
- ☐ Dänemark ............................... 19,90 €
- ☐ Elsass .................................... 18,90 €
- ☐ England ................................. 18,90 €
- ☐ Finnland ................................. 18,90 €
- ☐ Franz. Atlantikküste (Nord) ........ 17,90 €
- ☐ Franz. Atlantikküste (Süd) ......... 17,90 €
- ☐ Griechenland .......................... 19,90 €
- ☐ Hessen (Norden + Osten) .......... 19,90 €
- ☐ Hunsrück/Mosel/Eifel ................ 19,90 €
- ☐ Irland .................................... 19,90 €
- ☐ Korsika .................................. 17,90 €
- ☐ Kreta ..................................... 14,90 €
- ☐ Kroatien / Montenegro ............... 19,90 €
- ☐ Latium/Rom/Abruzzen ............... 18,90 €
- ☐ Ligurien .................................. 17,90 €
- ☐ Loire-Tal/Paris .......................... 17,90 €
- ☐ Languedoc/Roussillon ................ 19,90 €
- ☐ Marokko .................................. 19,90 €
- ☐ Namibia .................................. 19,90 €
- ☐ Neuseeland ............................. 24,90 €
- ☐ Niederlande ............................ 19,90 €
- ☐ Nord-Frankreich ....................... 18,90 €
- ☐ Normandie .............................. 17,90 €
- ☐ Norwegen (Nord) ...................... 19,90 €
- ☐ Norwegen (Süd) ....................... 19,90 €
- ☐ Österreich (Ost) ....................... 19,90 €
- ☐ Österreich (West) ..................... 18,90 €
- ☐ Ostfriesland ............................ 19,90 €
- ☐ Peloponnes ............................. 18,90 €
- ☐ Pfalz ...................................... 19,90 €
- ☐ Piemont/Aosta-Tal .................... 19,90 €
- ☐ Polen (Nord/Masuren) ................ 17,90 €
- ☐ Polen (Süd/Schlesien) ................ 17,90 €
- ☐ Portugal ................................. 17,90 €
- ☐ Provence & Côte d'Azur (Ost) ..... 18,90 €
- ☐ Provence & Côte d'Azur (West) ... 18,90 €
- ☐ Rumänien ............................... 19,90 €
- ☐ Pyrenäen ................................ 17,90 €
- ☐ Sachsen ................................. 19,90 €
- ☐ Sardinien ................................ 19,90 €
- ☐ Schleswig-Holstein ................... 19,90 €
- ☐ Schottland .............................. 18,90 €
- ☐ Schwarzwald ........................... 17,90 €
- ☐ Schweden (Nord) ...................... 18,90 €
- ☐ Schweden (Süd) ....................... 19,90 €
- ☐ Schweiz (Ost) .......................... 19,90 €
- ☐ Schweiz (West) ........................ 18,90 €
- ☐ Sizilien .................................. 18,90 €
- ☐ Slowenien ............................... 17,90 €
- ☐ Spanien (Nord/Atlantik) ............. 19,90 €
- ☐ Spanien (Ost/Katalonien) ........... 18,90 €
- ☐ Spanien (Süd/Andalusien) .......... 17,90 €
- ☐ Süditalien (Osthälfte) ................ 19,90 €
- ☐ Süditalien (Westhälfte) .............. 17,90 €
- ☐ Süd-Tirol ................................ 18,90 €
- ☐ Thüringen ............................... 19,90 €
- ☐ Toskana & Elba ....................... 19,90 €
- ☐ Trentino/Gardasee .................... 17,90 €
- ☐ Tschechien .............................. 18,90 €
- ☐ Tunesien ................................. 17,90 €
- ☐ Türkei (West) ........................... 18,90 €
- ☐ Türkei (Mitte-Kappadokien) ......... 17,90 €
- ☐ Umbrien & Marken mit Adria ....... 18,90 €
- ☐ Ungarn ................................... 17,90 €
- ☐ Venetien/Friaul ........................ 19,90 €